図書館という軌跡

Encounters of library

東條文規
TOJO Fuminori

まえがき

本書は、私がいままで書いてきた論考をまとめたものである。大きく二つに分けているが、いずれも図書館との「つきあい」のなかから生まれた。

第一部は、より「図書館」との関係が深いもので、「大学図書館」、「図書館の自由」、「植民地図書館」にほぼ分類される。

第二部は、もう少し広く私が関心を持った人物や本について綴ったもので、図書館を直接、対象としたものではない。

『『ブックストリート』から』は、私も少しかかわった図書館「運動」の一九九二年当時での総括的な意味合いのつもりで書いたので最後に入れた。じっさい、この時期から、私の関心の対象は、時論的なものから歴史的なものに移っていった。「運動」の退潮とともに、図書館の理念を状況に対置するような原則的な方法では先が見えなくなりつつあったからである。逆にいえば、図書館の理念そのものが状況に乗り越えられた、といってもよい。とくに、私の現場である大学図書館のほうがその変化は顕著だった。公共図書館にしても、理念よりは明らかに現実が先行しはじめた。

利用者にとっては必ずしも悪いことではないのだけれど、だからといって、理念を乗り越えた現実を推し進めることで、新しい理念が見えてくるとも思えなかった。もちろん、理念など見えなくても、目の前の利用者が喜べば、それでよい、という考え方もある。むしろこちらの方が、現場の仕事としては、まともなのであろう。その意味では、時論的な文章は、私の「悪あがき」の過程のようなもので、今さら、という思いもあるが、逆に、今でも、という思いも、ある。

いずれにしても、第二部の論考も含め、私の三四年間の図書館との「つきあい」のなかから生まれたもので、その「つきあい」がなければおそらく、書くことはなかったと思う。いま読み返せば、傲岸不遜な政治的檄文に近いものもあるが、当時の「思い」を忘れないためにもあえて載せた。ただ、三〇年近くの長い間に書き溜めたものなので、現在の時点での私の反省も込めてかんたんな附記を記した。

以前出した『図書館の近代――私論・図書館はこうして大きくなった』(ポット出版、一九九九年)と『図書館の政治学』(青弓社、二〇〇六年)とは、いずれもこの国の近代図書館を歴史的に論じた書き下ろしだったが、この本は論文集である。どこからでも気軽に読んでいただければありがたい。

◉目次

図書館と戦争

第二部

本と人をめぐる研究ノオト……263

●第一部

図書館をめぐる17の論考

いま、いかなる図書館員が必要なのか

わが国図書館職員の現状と将来◉

――『現代の図書館』第20巻第3・4号、一九八二年一二月

◆はじめに

公共図書館の飛躍的な発展に伴って、それを支える図書館員への要求が多くなってきている。ひとむかし前、図書館員には、本の番人というイメージが付きまとっていた。それは、図書館員が無口で気むずかしくどこかウサン臭い人、というような誤解を生む原因にもなっていた。図書館が資料の収集と保存に重点をおき、貸出を片手間にしか考えていなかったから理由のないことではなかった。普通の市民は、図書館を受験生の勉強部屋かまたはたまに行っても目指す資料がなく、ほとんど役に立たない場所としか考えていなかった。ほんの十数年前のはなしである。

だが、いま、図書館は大きくかわりつつある。『日本の図書館』一九八〇年版（日本図書館協会、一九八一年）によれば、市区町村立のいわゆる公共図書館の総数は、一九七〇年に七六四館であったのが一九八〇年には一二一八館に、専任職員数は、三四六四人であったのが約二倍の七〇二一人になっている。公共図書館の利用度の基準になる個人貸出数は、一九六九年の一五一一万冊が一九七九年には一億二一二五万冊にもなっている。これは約八

倍の増加であり、この間の資料費が八倍になっていることとちょうど見合っている。

図書館のこのような発展は、国や地方自治体の行政が上から与えたものではない。なによりも図書館を日々の生活に必要なものと考え、それを要求する市民の運動に負うところが大きかったのである。と同時に、図書館活動に情熱を燃やす無名の図書館員たちの努力があったことも忘れてはならない。

かつて中井正一は、「図書館法ついに通過せり」(『図書館雑誌』第四四巻第四号、一九五〇年四月号所収)という文章に次のように書いた。


「遠い遠い前進の第一歩を今日私達は踏みしだいているのである。

われ等は、又立止って人々に援助を哀願してはならない。文化運動の見えざる集積をつみかさねて、零細な同情と協力を一つ一つ結集して、一つの大きな力として固め、そして、それを図書館法の精神の周囲に集めなければならない。そしてそれが、おのづから予算の上ににじみ出て、青年が、少年が、図書館の新たな動きの中に嬉々として飛び込んで来るようにしなければならない」[註◆1]。


いま、三〇年後、当時の国立国会図書館副館長・日本図書館協会理事長中井の悲願はほんとうに達成されつつあるのであろうか。

たしかに、図書館の数は増え、貸出数も増加した。建物も立派になり、コンピュータをはじめとして新しい設備も整いつつある。さらに、現在立案中の「図書館事業基本法(案)」によって、全国すべての図書館をネットワークで結び、情報の相互交換・一元管理を目指す方針が打ち出されている。図書館員養成のための大学である図書館情報大学も四年制になった。

しかし、一方、国立国会図書館の館長の席は、二代目以降衆参両院の事務総長の隠居所であり、公共図書館の館長にしてもほとんどが図書館に素人の役人である。図書館員が一般の事務職員の持ち回りというところも少なくない。図書館は、いまだ自立していないのである。このような状況では、「図書館の自由に関する宣言」や「図書館員の倫理綱領」も十分に機能し開花することはできない。それは、図書館員の専門学校に関する議論が依然としてくすぶっていることからもうかがえる。

国や地方自治体が図書館に割く財源は将来にわたって豊かだという保証はない。むしろ国家は、少ない費用で図書館に対する管理や支配を増そうという兆しさえもみせている。このことは、図書館が市民社会において無視できなくなった証拠であるとともに、図書館の危機でもある。いまこそ、市民の要求する図書館が市民とともに自立しなければならない。その運動を担うのは、真に市民の立場に立った、したがって市民としての自覚的な図書館員であり、一人ひとりの自由な市民である。いま、いかなる図書館員が必要なのか、以下、本稿の課題はここにある。

◆市民が望む図書館員

『図書館白書』一九八〇年版（日本図書館協会、一九八〇年）は、現在の公共図書館に望まれている職員について次のように述べている。

「本のことをよく知り、利用者に親切で、市民への資料提供に使命感をもった者である。このような職員は一朝一夕に生まれるものではないが、少なくとも、図書館の仕事が好きで、本を読み、市民に奉仕する歓びを知っている者でなければ図書館員とはいえない。ところが、日本では図書館で働きたい者が図書館員になれず、働きたくない者が図書館に回される例が多い。その結果、奉仕の一かけらもない図書館、本について何も知らない職員が目につき、市民に批判され、市民の足を遠ざけているのである。これを解決するためには、諸外国と同じく日本でも各自治体が司書職制度を採り、専門職員を採用しなければならない」。

そして、とくに、館長の在職年数の短かさを指摘し、「図書館についての見識をもち、専門家として部下を指揮し育てる力を持っている」ものを館長に迎えなければならないと主張している。

これを読んでいると、わたしは、わが国における図書館学教育の専門大学である図書館情報大学のことを考えずにはいられない。二年前、関千枝子は、そのすぐれたルポ「図書館短期大学――三〇〇万人の大学（六）――」（『朝日ジャーナル』一九七九年四月二七日号所収）で、市民が要求する図書館員がこの大学（当時は図書館短期大学）では現在必ずしも養成されていないという不満を述べている。

彼女は、アメリカでの市民生活で公共図書館のすばらしさに接し、横浜市金沢区に図書館をつくる運動をしている主婦である。最近の市民の図書館への要求の高まりとともに、公共図書館に対する認識の変化が、司書の養成機関である大学の司書教育のあり方にどのように反映しているのか、興味をもって図書館短期大学を訪れた関は、圧倒的に女子学生が多いのはともかくとして、彼女らの就職先に公共図書館がほとんどないのにおどろく。大学図書館、専門図書館や企業の調査室、資料室などがその大半を占めているのである。大学当局の方針も、この就職先に見合って、公共図書館の司書を育てるよりも、むしろ大学図書館、専門図書館、それに企業の調査マンを養成することに目を向けているらしいのである。そして、あとで詳しくみるが、関は、来年度（一九八〇年度）発足する図書館情報大学のパンフレットやカリキュラムを見て、次のようにいう。

「たとえば児童図書館員を夢みるものが、そうした専門を学ぶときは、と選択科目の項をさがしてみたが、それらしきものはせいぜい『専門資料論（児童青少年）』と『児童図書館運営論』の二つしか見いだせなかった」（関、前掲論文）と。

それでは、この短大で学ぶ学生はどのような希望をもって入学し、現在どのような気持ちで未来の図書館員を目指しているのであろうか。少なくともこの短大には、一般のいわゆる女子短大に見られるような、花嫁修業や遊び友だちを捜すために来ている学生はほとんどいない。キャンパスにビラや立看板ひとつなく、「勤勉、真面目、おとなしい」といわれる彼女らは、しかし、決して意見をもっていないのではない。

関が昼休みに会った六、七人の女子学生からは、講義内容への不満、新しい四年制大学の行き方への不満など、健康的な批判がとどまるところを知らないほど出たのである。たとえば、自治会は筑波移転への反対運動のなかでつぶされたこと。やさしい、図書館のお姉さんになりたいとあこがれて入学したが、技術的なことばかりが講義の前面に押し出されている上、市民を対象にする公共図書館は格が一段下で、専門図書館、大学図書館の方が上、という感じがあること。さらに、おどろくことは、市民と学生たちとが隔離されていることである。

学生たちが、夏休みに司書講習にくる人たちと交流会を持ちたいと大学当局に申し入れたら禁止されたのである。その理由が、「講習に来る方は忙しい。疲れておいでだから」というのである。「図書館員は中立でなければならないから、図書館づくりの住民運動をしている人とかかわりあってはいけない」という教授もいるという。また、関が学識の高い司書をつくる上ではよい制度だと思っていた学士入学の別科制度も、「同じ学内にいても、別科生は私たちに口もきいてくれない」という身分制度にもなっているらしいこと。新しい図書館づくりということが機械化、すなわちコンピュータ化ということにだけ目が向けられているということなど、批判が次々と出てきたのである。

このような学生たちの不満や意見を聞いて、関はむしろ安心する。

「若者らしい抗議も反発も疑問もなく、ひたすら勉強を覚えて、就職してからは上役のいうことばかりをよく聞き、市民とは、〃かかわりを持たない〃人ばかりが図書館員となったら、困るのである。図書館は中立であると同時に自由であり、図書館員は〃住民に奉仕〃するものなのだから」（関、前掲論文）である。

しかし、新大学は、大学側の説明によると、高度の調査マンや図書館幹部を育てる大学になりそうなのである。そこは、関が期待する「立派な学識・専門知識と意見とをそなえ、豊かな人間性を持って住民に奉仕する図書館員を養成する大学」とは異なり、「敏腕の、機械化にくわしい図書館管理者」をつくるところらしいのである。関は書く。「新大学構想のパンフレットを見ても、ただよってくるのは情報処理――機械の匂いばかりのように思える」（関、前掲論文）。

関のルポをかなり詳しく紹介したのは、一方で市民の要求と相俟って、公共図書館が目覚しい発展をしているにもかかわらず、他方、その発展を支える司書の教育が、いまだに六〇日間ほどの夏季講習や教職課程よりも少ない単位の取得でお茶を濁しているに過ぎないからである。そして現在もなお、市民の要求に見合った公共図書館を担っているのは、献身的とも呼べる一部の人びとの図書館にかける個人的な情熱だと思うからである［註◆2］。

彼らは、狭い活動領域から誰に指導されることもなく、あえていえば、経験を知的に煮つめた自己教育によって、広く市民に信頼される図書館員に成長していったのである。わたしは、個人的な情熱や自己教育がよくないといっているのでは決してない。それどころか、どのような立派な教育を受けた人でも、図書館にかける情熱や不断の自己教育がなければ、図書館員として使いものにならないことは自明である。ただ、このような図書館員は、極めて限られた人びとしかいないというのが現実であり、個人的な努力には、越えることのできない限界があることもまた事実である。問題は、この情熱を支え、継続させ、普遍化させるだけの条件を満たす場が必要なのではないかということである。そして、それを行うのは、専門図書館員の養成を使命としている図書館情報大学の任務の一つであると思われるのである。

ところで、もし、関のルポが正しく、図書館情報大学が高度な調査マンや機械化に詳しい図書館管理者ばかりを育てる大学ならば、現在の公共図書館の発展も、ひょっとすると高度成長下の置きみやげ的な一時の徒花におわるかもしれないのである。なによりも、市民とともに公共図書館の発展を支える図書館員が、この大学では、したがって日本の図書館学教育の先端においては、養成できないと考えられるからである。依然としてわが国の図書館は、限られた人びとの超人的な努力に頼らざるをえないのであろうか。

◆頭脳都市に隔離された図書館情報大学

いま、わたしの手元に『図書館情報大学案内』◆（昭和五六年度、以下『案内』と略記）という小冊子がある。関のルポから一年、筑波研究学園都市の一画に一九七九年一〇月一日開学した図書館情報大学は、一九八〇年四月に一期生を受け入れている。現在（一九八一年）、学生数は図書館情報学部図書館情報学科一年次一一九名（内女性七七名）、二年次一一七名（七一名）の計二三六名（一四八名）と学士入学者を受け入れる図書館情報学専攻科一八名（一一名）である。現在は二年生までしかいないが、四年生まで増えたとして、学部の入学定員一二〇名、専攻科三〇名、他に第一回卒業生のでる一九八四年から開講される大学院を加えたとしても五〇〇名余り、図書館短期大学の二八〇名が四年制になった分だけ増えたということで、小ぢんまりとした大学にかわりはない。

さて、一ページを開くと、この大学の目的として次のような文章が目に入る。

「図書館情報学に関するユニークな教育研究活動を行うとともに、図書館その他各種情報・資料センターにおいて先駆的な活動のできる専門的な知識・技術と応用能力をそなえた高度の専門職員を養成し、もって学術文化の進展に寄与することを目的とする」(『案内』)。

この文章は、その性質上、抽象的で毒にも薬にもならないものである。ただ「高度の専門職員を養成し」という言い方は、市民の図書館員養成という視点から見れば、その内実がどういうものか少し気にかかる程度である。しかし、次ページの「本学が目指すもの」「本学が求める学生像」という文章に出くわすと、少なからず首をかしげたくなる表現が目立つようになる。『案内』に即してみていくことにしよう。

まず、図書館情報大学は何を目指しているのであろうか。現代は情報化社会であり、「『情報』の適切な選択と処理を欠いては何もできな」い。したがって、従来の「書物を保存し、利用する」だけの図書館では、社会の要請に十分応えられなくなってきた。そこで、図書館は「大量かつ高度で複雑なものを取り扱うことのできるように『情報センター』として充実していくことが求められている」。それは、「企業や行政機関、研究所などにおいても同様であ」る。なかでも「これらの施設で高度の専門的な業務に従事しうる知識と技術をもった人材を養成することが緊急の課題」である。それゆえ、図書館情報大学は、このような「社会」の要請に応えて、さまざまな情報機関で「指導的な役割をはたすことのできる高度の専門職員を養成するとともに、図書館情報学に関する理論的、実証的研究をすすめようとする」のである。

それでは、この大学はどのような学生を欲しているのであろうか。図書館情報大学は、「頭脳都市である筑波研究学園都市に設置されたわが国では唯一の専門の大学」であり、先進諸国に例を見ない「図書館情報学について世界の最先端をめざすユニークな」ものである。そして、現代の「社会」が待ち望んでいる「文学、経済学、理学、医学、工学などの各学問領域を総合的にとらえ、情報を適切に選択し、処理することのできる、新しいタイプの専門家」を養成しようとしているのである。だから「フロンティアの精神で勉学にはげみ、最新の図書館情報学を身につけた専門家として、社会に積極的に貢献しようという意欲をもった学生」を待望しているというのである。

ここにみられるのは、たとえば「真理の探究」とか「学問の自由」とか「大学の自治」とかいったいわば抽象的で深遠そうなオブラートで包まれた大学のイメージではない。「社会」の要請にできるだけ速やかに適応し、それを合理化しようとする極めて有能なテクノクラートの養成所とでもいえるものである。しかも、それを筑波研究学園都市という隔離された場所で純粋培養しようというのである。それは、ちょうど移転に反対する学生や教授を権力で排除し、東京教育大学を廃校にして、この筑波研究学園都市につくられた筑波大学の理念と同じものではないだろうか[註◆3]。そこでは、従来の研究と教育を一体のものとしてとらえる一元論とは異なり、中央集権的な管理システムの下に、研究と教育とを完全に分離し、「社会」に役立つ学問と人材をつくり出すことを明確に打ち出しているのである。ここにいう「社会」とはいうまでもなく現在の管理社会そのものである。

それは、市民が一人ひとり自立し、自らの意志で情報を捉え、分析し、己の判断で日々のくらしに役立てていくような、そして図書館員がそれを手助けするような社会では決してない。企業や国家がすべての情報を独占し、市民にはあらゆる情報があふれているように見せながら、その実、ある一定の方向にしか流れないような、逆に市民一人ひとりの情報は全部国家に握られている、そのような社会である。そして、この大学で育てられた有能な調査マンや研究員が、このような管理社会の交通整理のための水先案内人の役目をはたすことはほぼまちがいなさそうなのである。

それにしても、「頭脳都市」という極めて異形の、社会から隔離された場所で学ばなければならない学生は不幸である。この大学が「社会の要請に積極的に貢献しようという意欲をもった学生」を欲していると主張しているだけに、むしろこっけいであるのかもしれない。社会の第一線で市民との人間的な触れ合いを最も大切にしなければならない図書館員のタマゴが、四年間、教員と学生と事務職員のほかほとんど人のいない場所で学ぶ必然性はどこにあるのであろうか。

その点、おもしろいのが大学開放事業のひとつとして設けられた「公開図書室」である。これは、『案内』によれば、「児童青少年向けの図書、成人向けの図書などの図書・資料がそなえられ、地域や社会一般の人たちが利用できるようにしている」ということらしい。コンピュータなどの最新設備を誇る図書館を全面開放するだけの器量もなく、町のちょっとした私設図書館にも満たない「公開図書室」を「頭脳都市」のなかに開いているのである。ごていねいなことに、この『案内』には、母と子が読書している姿が写っている。ところが、そのうしろの書架には本が一冊もないのだ。まさか最新の情報資料が本にとってかわったのではあるまい。

それはともかく、「開かれた大学」が専門研修会や公開講座、公開図書室ではあまりにも貧弱といわなければならない。このような試みは、すでに多かれ少なかれどこの大学でも行っているのである。このくらいのことで、わざわざ遠い「頭脳都市」まで訪ねてくる市民はどれほどいるというのであろうか。次にカリキュラムを見ておこう。

◆図書館学教育のカリキュラム

二年前、関はルポの中でカリキュラムを見てコンピュータのプログラマー養成所の観があるといった。さて、そのカリキュラムは基礎学芸科目、専門科目、外国語科目に分かれている。問題は専門科目である。これは、図書館情報学、情報社会関係論、情報媒体論、情報組織化論、図書館情報システム論の五つに大きく区分され、各々のなかに十数科目、全部で六二科目である。その中で、情報という文字がつくのが二二科目、図書館という文字がつくのが一四科目である。もちろん図書館情報学というように重複しているものも多い。図書館情報大学である以上、当然なのかもしれないが、具体的にどのような内容なのかわたしにはわからない。ただ、これからの市民が要求する図書館員としてどうしても必要と思われる科目があまりにも見当たらないのが気にかかる。このことは、アメリカの大学の図書館情報学部のカリキュラムと比較すればよくわかるのではないだろうか。

アメリカの図書館学教育がたいへんに高度で、ライブラリアンとしての地位も日本のそれよりははるかに高いということはよく知られている。事実、ふつう専門職として認められるライブラリアンは、四年間の学部の上に修士課程で図書館学教育を受けなければならないのである。

一九七九年から一年間、ピッツバーグ大学大学院図書館情報学研究科修士課程で学んだ藤井いずみの「アメリカにおける図書館学教育――ピッツバーグ大学に学んで――」(『同志社大学図書館学年報』第七号、一九八一年所収)は、現在のアメリカの図書館学教育の内容を詳しく紹介している。それによると、ピッツバーグ大学の図書館情報学部の修士課程のカリキュラムは、全体が五つの部門に分けられ、この中でまた細かくいくつもの科目があるのはわが国のそれとあまり違わない。だが内容をみていくと、図書館情報大学のそれと質的に大きな違いがあることがわかる。

大きく五つに分けられている部門は、(一)図書館運営・管理、(二)コミュニケーション、(三)情報学、(四)図書・雑誌、(五)資料整理である。第一の図書館運営・管理は、図書館情報大学のカリキュラムでは図書館情報学に対応するものと思われるが、特徴的なことは、「開発途上国における図書館学」「図書館と知的自由」「情報学における法律問題」さらに各種図書館論など、極めて今日的なテーマを取り扱った科目が名を連ねていることである。

第二のコミュニケーションの領域では、あらゆる種類の図書館の利用者に有効なサービスができるように、図書館のPRから参考調査の方法のテクニックまで、具体的な科目がコミュニケーションと行動科学を踏まえて学習できるように設けられている。そのなかには、インタビューの技術まで入っているのである。

第三の情報学の部門であるが、ここは情報学のための数学や統計学、プログラム言語やハードウェアの概説など、わが国の図書館情報大学のカリキュラムに最も近いように思われる。ただおもしろいのは、コンピュータのハードウェアの売り込みがはげしく、掲示板に次のような文章が貼ってあったという。わが国の図書館情報大学でもそのうち見うけられるかもしれない。


「×月×日にコンピュータを搬入設置しようとしている会社があるが、これは註文したものではないので、それらしい人を見かけたら、ただちにAllen Kent教授まで連絡されたい」（藤井、前掲論文）。


第四の部門の図書・雑誌に関するものでは、さまざまな主題や分野での資料の評価や参考調査、文献表などを作成することが義務づけられている。ここでも図書館情報大学のように抽象的な科目はほとんどなく、「青少年用資料」「児童文学史」「ストリーテリング」「民俗学資料」「政府刊行物」「ラテン・アメリカ書誌」「稀覯本」など、どれをとっても具体的である。

第五の資料整理は、目録と分類という伝統的な図書館学の分野である。ここでも機械化が進められ、学生は与えられた課題をこなすために実習用のコンピュータの端末機を何時間も使って、よりうまく利用者と資料を結びつける訓練がなされているという。そして五つのどの部門にもそれぞれ現場での実習がついているのである。ここにアメリカの教育におけるプラグマチズムの最良の成果を見ることもできる［註◆4］。その他にも、「ピッツバーグの伝統である児童図書館関係の講座や、また日本の図書館学教育では想像がつかないような興味あるコースや実験的なクラスもある」（藤井、前掲論文）という。

なかでも、わが図書館情報大学と対照的なのは、正規の授業の他に、各分野の専門家や第一線で活躍しているライブラリアンを招聘しての特別講演が数週間に一度開かれるということである。そして藤井は「大学における図書館学教育が、絶えず現場の息吹を感じ取れるように考慮されている点は、学生にとって大きな刺激であり、魅力でもある」（藤井、前掲論文）と書いている。

わたしは、図書館短期大学が夏期講習に来る現場の図書館員と学生との接触を拒んだこと、また現在の図書館情報大学が人里はなれた「頭脳都市」で、いわば社会と隔離されている現実を思うとき、アメリカとわが国との図書館学教育における姿勢、理念の違いの大きさを考えざるをえない［註◆5］。それは、図書館がすでに市民のあいだに確実に根をおろしている一方、研究者にとってもライブラリアンがかけがえのないものとして存在しているアメリカ［註◆6］と、いまだ公務員の閑職に考えられがちなわが国との相違だといいかえてもよい。

コンピュータを自由に使いこなす訓練と同時に、図書館と自由について考え、その事例研究を行い［註◆7］、発展途上国における図書館学にいかに寄与するかに思いを馳せることは並大抵なことではない。しかし、それをやり遂げることが、図書館とそれを担う図書館員に期待している人びとを裏切らない唯一の方法であるならば、したがってまた市民社会における図書館員の地位を保証するものならば、未来の図書館員は、この困難な訓練も情熱的に消化していくであろう。そしてそのような情熱を支えているのは、なによりも市民一人ひとりの基本的人権としての知る権利を保障し、サービスしようとする図書館員の使命であるはずである。だからこそ、藤井がアメリカでは利用者をPatron、時にはClientとよぶとして次のようにいうとき、確かに納得できるように思えるのである。

「利用者（User—筆者）は、資料を用いる人間であり、その資料自身がアプリオリに価値を備えていて、それを人間が利用する、と考えているとすれば、Patronは、資料を用いる人間がいて初めて資料に価値がでてくる、その資料の価値、またひいては図書館の価値をひき出す人間である、と考えられているような気がするのである」（藤井、前掲論文）。

◆「今後における学術情報システムの在り方について」と図書館員

ところで、わが図書館情報大学の教育がアメリカの図書館学教育とは著しく異なり、関のことばを借りれば、コンピュータのプログラマー養成所の観を呈しているのは、実は理由のないことではないのである。『案内』にもあったように、将来の図書館を情報センターとして位置付け、卒業生の進路先を大学の図書館や企業の研究所、資料センターの専門職員として設定しているからである［註◆8］。それは、すでに図書館短期大学の卒業生の就職先が公共図書館にほとんどなく、専門図書館に多かったことでも証明されている。さらに、これが最も大きな理由と思われるが、学術審議会が一九八〇年一月に文部大臣に答申した「今後における学術情報システムの在り方について」（『学術月報』第三二巻第一一号、一九八〇年二月号所収、以下「答申」と略記）の方針と軌を一にしているということである。

この「答申」は、近年の学術論文の爆発的な増大とその情報の必要性に対応するために、一元的な学術情報流通体制を早急に整備しなければならない、という現状認識にたっている。今まで個別的に大学図書館が中心となって収集してきた一次資料を体系的網羅的に集め、世界の学術研究の発展のために可能なかぎり貢献するべく、大型計算機センター、国立大学共同利用機関、大学図書館などをコンピュータ・ネットワークで結んで一元的に管理しようとするのである。したがって、図書館（とくに大学図書館）の事務処理は、従来の個別的な方法から、学術情報センターにおける処理システムとの整合性を保ち、基本的な部分については全的に標準化された方式にかわらなければならない。そのために、高度な処理を要する部分を地域的に集中させ、各図書館のシステム上の負担を軽減できるような地域共同処理センターが構想されているのである。そしてこの地域共同処理センター機能は、それぞれの地域内のいずれかの大学図書館のコンピュータが担い、各図書館の端末装置と通信網で連絡することになっているのである。そこでこれらの機能を円滑に処理する図書館員が必要になる。図書館情報大学の任務は、このような人材の養成を目的としていることはいうまでもない。「答申」は、必要とされている人材について次のようにいう。

「第一に情報処理・情報管理に携わる高度な情報サービスの専門家、第二に特定の学問分野を専攻しかつ情報技術についても知識と理解を有する者、第三に情報科学の研究者の三つの種別」をそれぞれの領域で養成しなければならない。なかでも情報関係専門家の新しい養成の方途を整備することが緊急の課題である。それは、「データベースによる情報提供サービスのための要員、図書館等において情報収集や提供に携わる要員、及びデータベースの形成にかかわる要員に分けられる。更に、これらのシステム機能全体の在り方等についての研究、開発に従事する要員が必要とされ」（「答申」）ているのである[註◆9]。

従来、情報にかかわる専門家の養成は個別に行われ不十分であったが、「総合的な図書館情報学を中心とする新しい高等教育機関の確立が待たれていた。これについては昭和五四年一〇月に開学した図書館情報大学の発展が期待される」（「答申」）というのである。

みられるように、この「答申」の根底に流れている思想は、現代を情報化社会と把握し、これにできるだけ速やかに対応=迎合するため、つまり目的合理的にのみ情報を獲得する処方箋をつくらなければならないというものである。だからそれに携わる図書館員の仕事も、各々の専門の研究者や学者にいかに早く彼らの求める情報を提供するのかという一点にかかっているようにみえる。そのためには、先にみたような図書館情報大学のカリキュラムに即した学習が必要になるということもうなずける。ということは、ピッツバーグ大学のカリキュラムにあって、図書館情報大学のそれにはないような科目、たとえば「発展途上国における図書館学」とか「図書館と知的自由」「情報学における法律問題」などは必要ないのである。いやむしろ、目的合理性のためには無駄であり、邪魔であるといったほうがよいのかもしれない。

それは、国家の政策決定や計画案の策定に多くの専門家や学者が指導、助言し、実態を調査、分析し、資料を提供するという、最近の状況とちょうど重なっている。その行きつく先は、いうまでもなく専門家の参加による社会の合理化、すなわち目的合理性の純粋な追求による管理社会化の徹底である。ここでは、日々生活する市民が己れの生きる場から試行錯誤をくり返しつつ、状況を変革し、同時にそのことによって自分自身をも変革していくという生き生きとした関係が生ずることはほとんどない。普通の市民の生き方は、優秀な学者や専門家が大量に参加している国家が請け合うので、あなた方は安心してその政策に従いなさい、その方が楽で合理的であるということらしい。そして情報学を学んだ有能な図書館員も市民のさまざまな要求のなかで苦労するよりは、優秀な学者や専門家の手助けをした方がどれだけ合理的で有効であるかしれないということらしい。

だから、わが図書館情報大学は、関のルポにでてきた女子学生のあこがれた「やさしい、図書館のお姉さん」や関自身が望んでいた「立派な学識、専門知識と意見とをそなえ、豊かな人間性を持って住民に奉仕する図書館員を養成」(関、前掲論文)するための大学では最初からないのである。まさに「頭脳都市」=異形の都市、筑波に相応しい大学といわなければならない。

◆現代科学は、いま［註◆10］

それでは、はたして学術審議会が文部大臣に答申した「今後における学術情報システムの在り方について」の構想がほんとうに現代的であり、かつ社会から必要とされているのであろうか。わたしには、この「答申」を貫いている学術研究＝広く科学に対する認識に度し難い時代錯誤があるような気がするのである。

それは、学術研究を無条件に「真理の探究を旨とする普遍的・国際的な正確を有」（「答申」）しているものとしている点に端的にあらわれている。そしていったい誰のための学術研究かということが抽象的な社会という以外、いっさい語られていないことにもあらわれている。ここには、一九世紀以来の、科学は中立で客観的であり、その意味で進歩的であるという科学観が根底に流れていることは明白である。そこでは、科学のための科学とか、学問の自由とか、そのための大学の自治とかをうたいながら自律的にアカデミズム界を構成していたのである。

だがこれが現代においては幻想でしかありえないということは、科学がいかに企業や国家と深く結びついているのかを見ればすぐわかる。科学の利用構造の巨大化は、膨大な研究費用の必要性とともに、以前のように学術研究や科学が中立であり、したがってそれを支える研究者もまた中立であり、自律的であるということを不可能にしたのである。

一九六〇年代後半のベトナム反戦運動や環境保護運動と相俟って起こった大学闘争は、すべての支配のための体制に奉仕する学術研究の欺瞞性を鋭く衝いた。かつて「平和と民主主義」に象徴された時代においては、科学は無条件に信頼できる対象であり、進歩的なものであった。悪いのは大企業の独占による資本主義体制であり、あるいは研究体制に残っているわが国特有の非合理的な半封建セクト的残存物であるという認識がある程度の説得性をもっていた。

もしそうであるならば、問題は体制それ自体にあり、科学者は自己の研究対象には何の矛盾も感じることなく、今までの延長上に業績を上げていけばよいのである。体制の問題は直接科学者の問題ではなく政治家の問題である。また研究体制の半封建的セクト的という問題にしても、それは即、己の科学や学問の方法論の問題としては問われることはなかったのである。このような場合、科学者の社会的責任が問われたときの答えは決まっていた。中立で神聖な学問、科学を勝手に悪い方向に利用するのはよくない、というような専門家としての抽象的な声明ぐらいである。この方法は、今まで再三行われたきたし、今も行われてはいる。しかし、産学軍複合体制が確立されんとしている現代にあっては、この方法は実質的にほとんど効果はありえない。それは、エリート科学者の自己満足以外にたいした効果はないと断定してもよい。

このような状況に対する批判として出てきたのが六〇年代末から七〇年代初頭にかけての一連の動きである。そこでの運動は、体制に深くビルトインされた科学そのもの、方法論それ自体にまで遡及して科学の責任を追及しようとするものであった。それは、単にエリート科学者がエリート科学者の責任において追及するというものではなく――もちろんそういう側面は出発点において大いにあったが――広く人間として、子を生み、育て、生活する、市民としての立場からする科学批判、学問批判でもあった。そして近年、反公害闘争に集中的にみられるように、後者の側面を強く示しはじめているのである。

それは反原子力発電や最近では遺伝子組替えなどに、より顕著である。科学や学問が高度に発達し、分化が進めば進むほど、それに携わる研究者の視点もまた部分化せざるをえない。研究者は己れの求めている成果をいかにうまく作りあげるか、または発見するかという目的合理性にのみ意欲を燃やすようになる。ここでは、おのずから社会における一般市民としての目は機能しえない。視野と関心を狭く限定し、学問的禁欲を保たなければ国際競争の最前線から脱落してしまうのは目に見えているからである。現在の第一線の研究者のほとんどは、己の研究が社会にどのような影響を及ぼすかを考える余裕も暇もない。あったとしても、科学や学問はそれ自体「善」であるから、めぐりめぐって社会に進歩的に貢献するだろうぐらいの認識でしかないのである。

中山茂は『科学と社会の現代史』（岩波書店、一九八一年）のなかで、科学を審査、評価するものに着目して、従来のアカデミズム科学、産業化科学に対してサービス科学という概念を提起する。それは、現在の産業化科学が生み出す諸悪に対して、社会一般から隔離され、学界の利益を代表しえても市民の利益を代表しないアカデミズム科学では、有効な武器にはなりえない、という認識にたっているからである。アカデミズム科学が科学の論理で、産業化科学が資本の意志または国家の意図に基づいて行われるのに対し、サービス科学は、市民の利害に沿って行われるのである。

「サービス科学の発表形式としては、（中略）市民に対する直接的アッピールやマスコミ、ミニコミのジャーナリズムの活用が当然考えられる。また推進団体や組織形態も、中央集権的なものよりも地域の問題に密着した分権的体制のものが望ましく、環境庁などの中央研究所よりも、地方自治体の研究所に比重が置かれるべきである。そして『市民のための』科学は、専門科学者が市民に与えるサービス科学であるが、究極的には、『市民による』科学への志向を持つべきものである。なぜなら、人はすべて『真理』の前に平等であるから。そしてまた科学研究は万人（の税金）によって支えられているものであるからである」（中山、前掲書）。

◆限界科学としての図書館学

結びに代えて

わたしが図書館に直接関係がないと思われる現在科学の状況についてかなり長く触れてきたのは、ここに図書館あるいは図書館員の目指す未来を読みとろうとしたからである。そして、この十数年の公共図書館の発展のなかに、まさに「市民による」科学や学問批判の健康な芽を見る思いがするからでもある。このことは同時に、学術審議会の「答申」の内容や、それを忠実に反映している図書館情報大学のカリキュラムの批判にもなるのではないだろうか[註◆11]。つまり、わたしは、図書館学あるいはそれを専門に学んだ図書館員のなかに、中山の指摘する「サービス科学」の精神を採り出したいのである。それは、すでに市民のための図書館として半ば具体化しているといってもよい。

市民のための図書館とは、いうまでもなく一九六三年、有山崧《たかし》の提起によってまとめられた『中小都市における公共図書館の運営』＝『中小レポート』に端を発し、二年後、一九六五年、日野市立図書館が具体的に先鞭をつけた公共図書館の運動である。そしてそれは、一九七〇年の『市民の図書館』に結実し、これを踏まえて七〇年代の公共図書館の飛躍があったことはよく知られている。『市民の図書館』増補版（日本図書館協会、一九七六年）は、公共図書館の基本機能について次のようにいう。

「公共図書館は、住民が住民自身のために、住民自身が維持している機関であるから、資料を求める住民すべてのために無料でサービスし、住民によってそのサービスが評価されなければならない」（『市民の図書館』）。

ここにみられるのは、単に行政が「市民のために」つくった、もしくはつくってやったというような図書館像ではない。ほんとうに図書館を求める市民の運動によって、市民自身がつくった図書館像である。だから当然にも「住民によってそのサービスが評価されなければならない」のである。この文章は、過去十数年の公共図書館の発展が高度成長の徒花ではなく、しっかりと市民の生活に根ざしたものになりつつあることを証明しているのではないだろうか。それは、すでに「市民による」図書館だ、ということもできるのである。

ところで、わたしは、この「市民による」図書館という概念を大学図書館や専門図書館に引き伸ばして考えたい誘惑にかられている。というのは、学術審議会の「答申」や図書館情報大学の方針を市民的立場からチェックする機関としての図書館、とくに図書館員の役割を提唱したいからである。それは、図書館学という学問が体系だったアカデミズムではなく、いわば限界科学［註◆12］というべき領域にあることからも有効なような気がするのである。

限界科学とは、アカデミズムと生活との境界にあるような科学のことである。それは、純粋に論理化され精密に体系化された科学や学問よりは広大な領域にあり、そのことによって、人びとの日々の生活次元の最も本質的な部分と接触するものである。このように図書館学を位置付けるならば、それを体現している図書館員は、当然、大学図書館や専門図書館においてはそれ自身の論理でひとり歩きするアカデミズムへの市民的視座からの批判を己れの仕事のなかに内包していなければならない［註◆13］。このことは同時に、生活者としての市民の具体的な要求をその本質において把握し、実現するという公共図書館での図書館員の活動に通じるものである。むろん、そのためには、あらゆる種類の図書館において、すべての資料をすべての人に公開するという原則を貫く必要があることはいうまでもない。

それは、文部省や学術審議会が欲している図書館員とは正反対のものかもしれない。彼らが欲しているのは、先にみたように国際的な情報社会の苛烈な業績競争の渦中をいかに能率よく乗り切るか、そのための露払いである。だが、一般の生活者から隔離された研究所や情報センターで、限られたテクノクラートたちの業績競争の資料集めやデータ整理をすることが、図書館学を学んだもののする仕事だとは、わたしにはどうしても思えない。もちろん、このような仕事を今すぐなくせといっているのではないし、なくすことも不可能であるだろう。しかし、このような仕事のなかにでも、日々生活する市民の視点からの資料の収集やデータの整理の方法があるはずである。いやむしろ、このようなかであるからこそ、逆に限界科学としての図書館学のほんとうの意義が発揮されねばならないのである。

この一〇年間、図書館界が問題にしている「図書館員の専門性」についての議論も［註◆14］、もしこの視座を欠くならば、単に「遅れてきた専門職」として、己れの地位の特権性を主張するにすぎなくなるのではないだろうか。図書館員の問題調査研究委員会がまとめた「図書館員の専門性とは何か（最終報告）」（『図書館雑誌』第六八巻第三号、一九七四年三月号所収）によれば、図書館員の専門性は「館種を超えた」ものであり、一、利用者を知ること、二、資料を知ること、三、利用者と資料を結びつけること、に集約されると主張している。そしてそれを実現していくためには、なによりも個人の自主性に基づいた「自己研修の意義を強調し」「生きた教育の場としての図書館の現場の役割を重視」しているところに特徴がある。その他、この報告には、「研修の障害と保障」「人事行政」「専門職員と非専門職員」「待遇」「労働条件の改善」などが述べられているが、ここでは触れない。

問題は、このような専門性が閉鎖的なものではなく、図書館員が現場で生活者としての市民的視座を己れの実践の中に絶えずくり込む作業ができるのかどうかにかかっている。それは自己の専門性を市民の立場から対象化することでもある。幸い、一九八〇年に日本図書館協会が発表した「図書館員の倫理綱領」（『図書館雑誌』第七四巻第八〇号、一九八〇年八月号所収）には、その専門性を傲慢な特権として把握しようとする視点は見られない。

が、しかし、先にみてきたように図書館情報大学や学術審議会の方針を冷静に分析するならば、図書館の将来は決して楽観できる状況にはない。とはいえ、図書館員の将来は仕事の性質上希望がないわけではない。なぜなら、図書館員の仕事は、本来的に公開された現場で、市民に実践的に評価されてこそ専門性が社会的に承認されるからである。そして、幸いにも、図書館員には、科学者や学者のように、何をやっているかわからないけれども、科学者や学者であるから専門家で偉いという幻想はいまだ附いていないからでもある。その意味で、図書館員の将来は、したがって図書館の将来も、真に市民的視座にたつ方向において明るいといってもよいように思えるのである。

◆編集部註　同案内は昭和五七年度版から、いくつかの点で大幅に修正を行っている。

註1◆中井のこの文章は、中井浩編『理論とその実践――組織論から図書館像へ――』（てんびん社、一九七二年）と久野収編『中井正一全集』第四巻（美術出版社、一九八一年）に再録されているが、それぞれの文章が少しずつ異なっている。ここでは、原典の『図書館雑誌』によったが、一ヵ所「踏みくだいて」はてんびん社版、美術出版社版の「踏みしだいて」を採った。これは、浪江虔氏のご教示による。

註2◆一九八〇年、「図書館法三〇周年記念式典」で、長年の公共図書館振興に尽くしたことにより、文部大臣から表彰された人びとの手記を読めば、公共図書館の発展を支えたものが、国家や地方自治体の行政ではなく、また大学などで立派な図書館学教育を受けた人でもなく、図書館に勤めてから、市民とともに試行錯誤をくり返しつつ学んだ図書館人の個人的な情熱であったことがよくわかる。『回想・私と図書館――文部大臣賞を受賞して』（日本図書館協会、一九八一年）参照。

註3◆筑波大学については、さしあたり松本健一「コンクリートバビロン――筑波大学論」Ⅰ、Ⅱ（『戦後世代の風景――

一九六四年以後――』第三文明社、一九八〇年）参照。

註4◆アメリカにおける図書館学教育の根底には、M・デューイの図書館学思想が根強く流れているのがうかがえる。アメリカにおける図書館学教育およびM・デューイについては、小倉親雄『アメリカ図書館思想の研究』（日本図書館協会、一九七七年）参照。

註5◆もちろん、アメリカの図書館学教育が当初から今日のようになっていたのではない。M・デューイ、W・L・ウィリアムソン、P・バトラーなどの理論と批判、長い、現場での実験ののちにつくられていったのである。小倉、前掲書参照。

註6◆たとえば、自然保護と化学公害追及の先駆的な研究であるR・カーソン『沈黙の春』（新潮文庫）のまえがきで、著者は「だれでも資料をたくさん集めて本を書くとなると、優秀な図書館員の腕がものをいう。私の場合もその例にもれない」と書いて、二名の図書館員の名をあげている。

註7◆A・J・アンダーソン著、藤野幸雄監訳『図書館の自由と検閲――あなたはどう考えるか――』（日本図書館協会、一九八〇年）は、アメリカで実際に起こった事例研究であり、たいへん興味深いものである。

註8◆中井正一は、三〇年も以前に、図書館をコミュニケーション機能においてとらえ、未来の図書館を情報センターとして展望した。だが、今日、現代の図書館を中井の構想の延長線上にみることはあまりにも楽観的すぎるのではなかろうか。中井の図書館論については、『中井正一全集』第四巻（美術出版社、一九八一年）の諸論考参照。

註9◆OECD（経済協力開発機構）が行った「日本の社会科学政策に関する調査」によれば、調査団は図書館について次のようにいう。

「調査団は図書館を改善し、文献情報センターを増設し、全国的なネットワークを確立し、更に情報処理専門家を養成すべきであるという学術審議会の勧告に賛意を表する。調査団は更に、それに加えて次のように勧告する。大学その他の研究者が容易に利用でき総合的な中央データ・バンクを作る計画を立案しかつ、実施すること」文部省訳『日本の社会科学政策――OECD調査団報告――』（日本学術振興会、一九七八年）。

註10◆この章は、主に柴谷篤弘『あなたにとって科学とは何か』（みすず書房、一九七七年）、中岡哲郎『もののみえてくる過程――私の生きてきた時代と科学――』（朝日新聞社、一九八〇年）、中山茂『科学と社会の現代史』（岩波書店、一九八一年）を参考にした。

註11◆松田上雄「七〇年代から八〇年代へ　大学図書館をめぐる若干の論点」（『図書館界』第三三巻第一号、一九八一年

五月号）は、わが国の大学に対する政策を大学図書館との関係で分析したすぐれた論考であるが、「科学」や「大学」そのものに対する把握の点でわたしとは意見を異にするように思われる。たとえば、「近代的官僚主義による支配構造に対しこれをのりこえていく条件の一つは、大学の研究教育活動自身の発展の中でつくられてくる。（中略）科学の専門化、再分化から総合化へ、あらゆる科学の学際的協力の進展により分業と協業の関係は一層進行し、民主的分業と協業の発展の条件が生まれてきている」というような文章に接すると、楽観的すぎて一時代前の教科書を読むような思いがするのはわたしだけだろうか。

註12◆限界科学という概念は、鶴見俊輔の「限界芸術」という概念にヒントを得たものである。鶴見俊輔『限界芸術論』（勁草書房、一九六七年）参照。

註13◆註6の『沈黙の春』の著者と図書館員との関係はかなり理想に近いのではないだろうか。

註14◆この議論の記録は、図書館員の問題調査研究委員会編『図書館員の専門性とは何か——委員会の記録』（日本図書館協会、一九七六年）にまとめられている。

◆附記

大学図書館に勤めて五年余、初めて書いた図書館を対象とした論文である。『図書館雑誌』（一九八一年七月号）で目にした「日本図書館協会九〇周年記念論文募集」に応募したもので、募集テーマの一つ「わが国図書館（または、図書館職員）の現状と将来」について書いた。

幸い、一席なしの二席に入選し、一九八二年五月二一日、東京のＡＢＣ会館ホールでの日本図書館協会創立九〇周年記念式典の会場で表彰され、賞金一〇万円を頂いた。席上、審査委員長の浪江虔《なみえけん》さん（私立鶴川図書館長＝当時）から、「図書館界であなたのような考え方の人は少ないので頑張って下さい」と励まされた。

当時、私は日本図書館協会がどういう団体かよく知らなかった。院生時代、聴講していた図書館学の教授にすすめられて『図書館雑誌』を読むために会員になったが、職場にも備えられていたので、会費滞納のままだった。ただ九〇周年を記念するぐらいだから、図書館の世界では相当な力を持っている組織、いわば文部省（当時）の外郭団体のように考えていた。

じっさい『図書館雑誌』では事務局長の栗原均さんが毎号「図書館事業振興法（仮称）について」を連載していた。よくわからないけれど、協会がこの振興法の元締のような役割をはたし、それはせっかく軌道に乗りはじめた「市民の図書館」路線とは異なるように思えた。もう一つ、大学図書館関係の研修会に出ると、こちらはもっと露骨で、文部省が推進する「学術情報システム」が至上命令だった。前者の方はもう一つ私には理解できなかったので触れなかったが、後者の方には中身を問う前に、その押しつけ方に反感をもってしまった。

だから、この論文は、文部省と大学に対するいわば生理的反感を学問的？な批判というオブラートに包んで書いたようなものである。

論旨も表現もかなり大上段に構えているので、いま読めば恥ずかしいのだが、図書館界での元締にどう評価されるか興味があった。

浪江さんについてはお名前だけは知っていたが、どういう経歴の方かも知らなかった。

この論文を書いた直後に『図書館運動五十年――私立図書館に拠って――』（日本図書館協会、一九八一年）が出版され、はじめて立派な方だということを知った。

その後、『ず・ぼん』5号（ポット出版、一九九八年）で長いインタビューを含む浪江虔特集を企画し、お元気だった浪江さんに身近に接することができたのは幸せだった。じつをいえば、この『ず・ぼん』の仲間たちとの交流ができたのもこの論文がきっかけになる。

最初に連絡をもらったのは胸永等さん（追手門学院大学図書館＝当時）で、彼は有能な組織者だった。私は、彼を介して図書館のあり方を真摯に考えている魅力的な人たちに何人も出会った。一九八〇年代と九〇年代は、そんな人たちとの交流に刺激されながら図書館について考えてきたように思う。多くの仲間は図書館の世界から離れたが、ものぐさな私は、未だに図書館の周りをウロウロしている。

その意味でもこの論文は忘れられない。

大学図書館長異論

『季刊としょかん批評』3、一九八三年一〇月

◆はじめに

大学図書館には不思議なことが多い。図書館長の席が教員の兼任で、二、三年任期の持ち回りというのもそのひとつだ。図書館のことを少し知れば、これはおかしな制度だと誰でも思う。だが、長く大学図書館にいると、あたりまえのものになってくる。

はじめに不思議だと思うのは、ごくふつうの感覚であるが、長くいるとそれが不思議でなくなるというのは少し説明がいる。いまの制度では、図書館長など居ても居なくてもほとんどかわりがないのである。図書館員が利用者とともに主体的に図書館活動に取り組んでいて、図書館長はあえてする仕事がないというのではない。そうではなくて、大学の図書館は、教員が自分の好みで購入した資料をできるだけ早く整理し、半永久的に自分の研究室に積み上げるための通過地点ぐらいにしか考えられていないのである。そして、大多数の利用者である学生には、残りの予算分で買った図書を割り当てられるにすぎない。だから、図書館長といっても、大学全体の大局的見地から、利用者とともに、図書館を充実させていくという位置にはいないのである。せいぜい、学生用の図書に注文をつけたり、自分の好みの分野を館長在籍期間に、少し多めに購入したりするぐらいである。あ

とは、形式的に書類に印かんを押すだけなのだ。

つまり、極めて気楽な仕事なのである。大学図書館は、利用者＝教員の自由を最大限に認めているように見えながら、他方、大多数の利用者＝学生の存在をほとんど無視しているのである。いまだに大学図書館は、一部の特権的研究者のための図書館なのだ。ようするに、大学図書館は、近代図書館として奇型であり、自立していないのである。ここでは、「図書館の自由に関する宣言」や「図書館員の倫理綱領」などが十分に機能することもない。ということは、大学図書館は、近代図書館の理念から大きく離れているのである。それを象徴的にあらわしているのが教員の兼任館長制ではないだろうか。

現在、国家は、上からのネットワークによる学術情報システム構想によって、より合理的に大学図書館を抱え込もうとしている。そして、大多数の図書館長たちは、依然として無自覚なままである。

もちろん、自覚的な図書館員や教員による地道な努力があり、「民主的」な成果を上げているところもないわけではない。しかし、それすらも、国家の「生涯教育論」や「開かれた大学」構想によって、上からからめとられようとしている。

だが、大多数の教員兼任館長たちは、部長待遇の地位を享受しながら、無責任体制のなかで無知のあぐらをかいているのである。おそらく、彼らは、「図書館の自由に関する宣言」や「図書館員の倫理綱領」の存在すら知らないのではないだろうか。責任ある地位にいる人間の無知と無自覚とは明らかに罪なのである。

◆専任図書館長は一割にも満たない

文部省学術国際局情報図書館課が、一九六六年度から毎年発行している『大学図書館実態調査結果報告』という小冊子がある。

これは、「各大学の図書館について、組織機構、管理運営、施設設備等の実態を詳細に把握して、学内外の関係者の大学図書館に対する理解と認識を一層深めるとともに、実態調査の結果を、大学図書館の整備改善方策を実施するのに必要な基本的資料とするために」実施されたものであるという(『昭和四一年度版』)。

そのなかに、「館長および分館長」という事項があり、資格、図書館学講義担当の有無、専任兼任の別、任期の有無などが明らかにされている。これを元にして作成したのが表1である。しかし、調査方法が少しずつ変化しているし、一九七七年度からは、この事項については、どういうわけか、調査が行われていない。

一九六六年度から七五年度まで、毎年、調査が実施され、七一年度までは調査方法にも変化はない。ところが、七二年度になると、「図書館学講義担当の有無」の項目がなくなる。これで、図書館学専門の人物が館長に何人選ばれているのかわからなくなる。次に、七六年度、七七年度には、館長、分館長についての調査は実施されていない。

一九七八年度では、「資格の有無」、「図書館学講義担当の有無」の項目が調査されていない。これでは、館長が図書館あるいは図書館学とどれだけ関係のある人物であるのかということが一切わからなくなる。何のための調査かといいたい。事実、あまり意味がないと思ったのか、一九七九年度からは、館長、分館長についての調査はなくなったのである。

ようするに、表でも明らかなように、大学図書館における館長については、この調査がはじめて実施された一九六六年以来、今日にいたるまで変化がないのである。というより、大学図書館においては、館長問題は、問題にもなり得ていないといった方がより正確なのかもしれない。

この『報告』のなかの「結果の概要」(二)「館長および分館長等」という項目の文章は、一九六七年度以来、

表1◉館長および分館長（『大学図書館実態調査結果報告』昭和41、46、50、53年度版より作成）

年		1966				1971				1975				1978			
区分		国立	公立	私立	計	国立	公立	私立	計	国立	公立	私立	計	国立	公立	私立	計
資格	司書	2	1	23	26	0	1	31	32	0	1	36	37				
	司書補	0	0	0	0	0	0	2	2	0	0	0	0				
	無	186	41	234	461	163	35	296	494	174	38	367	579				
図書館講座の有無	有	2	0	16	18	1	0	23	24								
	無	186	42	241	469	162	36	306	504								
専任・兼任	専	0	1	25	26	0	0	13	13	0	0	23	23	0	0	53	53
	兼	188	41	232	461	163	36	316	515	174	39	380	593	176	39	405	620
任期	有	186	37	155	378	161	34	180	375	171	39	244	454	170	39	356	565
	無	2	5	102	109	2	2	149	153	3	0	159	162	0	0	49	49
選出者	学長	33	8	126	167	37	8	131	176	23	2	149	174	18	4	138	160
	教授会	18	22	72	112	22	23	97	142	36	27	110	173	44	28	100	172
	図運委*	4	1	4	9	3	1	2	6	11	2	6	19	15	0	11	26
	その他	19	4	26	49	13	1	33	47	11	2	34	47	6	1	54	61

*図書館運営委員会

一九七五年度まで、全然変わっていないのである。

「欧米諸国の大学図書館においては、専任館長をおくものが多いが、わが国においては、図書館、室総数×××のうち、×%にあたる私立大学の××図書館・室が専任館長をおいているのみで、他はすべて兼任館長である」。

この××のところが毎年少し変化するだけで、ずっと専任館長はひと桁の割合でしかないのである［註◆1］。これでは、文部省でなくともわざわざ調査する気にならないであろう。そして、一九七六年度以来、七八年度を例外として、この「館長・分館長」という事項の調査は実施されなくなったのである。

つまり、文部省は、この事項を「大学図書館の整備改善方策を立案するのに必要な基本的資料」にはならないと判断したのかもしれない。

だが、この間、大学図書館が無風状態であったわけではない。大型コンピュータを使った学術情報のデータベース化が進められ、その共同利用による情報検索の普及など、機械化を中心に大きな変化を見たのである。この変化は、しかし、大学図書館内部から起こったというより、産業界の意図を反映した国家の政策として出てきた感が強いのである。そして、多くの研究者たちは、目先の便利さにかまけて、この政策に迎合していったのではないだろうか。

それは、学部や研究室の閉鎖的なセクト主義と相俟って、一方に超近代、他方に前近代という、奇妙なコントラストをなしている。そして、この構造を支えているのが、二、三年任期の兼任図書館長制という無責任体制ではないだろうか。

ここでは、館長を中心に、大学図書館が図書館の確固とした理念のもと、国家の政策に対応するという姿勢を見い出すことはできない。その証拠に、基準要項や勧告などが、さまざまな団体や組織から提出されたにもかかわらず、図書館の理念に触れる問題は改善されたとはいい難いのである。

そのひとつが、いうまでもなく館長問題なのである。

◆専任館長は世界の常識

最近、岩猿敏生が「大学図書館長論」(『図書館界』第三四巻第一号、一九八二年五月所収)というかなりまとまった論考を発表した。岩猿は、この論考のなかで、一九七三年に来日、日本の大学図書館の実態を詳細に調査した、英国、バーミンガム大学図書館長・ハンフリースの「日本の大学図書館について(報告)」(『大学図書館研究』第五号、一九七四年六月所収)を下敷きにして兼任館長制の弊害を論じている。

第一に、任期二年ほどの館長では、蔵書の収集が場当たり的になるなど、「中期的・長期的展望のもとに運営されなければならない図書館の場合」致命的な欠陥になる。

第二に、有能な図書館員が大学図書館長の地位に就けないとすれば、将来性のある若い人びとの意欲をそぐことになる。

第三に、日本図書館協会のあり方をいびつなものにし、その力を弱めているという。つまり、兼任館長が協会のメンバーになることはまずない。だから、協会の大学部会で何を決議しようが、大学図書館は、協会とは直接関係がないゆえ、協会を中心とした日本の図書館運動や全国のさまざまな図書館運動と連帯することはできないのである。

そして、この兼任制は、ヨーロッパ、アメリカはもとより、東南アジア諸国など、いわゆる発展途上国にも見られないものなのである。

兼任館長制に対するこれらの指摘は、いずれも納得のできるものである。図書館を何らかのかたちで少しでも知っていたり、実際に関係したりしたものなら、それ自体、まず文句の付けようのないものであるだろう。

文部省もこのような批判に手を拱いていたわけではない。大学図書館改善協議会が一九七六年に公表した「昭和五〇年度審議のまとめ」(『大学図書館研究』第九号、一九七六年六月所収)では、館長専任制が前面に押し出されているのである。

岩猿は、この「まとめ」を高く評価し、「専任館長制の論拠が見事に展開されている」という。「まとめ」の骨子を引用しておこう。

「大学図書館の活動は、極めて実践的な個々の業務の累積であり、それを全体として一つのシステムとして有機的に結び付け、最少の経費をもって、利用者に対し最も効率的なサービスを提供することが肝要である。したがって、図書館長は誰にもまして図書館の使命を認識し、その遂行に関して熱意を有すると同時に、自己の掌理する図書館システムあるいは図書館活動の実情を深く把握し、その改善、推進のために不断の努力を傾けることが要求されるのである。このことから、図書館長職はまず専任であることを必要不可欠の要件とすべきである」。

さらに、今日的問題は、館長がもっぱら教員から選ばれているということであり、「その職務は、図書館・情報学の専門的知識と図書館業務に関する経験を備えた専門職によってこそ最も十全に遂行されるとする考え方」

があるとのべ、「そこでは前述のような館長の専任制については既に自明のこととして一般的問題にはなり得ない」という。

ただ、「この専門職による図書館長の問題については、本協議会の審議の過程でも意見が分かれた」として、その意見を紹介するにとどめ、積極的に展開していない。

とはいえ、この「まとめ」は、館長専任制を高らかにうたっているという点において、日本の大学図書館の状況を考えるならば、画期的なことだといえるのである。

しかし、この原案も、教員館長側からの強い反発があり、一九七七年の「第二草案」では、専任制の原則は全面的に削除され、それに対する図書館員側の抵抗、というように、「改善要項の原案そのものが、結局日の目を見ないで、潰えさってしまった」（岩猿、前掲論文）という。

結局、館長問題とは、文部省よりも、大学における教員の特権的エゴイズムの問題に、その本質がありそうなのである。実際、先の「まとめ」でも触れられているように、「国立大学図書館改善要項」（文部省大学学術局、一九五三年）、「公立大学図書館改善要項」（公立大学図書館協議会、一九六一年）、「私立大学図書館改善要項」（私立大学図書館協会、一九五六年）では、専任を原則とするという意味のことがのべられているのである。にもかかわらず、現実には、専任の館長は、文部省が『大学図書館実態調査結果報告』を実施した一九六六年以来、一貫として一割にも満たないのは先に見たとおりなのである。

◆図書館員館長論は？

それでは、議論があるとして、「まとめ」では、意見を紹介するにとどめられた図書館専門職館長論はどうなのか。この最も積極的な提案は、ハンフリースの「日本の大学図書館について（報告）」である。

「大学図書館長あるいは学部図書館長は、専門職からのみ任命されるべきである。彼等は大学の上級職員であり、完全に教授と同等の権限と特典を有するべきである。彼等はその職権上の資格により大学の最高の政策決定機関や評議会あるいはそれと同等のもののメンバーとなるべきである。

その他のライブラリアンは、地位及び俸給において教官と同等であるべきであり、大学管理においても教官と同じ基礎に立って参与するべきである」。

その他、ハンフリースは、日本の大学図書館について、さまざまな勧告を行っているが、その内容は、大学図書館が教員の特権的私物化から離れて、図書館の自立性を推進させようとするものである。そして、その方が長い目で見れば、教員にとってもより使い易い大学図書館になるはずである。

それにしても、日本の大学とは、いまだに外国（西洋）人の権威を借りなければ、あたりまえのことでもできないのであろうか。もっとも、この勧告から一〇年近くたった今日、館長問題は依然として旧態のままであるが。

ところで、この「ハンフリース報告」ほどはっきりとしたかたちで言明してはいないが、文部省や公の機関がすでに、図書館員館長論に触れているのである。「国立学校設置法施行規則」（文部省、一九七三年最終改正）しかり、「国立大学図書館改善要項」、「公立大学図書館改善要項」、「私立大学図書館改善要項」、「私立短期大学図書館改善要項」（日本私立短期大学協会、一九七四年改訂）しかり、そして、「大学図書館基準」（大学基準協会、一九八二年改訂）しかり、なのである。

もちろん、図書館員の立場からいえば、不十分なものではあるが、だからといって、まったく図書館職員の館長が閉ざされているわけではないのである。にもかかわらず、「二、三の私立大学を除いて、図書館専門職からの館長起用は絶無であるのが現状である」(「まとめ」)。

先にみたように、教員の専任館長が一割にも満たず、図書館専門職館長にいたっては、二、三の私立大学にすぎないとすれば、事態は絶望的なのであろうか。

◆図書館員はまず教員になるべきか

岩猿敏生は、先の論考のなかで、図書館界に専任館長として有能な働きができる人材がいないという説に対して、いく分開き直りぎみに次のようにいう。

「館長になりうる道を、長い間全く図書館員に閉ざしておいて、館界に人がいないではないかと問う人には、館界に人を得せしめないように、荒廃させてきたのは一体誰なのかと問いたい。(中略)それからまた、館界に人がいないと教授たちが言う場合、かれらの評価基準は、研究者としてのそれである。しかし、図書館界は研究者ではなく、実践者でなければならない。したがって、たんなる研究者としての評価基準のみで判断されるべきではない」。

そして、次のように結論づける。

「図書館サービスの成否は、なによりもまず図書館員の資質によることを考えるとき、大学図書館長の専任化こそ、結局は大学図書館サービスの真の拡張と深化につながるものであることを銘記すべきである」。

ここでの、岩猿の主張は正しい。長いあいだ、大学図書館に勤め、情熱的に仕事をこなしながら、名誉職以外の何ものでもないような、多くの兼任館長に仕えなければならなかった有能な図書館員はどれだけいた（いる）であろうか。

彼らのある者は、図書館以外の自分の専門を生かして研究者の道へ行き、ある者は、労働運動へ、またある者は、図書館への情熱を失なった事務官僚へ、そしてのこりの多くの者は、「無名のおとなしい、まじめによく働く」図書館員という「名誉」ある形容を得るのである。

だが、現在の大学図書館においては、こんなことばは、決してほめことばではないし、まして、自己満足できることばでも断じて、ない。制度の理不尽さと兼任館長の無理解に基づいたバカさ加減をこそ撃つべきなのである。

思うに、図書館員は、やさしさゆえか、また利用者に対する思いやり、利用者の身になるという職業倫理ゆえか、自己主張は少ないようである。けれども、無原則の自己犠牲や柔順さは、決して美徳でもなければ、正義でもない。己れの存在自体が無責任体制を支えていることを知るべきである。

さて、大学図書館長が教員でなければならないという議論の根底に、大学自治論があると、岩猿はいう。そして、岩猿は、日本のように、図書館員一般がプロフェッションとして社会的に認められていない現実では、大学自治論をも踏まえて、教員館長論を主張する。

「図書館員がプロフェッションとして社会的に確立されているならば、教官職のステータスを、大学の中で得るか得ないかは必ずしも重要ではない。プロとしての図書館員は、十分に大学の自治、すなわち研究・教育の自由を守っていく。しかし、図書館員のプロとしての確立が十分でない現状においては、大学図書館員が教官のステータスを得ていくことが必要であり、それはまた、図書館員一般がプロフェッションとして成熟していくためにも、いいことである。だとすれば、図書館員のトップである館長が、まず教授であることは望ましいことである。しかし、それは、専任の教授館長であって、現状のような、プロでない兼任教授館長制ではない」。

岩猿は、日本の現状に妥協し、現実的方法を提起しようとしたのかもしれないが、この主張は、原理的にも論理的にもおかしい。

まず、第一に、大学自治の担い手を教員であるとしている点である。大学の自治がもし存在すると前提し、それを強化しようとするならば、当然、職員、学生をその一翼に加えなければならない。つまり、全構成員自治論[註◆2]の方がより理念的なのではなかろうか。岩猿は、しかし、教育・研究の自由、すなわち大学の自治を保証するのはプロフェッションだけだと考えているようである。教員は、社会的にプロと認められているが、図書館員は、いまだプロではない。プロでないものは、研究・教育の自由を守ることはできない。ところが、図書館は、利用者の知的自由を守り、保証する機関である。だからその長はプロでなければならない。いまの大学でプロといえるのは、教員だけだ。したがって、図書館員も館長になるためには、まず教員になる必要がある。このような論理である。

しかし、六〇年代後半から七〇年代初頭にかけての大学闘争の過程で、「大学の自治」を自らの手で葬りさったのは、他ならぬ教授先生方である[註◆3]。プロフェッションだから大学の自治を守るなどとはいえないのである。むしろ、プロは、自分の仕事が保証されるならば、権力であろうが、何であろうが、迎合していく傾向をもつ。別に大学闘争を待つまでもなく、一五年戦争時代の大学の教授先生方がそのことは証明しているのである。

プロフェッションとしての地位と大学の自治とは何の関係もないのである。おそらく、岩猿は、ひとつの専門分野で勝れているものは、社会的にも勝れているものであるという極めて低次元の「常識」の上に教員専任館長論を展開しているのではないだろうか。

第二に、図書館は、その理念からいって、研究・教育の自由を保証しなければならない。そのためには、単なる事務職員ではなく、図書館の理念をよく把握し、自らのものとしているプロフェッション、つまり、プロフェッション一般ではなく、図書館の理念を体現したプロフェッションが館長にならなければならない。百歩譲って、岩猿がこのように考えているならば、それは基本的には正しい。

だが、そうならば、なぜ、そのプロが教員になる必要があるのだろうか。岩猿も、いっているように、図書館長は、研究者としての能力よりも、より実践者としての能力が問われるはずなのである。「したがって、たんなる研究者としての評価基準のみで、判断されるべきではない」のである。

さらに、より重要なことであるが、図書館員は、図書館員として仕事がしたいのであって、教員として仕事がしたいとは限らないということである。現場の実践者としてのプロと教育者、研究者としてのプロとは、ふつう一致しないものである。たとえ、図書館学が純粋アカデミックな科学ではなく、より実践的ないわば限界科学[註◆4]だとしても、である。

だから、大学図書館員が教員になることは、図書館員一般がプロとして成熟していくためにも、いいことであると、一般的には、いえても、それが、即、館長が教員であることが望ましいとは、いえないのである。

現に、大学図書館員が、教員になった例は数多くある。にもかかわらず、彼らの多くが図書館長になり、大学図書館が見ちがえるようによくなり、図書館員一般の地位も上がったということは聞かない。また、元図書館員だから、優先的に図書館長に選出されたという例もほとんどない。それは、ある意味で当然である。彼らは、自らを研究者、教育者と自己限定することによって、図書館の現場を離れているのである。

したがって、もし彼らがほんとうに、専任の図書館長になるなら、岩猿の主張とは逆に、教員の地位を辞さなければならない。なぜなら、専任の図書館長は、教育、研究よりも、現場の実践者として、大学図書館の運営に努めなければならないからである。

◆大学図書館のゆくえ

一九八〇年に学術審議会が文部大臣に答申した「今後における学術情報システムの在り方について」(『学術月報』第三三巻第一一号、一九八〇年一一月号所収)が発表されて以来、図書館の機械化などと関連して、学術情報のネットワークの必要性がさけばれている。

この学術情報システムの構想は、今まで個別的に大学図書館が中心となって収集してきた一次資料を体系的網羅的に集め、大型計算機センター、国立大学共同利用機関、大学図書館などをコンピュータ・ネットワークで結んで一元的に管理しようとするものである。

このような構想は、この「答申」が発表される以前から、産業界の要請を反映したかたちで、国家的政策になっていたのであるが、低成長下の合理化と相俟って、実現の方向に踏み出しはじめたのである。

それは、「大学の自治」などという、民主主義の理念的なイメージを排除し、熾烈な国際、国内競争を勝ち抜こうとする資本の意図の反映であることはいうまでもない。ここでは、研究室で個別的、趣味的に好きな研究をしている暇などない。研究者は、大学図書館と一緒になって、できるだけ、速やか、かつ合理的に情報を捉え、研究業績を上げなければならないのである。

おそらく、産業界や文部省は、「大学の自治」や「教育・研究の自由」などは、理念としてもほとんど信じてはいないであろう。そして、プロとしての教員が、それらを己れの思想性の問題として、いのちがけで守るなどとは、まったく信じていないはずである。彼らは、少し困れば、保護を求め、支配されたがることはすでに証明済だからである。

そうだとするなら、大学図書館の館長問題も、専門職の専任制として近い将来実現される可能性は強いかもしれない。つまり、情報学やコンピュータに詳しい、テクノクラートとしての専門家の館長の実現である［註◆5］。このテクノクラート図書館長は、身分的には教員であろうと職員であろうと、そのことにたいした意味はなくなるだろう。彼らの脳裏にあるのは、いかに能率よく、特権的研究者に、情報を与えるか、その一点にすべては収約されるように思われる。ここでは、「図書館の自由に関する宣言」や「図書館員の倫理綱領」などもはや問題になることもなくなるのではなかろうか。こんなものは、ない方がどれだけ「合理的」で能率的かわからないからである。

それでは、このような方向に大学図書館（長）の未来を設定することが、ほんとうに現実的であり、社会にも要請されているのであろうか。現代の管理された情報化社会を前提にし、その延長上に未来社会を展望するならば、そうかもしれない。しかし、このような展望に何の根拠もないことは、現代の世界的な危機状況のひとつを見ても明らかなことである。そして、テクノクラートたちが、己れの存在の根拠にしている科学・技術にしても、以前のように、それ自体で「善」であり、進歩的であるなどとは、誰も信じていないのである。

有能なテクノクラート専任館長は、無能な教員兼任館長よりも、ひょっとして、より危険なのかもしれない。

◆何よりも大学図書館の自立を

それでは、この危機的状況で、大学図書館員は、どのような方向を目指せばよいのだろうか。岩猿がいうように、図書館員が教員になって、それから図書館長を目指すべきなのか。わたしは、岩猿とは逆に、図書館員は、現場の図書館員のままで図書館長を目指すべきだと考える。

これは、専門職の長は専門職であるべきだという次元の問題ではなく、図書館員の職業倫理、責任の問題である。自らが選んだ仕事の最高責任者を、他の仕事を選んだものにゆだねるのは、怠慢であり、無責任である。

思うに、図書館員は、大学、公共、学校を問わず、おとなしすぎる。そして、先にも少し触れたが、図書館活動に熱心な図書館員ほど、利用者とともにあろうという意識からか、図書館をめぐるヒエラルキーに無頓着か、さもなくば避ける傾向がある。あるいは、己れの専門分野に集中することによって、管理的問題は無視しようとする。むしろ軽蔑的に斜めにかまえて冷やかにながめている、という観すらある。

そのことによって、一般の人びとの図書館人に対する評価は、いまだに類型的である。「おとなしく、誠実で、まじめによく働く」というものである。これは、もっとも好意的な評価であり、ふつうは、「うだつのあがらぬ」とか「変わった人」とかいうものであるだろう。

社会的イメージがそのものの本質を衝《つ》いているとは限らない。だが、いかほどか、その実体の反映であるかぎりにおいて、それを無視するわけにはいかない。問題は、実体と社会的イメージとの距離を埋めることではなくて、社会的イメージを逆手にとって、そのよってきたる基盤を撃つことである。それは、同時に、己れが図書館員として、社会的イメージに甘えている部分をも衝くことになるのではなかろうか。

そうだとするなら、図書館員が、現場の図書館員のままで、大学図書館長を目指すことに、何の不自然さがあろうか。むしろ、大胆に、図書館の何たるかを提起しつつ、館長問題を白日の下にさらすべきなのである。

ところで、大学図書館員が現場の図書館員のままで、館長を目指すという意味は、同時に、大学図書館の全面的開放を目指すということと、実は同じことなのである。つまり、大学図書館が所蔵しているあらゆる資料・情報を、すべての人に公開するという原則を貫くことである。これは、大学図書館に、公共図書館の肩がわりをさせようということではない。近代図書館の原理を大学図書館にも貫徹させよといっているにすぎないのである。近代図書館の原理とは、いうまでもなく公開許容性である。

近代の大学にそれを拒否する根拠もまた、原理的にはないはずである。大学内の研究者がいかに本人の自由な意思で学問研究をしていると抗弁しようとも、その自由は、本質的には大衆から保証されているにすぎないのである。大衆化された大学において、一方に、この本質的な問題に自覚的でない特権的研究者がいかに多いことか。そしてまた、大衆自身も、この構造に無自覚なのである。学術情報システム構想は、このような無自覚的な状況の反映として、実現されようとしているのである。

ほんとうはヒエラルキー制度とは相容れないはずの大学図書館で、あえて図書館員が現場の図書館員のままで館長を目指すべきだと主張するのは、なぜか。図書館現場という、ほんらい知的に開かれた場から、大学図書館をめぐる現実の倒錯した状況を撃つべきだと考えるからである。館長問題とは、すぐれて現場の図書館員の主体性の問題なのである。いま、大学図書館は危機的状況にある。だが、しかし、危機的状況とは、新しい関係性を結ぶべき好機でもある。危機に飲み込まれるか、それとも、新しい図書館の関係性を実現させうるか、ひとえに現場の図書館員の主体性にかかっているのではないだろうか。

註1◆一九六六年度から一九七八年度まで、館長および分館長総数に対する専任館長の占める割合は、二・四パーセントから七・九パーセントのあいだをゆれ動いているにすぎない。『大学図書館実態調査結果報告』各年度版参照。

註2◆「大学の制度改革」(『講座日本の大学改革』第五巻、青木書店、一九八三年)参照。

註3◆そういえば、「大学の自治」擁護論者、丸山真男や篠原一が、自分の研究室に独占していた資料が荒されたくらいで、「文化の破壊」とか「ナチスもやらなかった暴挙」などといって、大げさに嘆きのポーズをしていたことを思い出す。

註4◆図書館学を限界科学としてとらえようとすることについては、拙稿「いま、いかなる図書館員が必要なのか——わが国図書館職員の現状と将来——」(『現代の図書館』第二〇巻第三・四号、一九八二年一二月)、本書012ページ参照。

註5◆元国立国会図書館業務機械化室長小田泰正の京都産業大学図書館長への起用(現在は館長ではない)。同じく、元国立国会図書館副館長酒井悌の金沢工業大学ライブラリーセンター館長への就任は、その実験的試みとしてたいへん興味深い。これらの図書館がどのような方向に進むかは、つとに現場の図書館員にかかっているように思われる。

◆附記

『季刊としょかん批評』(せきた書房)は、一九八二年一二月から一九八四年九月の二年足らずのあいだに一号から五号まで発行された。図書館関係の雑誌(実質は書籍扱い)としてははじめての商業誌を目指した。

当時、公共図書館を中心に「図書館事業基本法(仮称)」、大学図書館では「学術情報システム」、それに出版業界での「ISBN」と図書館周辺ではその是非をめぐってさまざまな議論が交された。その多くはいわゆる業界誌、専門誌での論争であったが、一部は一般誌でも報じられた。さらに具体的にこれらの動きに反対する会も結成され、集会の開催や全国図書館大会への情宣、独自の機関誌も発行された。

それぞれのテーマのなかで論点は多岐にわたったが、反対運動の焦点はつまるところ、図書館の国家管理、その一元的支配への批判ということだったと思う。『季刊としょかん批評』はそのような運動のなかから生まれた。

目次や編集後記を見ると懐しい名前が並んでいる。が、中身は必ずしも反対運動のためだけの雑誌ではない。いま読んでもすぐれた問題提起や刺激的な論文も少なくない。

逆にいえば、現在ではこのような大きなテーマに興味を寄せる図書館人も読者もほとんどいなくなった、と私が考えているからかもしれない。

私の書いたものについても、手前みそながらそのように考えている。じつはこの時期、私は職場で図書館長に立候補した。職場の例規集を読めば、図書館長は教授会選出となっていたが、資格条件などはなかった。キリスト教主義の「平等思想」に何の疑いも持たないような地方の大学に少し波風をたたせてやろうという思惑もあった。

それに本論でも触れているが、岩猿敏生さんの「大学図書館長論」に刺激されたこともあった。岩猿さんご自身が京都大学の図書館に長く勤められ、その後関西大学の教員になられた経歴をお持ちだった。岩猿さんの他にも元図書館員で、その後大学教授に転職された方は何人もいる。最近では、現場を経験しない図書館学の教員も増えてきたが、当時の教員はほとんどが現場経験者だった。その人たちの現場での経験が大学図書館長として生かされたという事例は当時も現在もまず、ないといってよい。

『日本の図書館』二〇〇七年版（日本図書館協会、二〇〇八年）によれば、大学図書館の専任館長は四つの大学しかない（七一五大学中）。兼任館長で司書資格取得者は一七大学。短期大学でも専任館長は三大学（二四一大学中）。兼任館長で司書資格取得者は一四大学。二〇年以前よりも減少している。この間、図書館学を開講している大学は確実に増えているにもかかわらず、である。

私の立候補の結果は、「時期尚早」という常套手段で見送られた。その後図書館長は、学部も複数になったこともあって、教授会選出から学長任名制に変わったが、兼任館長のままである。

ただ私が「ひょっとして」と危惧した有能なテクノラート館長は、この国の大学図書館では未だに実現していない。有能な館長がいなくても、文科省の意向が完徹するシステムになっているようである。

大学図書館はどうなるか

「学術情報システム」が投げかけるもの

『社会評論』第50号、一九八四年一一月

◆そのねらいは何か

一九八〇年一月、学術審議会が文部大臣に答申した「今後における学術情報システムの在り方について」〔註◆1〕は、大学図書館界に大きな波紋を投げかけた。とはいえ、ただちにこの構想に対し、賛否両論が出たというのではない。文部省もいうように、中間報告の段階で、「『学術情報システム』構想に対する反対意見は皆無であ」り、「多くの意見はこの構想を積極的に評価し、早期実現を期待するものであった」〔註◆2〕。

それは、ある意味では当然であった。公共図書館が七〇年代を通じて、質的にも量的にも飛躍的な発展を遂げてきたのに比べ、大学図書館には、見るべき変化、発展はほとんどなかったからである。もちろん、六〇年代末に発足した大学図書館員の自主的な組織である大学図書館問題研究会の地道な運動にみられるように、まったく変化がなかったわけではない。しかし、このような運動も、大学図書館が独立した組織ではなく、大学の附属という関係上、さまざまな制約をもたざるを得ない。その上、大学図書館の主な利用者＝教員と学生とはその利用において平等ではない。だから、両者の利害がいつも一致するわけではなく、相反することも多い。そして大学図書館問題研究会の運動が教員＝研究者よりも学生の利用に重点をおいているゆえ、研究者としての立場からはそれほど歓迎されることもなかったのである。

したがって、大学図書館の改革も教員＝研究者側に偏った大学行政の壁に阻まれ、より困難な状況を呈している。このことは、公共図書館がこの十数年間の発展の過程である程度行政から自立し、図書館として独自の運動を展開しはじめたのに対し、大学図書館がいまだに閉ざされた大学の一部局でしかないことを証明しているのである。要するに、大学図書館は、図書館として極めて奇形なのである。

学術情報システム構想は、大学図書館のこのような停滞した状況を国家の側から突破するべく、「資源共有」、「国際協力」という美名の下に提起されたものである。それは、八〇年代の科学技術立国へ向けて、国家が知の管理強化、再編を強行しはじめたことを意味する。科学技術立国とは、日本が世界的危機のなかで、「豊かな社会」を今後も継続していくために、もっとも国民にコンセンサスを得られやすい政策として打ち出されたものであり、コンピュータを基軸とした「豊かな情報化社会」の実現というバラ色のオブラートで包まれた未来社会構想の一環であることはいうまでもない［註◆3］。

おそらく、政府、産業界は、この科学技術立国実現に向けて、あらゆる部門の先端技術を動員させることを目指しているはずである。一方に、各々の部門の専門研究者を結集し、学術情報システムで合理的に結合させることによって、実質的な成果を勝ち取り、他方、一般の国民大衆に向けては、たとえば一九八五年、筑波で「国際科学技術博覧会＝科学万博――つくば'85」を開催することによって、科学技術のファッション化をはかっているのである［註◆4］。つまり、知の領域において専門家と国民大衆とを分断しつつ、全体としては科学技術立国をムードとして煽ることによって、国民的総意を築こうというのがこの間の国家の科学技術政策なのである。

したがって、学術情報システムは、「研究の自由」の名の下に、大学アカデミズムに閉じこもっている専門家たちを、国家の科学技術政策に動員し、国家の管理の下に秩序づけて組織化するための手段だといってもよい。大学図書館は、そのための中継基地なのである。それは、自立した大学図書館が互いに図書館の論理によって結びつき、協力しあうというようなものでは決してない。中枢機関である学術情報センターに個々の大学図書館が従属するという極めて中央集権的なシステムになることは、ほぼ間違いないのである。文部省学術国際局情報図書館課がまとめた「昭和五七年度学術情報センターシステム開発調査概要」［註◆5］（以上「概要」と略記）はそれを端的にあらわしている。

◆図書館の実情とかけ離れている

さて、この「概要」によれば、「概念設計及び論理設計をほぼ終了し」、「まだ多大の労力を必要とする総合的な詳細設計が残されている」が、「学術情報センターシステムは、基本的な研究開発の段階からシステム実現の過程に入り得る状況に達した」と主張されている。事実、八〇年、八一年のそれと比べて、内容はより具体的になってきている。しかし、そのことは同時に、八〇年の文部大臣への「答申」の段階では、学術研究全般に寄与するというように、いまだ研究者すべてに役立つような幻想を与えていたものが、露骨に寄与対象をしぼってきたことをも意味するのである。

それは、文部省が大学図書館のコンピュータ導入、合理化の推進と徹底した情宣活動により、大学図書館の意識改革、管理化をはかってきた成果に自信をもち始めた証明でもある。最近の大学図書館の種々の研修会や集会で学術情報システムやコンピュータをテーマにしなかったものは皆無といってもよい。文部省は、大学図書館の停滞状況を踏まえ、教員の素朴な研究者エゴを刺激することによって、他方、大学図書館員の無原則なサービス精神をくすぐりながら、コンピュータを駆使した学術情報システムはなんとなく絶対に必要だというムードをつくりあげたのである。あとは、少数の反対意見は無視して、この学術情報システムの実現へ向けて強引に突っ走るだけであるようにみえる。

しかし、この「概要」を見るだけでも［註◆6］、その内容が図書館の理念とはいちじるしくかけ離れ、民主主義にとってたいへん危険な様相を呈していることは簡単に読みとれるのである。もちろん、文部省は、そのことは百も承知のはずである。だが、八〇年代の「豊かな情報化社会」、科学技術立国実現のためには、民主主義などにかかずらわっている暇などないのかもしれない。

それでは、具体的に一九八二年度の「概要」はどういうことを述べているのであろうか。ここでは、市民社会における図書館の理念と抵触しかねない内容を中心に少しみておこう。それは、とりもなおさず学術情報システムにかかわる大学図書館員としての主体性を問うことである。というのは、もし、図書館の理念を抜きにして、このシステムを語るならば、もはや図書館員は図書館員ではなく、単なる情報媒介屋にすぎなくなると思えるからである。

「概要」は、まず、このシステムがいかにすばらしい成果を上げるものであるか、次のようにいう。

「学術情報センターは、学問各分野の情報検索サービスと大学図書館等の一次情報の目録・所在情報の蓄積・提供を行うことを目的としており、これが完成すれば、各大学図書館の整理業務を著しく能率化するだけでなく、大学等の研究者にとって、①情報検索、②原文献の所在検索、③原文献の図書館間相互貸借申込み、④原文献（複写を含む）の入手という学術情報流通の一連の過程が一貫したシステムによって処理され、我が国の先導的独創的な学術研究に大きく貢献することが可能となる」。

ここに書かれてあることは、現在個々の大学図書館のあいだで不十分ながら日常的に行われていることを、学術情報センターに情報がすべて集中するから、一度ここを通して行おうといっているにすぎない。それだけのためなら、学術情報システム構想に大さわぎをするほどのこともないように思える。だが、文部省は、学術情報システムを稼動させて、研究者に便宜を与えるというよりも、実は、このシステムをつくりあげること自体が目的なのである。以下述べられている「主なサービスの提供方針」、「利用方式」、「システム設計」などの内容を読めば、それがよくわかる。

たとえば、一次情報の範囲の問題がある。「概要」は、目録の標準化と品質管理をうたっている以上、すべて一次資料をコンピュータに入力することは不可能である。それは当然学術資料とは何か、誰がどのようにそれを決めるのかという根本的な疑問にぶつかるはずである。第二に、利用者の資格の問題がある。「概要」は、大学等における助手以上の研究者、約一六万人に限定しているのである。第三に、利用料金の問題。原則として利用者負担の方針になっている等。

「概要」に書かれていることからだけでもこのシステムが従来の図書館のあり方から大きく隔たっており、異質なかたちを目指していることがわかる。さらに、ここに書かれている以上に、学術情報システム構想が大学図書館の国家による再編、管理を目指していることは何人かの論者が指摘するとおりである［註◆7］。とまれ、学術情報システムとは、大学図書館（員）の死活問題なのである。

◆忘れ去られた「図書館の自由」

ところで、図書館界には、一九五四年、全国図書館大会において採択された「図書館の自由に関する宣言」

（一九七九年改訂、以下「自由宣言」と略記）[註◆8]がある。そしてまた、一九八〇年、日本図書館協会総会において決議制定された「図書館員の倫理綱領」（以下「倫理綱領」と略記）[註◆9]もある。

これらは、「すべての図書館に基本的に妥当するものである」以上、大学図書館もまた例外ではない。「自由宣言」や「倫理綱領」が日本国憲法を踏まえて成立していることから考えても、それは当然である。そうだとするならば、学術情報システム構想は、「自由宣言」や「倫理綱領」に抵触しないのであろうか。

「自由宣言」は、その前文に「図書館は、基本的人権のひとつとして知る自由をもつ国民に、資料と施設を提供することを、もっとも重要な任務とする」とあり、その中の（五）に次のように書かれている。

「すべての国民は、図書館利用に公平な権利をもっており、人種、信条、性別、年齢やそのおかれている条件等によっていかなる差別もあってはならない。

外国人にも、その権利は保障される」。

そして、この「解説」でも、「学校図書館、大学図書館、専門図書館などにおいても、それらの図書館を設置する機関の目的に抵触しないかぎり、これらの原則が遵守されるべきである」と述べられている。

ところが、先にみたように、学術情報システム構想においては、この当然すぎる原則にはっきりと制限を加えているのである。このシステムを利用できる権利を有するのは、わずか一六万人ほどの国家から専門研究者と認められたものだけなのである。在野の研究者はもちろん、このシステムに参加できない短期大学などの教員、学生などはカヤの外におかれているのである。これが文部省のいう「資源共有の理念」の内実である。

もし、ほんとうに、「資源共有の理念」を実現しようと思えば、「自由宣言」に沿った方向でこのシステム構想を推進しなければならないはずである［註◆10］。だが、大学図書館の資料も一般市民に共有されず、大学人にほとんど独占されている現在、それが早晩実現されることはあり得ないと断定してもよい。学術情報システムは、一部特権的研究者の資料独占をより推し進める以外の何ものでもないのである。

しかし、彼らもまた資料の独占ができ、研究に便宜がはかられると簡単に喜ぶわけにはいかない。彼らの研究は、便宜をはかられる量に見合った分、国家の意向に沿うことを強要され、管理されることは目に見えているからである。ここでは、「研究の自由」などという大義名分は、前時代の遺物となるであろう。これは、学問の側から見ても、その退廃に通じることはいうまでもない。なぜなら、独占、管理されたところで上げられる近視眼的、断片的な成果の寄せ集めは、その成立過程で健全な批判を受け入れる余地がなくなるからである。もちろん、学問など退廃しても、「豊かな管理社会」が実現される方がよいというのなら、はなしは別である。

さらに、一次資料が膨大なため、データベースに登録される対象資料が「学術資料」に限定されることによって、個々の研究成果の取捨選択を招くことになる。それを行うのは学術情報センターなのである。ほんらい、公開された場で、自由な批判と協力を得て評価されなければならない研究成果が、ごく限られた専門家の手にゆだねられる危険性は大きい。「自由宣言」はいう。

「国民の知る自由を保障するため、すべての図書館資料は、原則として国民の自由な利用に供されるべきである。

図書館は、正当な理由がないかぎり、ある種の資料を特別扱いしたり、資料の内容に手を加えたり、書架から撤去したり、廃棄したりはしない」。

しかし、より多くの人びとの批判をあおぐよりも、自らの研究成果をもっとも優秀な専門家の集まりである、国家が認めた学術情報センターに評価される方が研究者として名誉であると考えるならば、はなしは別である。学術情報システムの恩恵にあずかった一六万人の専門研究者は、その代償として、国家の政策に役だたない研究をする自由はなくなることを覚悟せねばならないだろう。八〇年代の科学技術立国を目指すためには、役に立たないような研究に自由を与える余裕も、バラまく財源もないのである。つまり、一般の国民だけでなく、彼らもやがて「知る自由」は失われるというのが、このシステムの論理的帰結なのである。その証拠に、このシステムの参加を許された利用者すらも、利用料金を支払わなければならないのである。

「利用料金は受益者負担の考え方を基本原則とするが、利用者にとって過度の負担にならないように考慮する必要がある」(「概要」)。

この文章は一見、当然そうにみえるが、その実、選ばれた利用者すらもそのおかれた条件によって差別されることになるのである。現在でも、相互貸借業務において大規模な大学図書館の利用者と中小規模の大学図書館の利用者とでは、明らかに平等ではない。学術情報システム構想では、この点はいま以上に助長されることは間違いない。というのは、「目録システムのネットワークは、学術情報センター、地域センター(特定の参加図書館)、参加図書館、目録端末が階層的に結びつくことを基本と」(「概要」)しているからである。

これでは、近代市民社会における図書館の理念、したがってそれの表明である「自由宣言」とはあまりにもかけ離れているのではないだろうか。ここにみられるのは、国家目標に向けて、役にたつ情報をその一点に集中させ、少しの無駄も許さない徹底した合理化の思想である。その内実は、日々生活する市民が関与しないところで、国家が選出した優秀な専門家によって、すばらしい管理社会をつくってあげます。だから、ふつうの市民は、安心してそれに従いなさい。その方が楽で合理的でありますよ、ということである。

選出された専門家は、自分の研究が社会的にどういう役割を担っているのかという冷静な反省などする暇はない。彼らは、細分化された己れの研究目標に向かって、苛烈な業績競争の渦中をまっしぐらに進まざるを得ないであろう。そして、同じように、学術情報システムに携わる大学図書館員の役目は、専門家たちの業績競争をより早く、より合理的に進めるための情報検索やデータ整理が中心になるだろう。まさに、学術情報システム構想が目指しているのは「懐疑的な姿勢を失った人びと」が支配する「高度大衆社会」[註◆11]の完成なのである。

それでは、いま、現場の大学図書館員は、この学術情報システムにどのように対応すればよいのだろうか。「倫理綱領」との関係で考えてみたい。

◆危機に呑み込まれるか、チャンスを生かすか

「倫理綱領」の前文は次のようにいう。

「この倫理綱領は、『図書館の自由に関する宣言』によって示された図書館の社会的責任を自覚し、自らの職責を遂行していくための図書館員としての自律的規範である」。

その内容は、「図書館の自由に関する宣言」と表裏一体の関係にあり、図書館員の基本的態度をはじめ、利用者に対する責任、資料に関する責任等を明らかにしたものである。ここでもまた、「自由宣言」と同じく、利用

者を差別しないこと、利用者のプライバシーの保護等が前面に出ていることはいうまでもない。図書館間の協力についていては、「解説」のなかで、何よりもまず自館での資料探索や資料整備への努力が前提になることを強調して安易な協力依頼は相互信頼を失うことになりかねないといましめている。

そして、信頼関係を基盤としない図書館間のネットワークは砂上の楼閣にすぎないとまでいい切っているのである。

さらに重要なことは、図書館員が資料を知ることこそが、この図書館間協力の基盤だという主張である。最近の機械化に伴う情報管理や情報検索の発展に対して、図書館がこのような技術を導入することは当然であるとしつつも、その「技術面だけに精通しても、そのままでは、〃資料を知る〃ことにつながらないことに留意すべきである」という。それは、このような技術が「比較的少数の専門研究者のために、特定の主題領域を守備範囲とする専門機関によって開発されてきたもので」あり、「資料それ自体を蓄積し、提供することを基本とする」図書館とは区別しなければならないからである。

この指摘は重要である。というのは、図書館が民主主義の砦となるのか、それとも管理化された情報化社会の推進役になるのかの分かれ目がここにあると思われるからである。そして、それを左右するのは、不断の研修に努める図書館員の主体的な努力以外にないのである。

このように考えると、学術情報システムが「自由宣言」や「倫理綱領」の精神とは、まったく相容れない発想の下に構想されていることがよくわかる。「自由宣言」や「倫理綱領」の精神は、個々の情報の断片をより早く、そしてより多く、無批判に切り売りしようとするものでは決してない。しかも、いままで見てきたように、このシステムを享受できる利用者は、わずか一六万人の特権的専門家にすぎない。彼らの無限に拡散する断片的情報への要求の量的拡大と流通のスピードアップ化が、実は一方では、大多数のふつうの人びとの「知る自由」を著しく圧迫することになるのである。

その上、この一部の特権者の「知る権利」も、どのようなものでも「知る自由」として必ずしも保障されないことはすでに述べた。国家の強引な政策とそれに迎合する利那主義的な研究者のエゴイスティックな要求をア・プリオリに「利用者の要求」として捉えることはできない。情報化社会のエセ民主主義による情報豊富化が、ほんとうは情報の貧しさでしかないという逆説を考えてみる必要があるのではなかろうか。

いま、学術情報システムはトータルに批判されなければならない。それは、このシステムにもよいところがあるから、「民主的」な方向に変えていくというような次元の問題ではない。学術システムとは、このようなプラグマティックな発想や個々の図書館員の誠意や努力をも包摂して推進されていくところにこそ問題が存するからである。大学図書館は重大な危機にある。その危機は、図書館が図書館として存立できるのかどうかにかかわっている。つまり、大学図書館の思想性が問われているのである。

「自由宣言」はいう。


「図書館の自由が侵されるとき、われわれは団結して、あくまで自由を守る」。

自由を守る運動とは、自由を獲得する運動でもある。それは、大学図書館員の主体的な運動でなければならない。このような運動のなかから学術情報システムとは異なる大学図書館間の新しい関係が生まれてくるのではないだろうか。学術情報システムは、大学図書館(員)の危機を集中化させた。しかし、また、大学図書館(員)間に新たな関係を結ぶチャンスを与えたともいえるのである。危機に呑み込まれるか、チャンスを獲得するか、ひとえに、大学図書館員の今後の自由を獲得する運動にかかっていることはいうまでもない。

註1◆『大学図書館研究』(第一六号、一九八〇年五月)所収。

註2◆同右、五七頁。

註3◆科学技術立国構想の危険性、犯罪性については、吉岡斉『テクノトピアをこえて――科学技術立国批判――』(社会評論社、一九八二年)を参照。

註4◆筑波での「国際科学技術博覧会」のファッション性については、国際科学技術博覧会協会編『科学万華帳――生命の神秘からスペースコロニーまで――』(みずうみ書房、一九八一年)を参照。

註5◆『大学図書館研究』(第二二号、一九八三年五月)所収。

註6◆学術情報センターシステム構想の詳細については、「昭和五七年度学術情報センターシステム開発調査協力者会議部会報告」及び「昭和五七年度学術情報センターシステム開発調査報告書(センターシステム設計仕様書)」に明らかにされているという(「概要」参照)。が、なぜか部内資料として一般には公表されていない。「資源共有」の理念の下、情報提供を行う中枢機関の構想が公表されていないという事実に、この構想の「怪しさ」を読みとるべきではないだろうか。

註7◆学術情報システムへの全般的な批判は胸永等「学術情報システムとは何か」(『季刊としょかん批評』第一号、一九八二年一二月)、河田いこひ『学術情報システム』について考える――大学図書館だけの問題ではない――」(『出版ニュース』一二九〇号、一九八三年六月下旬号)、学術情報システムを考える集会実行委員会『コンピュータ・大学・図書館――学術情報システムを考える集会(一九八三年四月三〇日)報告集――』(追手門学院大学附属図書館、一九八三年)の諸論考を参照。

なお、河村宏『学術情報システム』関係文献――大学図書館の発展か解体か――」(『出版ニュース』一二九〇号、一九八三年六月下旬号)に学術情報システムに関する基本的な文献が紹介されている。あわせて参照。

註8◆図書館の自由に関する調査委員会編『図書館の自由に関する宣言』一九七九年改訂(日本図書館協会、一九七九年)

註9◆松井博氏は、「核時代の学術情報システム」(『大学の図書館』、一九八三年一月号)で「図書館の自由宣言や図書館員の倫理綱領を基調とした学術情報システム構築を」という立場をとられている。その内容は、学術情報システムが多面的であり、「平和と民主主義、社会進歩のためにも活用できる余地があ」るとして「学術情報システムそのものに反対することは間違いであろう」というものである。

しかし、本文で明らかにするように、学術情報システム構想は、「自由宣言」や「倫理綱領」とは原理的にあい入れないものであり、松井氏のいうように、プラグマティックに利用できるものではない。学術情報システムとは、多面性を含みながら、総体として推進されるところにこそ問題があるのである。松井氏は「コンピュータや情報システムは、あくまである目的を達成するための手段であり、道具にすぎない」といっておられるが、このような認識は明らかに誤っている。それなら、核もまた「手段であり、道具にすぎない」。現代の巨大科学は、単に手段や道具として、したがって中立的なものとして、人間が主体的に操作できる領域をはるかに越えているのである。それらはまさにシステムとして、社会総体をとらえているのである。まさか、松井氏もコンピュータや情報システムをナイフやはさみと同じく、人殺しの道具にもなれば、料理をするためにも使えるという風に考えておられるのではあるまい。

註11◆現代日本の「高度大衆社会」の愚昧さ加減については、西部邁『大衆への反逆』（文芸春秋、一九八三年）参照。わたしは西部氏の意見に全面的には賛成しないが、たいへん示唆的であった。

◆附記

文部省主導の「学術情報システム」は、一九八三年に東京大学文献情報センターとして発足し、当時はその具体化への準備段階にあった。

その頃はまだ大型コンピュータの時代であり、現在のようにパソコンでかんたんに、というわけにはいかなかった。したがって、構想そのものが極めて差別的であり、かつ強引であった。少なくとも私の知るかぎり、文部省（当時）の姿勢も「問題はいっぱいあるけれども、とりあえずやってみよう。協力して欲しい」というような謙虚さもなかった。にもかかわらず、「資源共有」という理念だけが前面に押し出されていた。

このような動きにわずかながらも疑問の声があがった。当初は大学の図書館員の個人加盟団体である大学図書館問題研究会の会報誌上であったと思うが、全面的なものではなかった。職能上の立場からいえば、それは当然であり、「民主的」にうまく利用すれば、役に立つことは間違いない。

だがそんな修正案ではなく、労働問題まで含めた国家の政策を根底から批判する人たちもいた。じっさい当時は、自治体労働者を中心とした反コンピュータの闘いがあり、学術情報システム推進の最先端の大阪大学附属図書館では、臨時職員の女性の解雇撤回の闘争に一〇〇人を越える支援者たちが集まることもあった。私もそんな仲間の一人だった。

明らかに図書館員としての職能的枠を越える運動であり、当時でも勝ち目のない運動ではあったが、大学図書館を通して大学における知を問い返すことは意味のないことではないと思っていた。

同じような文章をいくつか書いたが、この文章は『社会評論』に載った。掲載にあたっては、当時、東京工業大学附属図書館の中村秀子さんに紹介していただいた。東工大は、文部省から理工系雑誌等の体系的、網羅的整備の拠点校にされていて、中村さんもそのワーキンググループの一員であったと思う。かなりご年配であったにもかかわらず、研究会や集会で何度もお会いした。はっきりした語り口と誠実な対応に毅然とした美しさがあった。どのような経歴の方かお伺いできなかったが、退職されて、故郷の信州の方に戻られた。

この論文についていえば、学術情報システム批判を「図書館の自由に関する宣言」と

「図書館員の倫理綱領」に引きつけて論じている。多くの批判論文が直接、知の国家管理を対象としていたのであえて、図書館の論理のなかで批判してみたのだが、「宣言」や「綱領」への思い入れが過剰であるような気もする。

一方、学術情報システムは、東京大学文献情報センターが一九八六年に学術情報センター、さらに二〇〇〇年には国立情報学研究所に改組され、大きく発展している。技術的問題による差別（たとえば短大の排除、中国語、朝鮮語の排除など）もほぼ解消されている。「知の国家管理」などといっても、現在の大学に、国家を批判する視点はほとんどない。大学図書館での業務内容も大幅に変わった。だが、そこで働いている人たちの半数以上は身分の不安定な非正規職員たちである。

臨教審第二次答申と図書館

◉——『本は自由だ！　いまこそ、「反対図書館」を！』一九八六年一〇月

◆国民統合のイデオロギーとしての臨教審

臨時教育審議会（以下「臨教審」と略記）は、一九八六年四月二三日「教育改革に関する第二次答申」（以下「第二次答申」と略記）を発表した。第一部「二一世紀に向けての教育の基本的な在り方」、第二部「教育の活性化とその信頼を高めるための改革」、第三部「時代の変化に対応するための改革」、第四部「教育行財政改革の基本方向」の四部構成、全文一〇万字の膨大なものである。

臨教審は、一九八四年九月五日、中曽根首相の「我が国における社会の変化及び文化の発展に対応する教育の実現を期して各般にわたる施設に関し必要な改革を図るための基本的方策について」という諮問に基づいて、すでに一九八五年六月二六日に「第一次答申」、続いて「審議経過の概要」（二）、（三）等、その審議内容を公表している。一九八五年一月からは、内田健三、曽野綾子、香山健一、三委員の編集になる『臨教審だより』という月刊誌を発行し、委員だけではなく、各界の著名人や一般市民の教育に対する提言やエッセイを載せている。各号のテーマも「二一世紀をめざす教育改革」（創刊号）、「人間評価の多様化をめざして」（第二号）、「画一主義から

個性主義へ」（第三号）、「教員の資質向上をめざして」（第九号）、「情報化社会の教育を考える」（第一二号）、「生涯学習機会の拡大」（第一四号）、「大学の一般教育を考える」（第一六号）、「いじめ問題について考える」（第一七号）等、どのテーマも現代の多くの日本人が多かれ少なかれ関心を寄せているものについてわかりやすく編集されている。発行所は大手の第一法規。

その他にも全国で何度も公聴会を開催したり、教育関係の諸団体に意見、提案を求めている。図書館関係では日本図書館協会と全国公共図書館協議会。見事な宣伝、情報戦略といわねばならない。

月刊誌『臨教審だより』が宣伝、情報戦において、どれほど優位に立っているかは、たとえば、「目まぐるしく論点の移り変わる臨教審をフォローし、その中心問題を的確に解説する」という『季刊臨教審のすべて』と読み比べて見れば明らかになる。もちろん、高度情報化社会といわれる現在社会にあって、情報のあらゆる点において、支配者の側が圧倒的に優位にあることはいうまでもない。それは、情報が単に権力によって一元化され、人間に対する管理、抑圧が増すというのではなくて、むしろ刺激的でさまざまな情報や文化が「自由に」「主体的に」選択できると思われているところにこそ、その優位性がある。国家や資本がさまざまなニューメディアを駆使して提供する文化や情報を「自由に」選択しているものには、直接な管理や弾圧は必要ないのだ。むしろより多くの議論が「教育改革」という国家が提供した土俵で論じられることが、「国民的合意」を得るための足固めになるというものだろう。『臨教審だより』は自信に満ち満ちている。

第一〇号の編集後記で香山健一は次のようにいう。

「臨教審は教師が社会的に真に信頼され、尊敬されるような、個性豊かな人格的存在になり得るために一致して努力しようとしている。そのための基本は、教師を管理や取締り、動員の対象のように考えることではなく、自由、自律、自己責任の原則を確立し、教師の個性、創意工夫の努力、責任感、自主的精神などが十分に発揮できるように、またそうした経験を通じて教師自身が常に向上への意欲を持ち、自ら進んで自己の向上と自己改革に努力し得るように条件整備することでなければならない」。

他方、『季刊臨教審のすべて』第二号の編集後記は、同じ教師をとり上げて次のようにいう。

「創刊号を出して間もなく、取材をかねて旭川にとんだ時、書店の経営者にお会いした。〝管理職へのチャレンジを諦めた先生には共通していることがあるのです。〟外商部の責任者は言葉を次ぐ。〝まず家を新築すること、次に車を買うことそしてビデオに目をかがやかせることです。〟きいていて編集子は反射的に適性審の帰趨はどうなるのかナと思わざるをえなかった」。

前者は、それ自体抽象的で無内容な美辞麗句を並べながら、逆にだからこそ一般向けとして自信にあふれているし、なんとなく納得させられる。それに引きかえ、後者の自信のなさは致命的である。管理職へチャレンジすることが「常に向上への意欲を持つ」ことなのか。家を新築し、車を買い、ビデオに目をかがやかせる教師は「社会的に真に信頼され、尊敬される」存在ではないということなのか。

ここにみられる教師把握に典型的にあらわれているのは、教師＝聖職者、教師＝専門職のそれであり、教師の存在を現代国家＝社会関係のなかで問うのではなく、超俗的、理念的な「真理」の担い手として、いわば非人格化して捉えているのである。教師をこのように、一般社会の労働者と一線を画する存在と把握することによって、現実の教育現場での差別、分断、選別がいかに行われているのか、いまさらいうまでもないであろう。

臨教審が「戦後政治の総決算」を呼号する中曽根首相の提案で生まれてきたことでも明らかなように、それが教育における行革＝臨調であることは多くの論者が指摘するとおりである。それは、絶えざる技術革新と情報化によって支えられる現代日本社会に柔軟に対応できる質をもった労働力商品を創出するためのものである。それを国民合意による教育改革＝行革として実現させ、国民統合のイデオロギー装置として機能させようとしているのである。いいかえれば、「小さな政府・強い国家」に対応する教育の資本化なのだ。したがって、臨教審は戦後教育総体に対する国家の側からの止揚を目指すものといわなければならない。そして止揚されるべき戦後教育とは、岡村達雄が正しく指摘しているように、「憲法・教育基本法を基盤として、一方では、総資本――国家による教育政策、他方では、民主教育・国民教育論による教育運動とが対抗しつつ形成してきた歴史的所産である現存する教育体制そのものである」（『現代公教育論――臨教審批判と改革への視座――』増補改訂版、社会評論社、一九八六）。

だから、臨教審は、文部省が危惧したように、無条件の「自由化」を目指すものでもなければ、日教組を中心とする民主教育・国民教育論者が批判しているような単なる「教育の反動化」をもくろんでいるものでもない。それはまさに、エリートと大衆を分断した効率＝差別的「自由化」と「生涯教育論」に象徴される家庭、学校、社会教育の各年齢段階における再編、システム化をはかることである。そして、具体的なコミュニケーションを欠いた高度情報化社会、国際化社会に対応するナショナリズムを強調することによって、大衆意識を国家主義的に統合し、名実ともにより強い国家を希求する日本支配者層の、それは国家意識の反映そのものである。

◆図基法状況を鮮明にした臨教審

さて、日本図書館協会（以下日図協と略記）は、一九八五年三月六日、理事長名で臨教審会長宛に「わが国図書館事業の振興について」という提案を行っている。

それによれば、まず第一に、臨教審答申の主軸である生涯教育のための図書館を強調し、その環境整備、改善・充実の提案。第二に、図書館間の相互協力、サービスネットワークの全国的構築の必要性。第三に、図書館活動の要である図書館職員の専門性の確立。いずれも現在の日本図書館協会に代表される日本の図書館界の最大公約数的見解であり、とりたてて目新しいことはいっていない。同じく都道府県立図書館の館長クラスで構成されている全国公共図書館協議会も、（一）公共図書館の整備の促進。（二）公共図書館の広域システム化計画と電算システムの導入。（三）司書職制度の充実。以上の三点を提案し、ほぼ日図協と同じ姿勢である。

それでは、肝心の臨教審第二次答申は図書館についてどのように語っているだろうか。第二次答申四部構成のなかで、具体的に一章や一節をもうけて図書館に対する提言を行っている箇所はない。とはいえ、この答申が生涯教育体系への移行を眼目とし、他方、産・官・学、そして軍までも包摂した高等教育の改革と学術研究の積極的振興を目指している以上、日図協や全国公共図書館協議会がこの支配者側の潮流に棹さし、ことさら迎合することによって、不遇であった図書館を時代の表舞台に立たせたいと考えたとしても、それは不自然ではない。廃案になったとはいえ、一九八一年の図書館事業基本法の画策から、国立大学を中心とする学術情報システムの強引な推進、そして今年（一九八六年）八月末の第五二回国際図書館連盟（ＩＦＬＡ）東京大会への皇太子招聘に象徴される国策への異常とも思える従属追随の姿勢が、そのことを何よりも証明している。日図協をはじめとする図書館界のこのなりふりかまわぬ迎合ぶりに国家は、資本は、そして臨教審はどのような回答を準備しているのだろうか。

第二部「教育の活性化とその信頼を高めるための改革」第一章「生涯学習体系への移行」のなかに次のような見逃せない記述がある。

「これからの社会教育行政は、学習環境の急速な変化に対応して、新たな形で学校外の様々な教育力の回復を図るものであることを一層明確にし、生涯学習体系への移行という観点から、社会教育に関連する法令を含め、その総合的な見直しを進める。

なお、見直しに際しては、マスメディアの積極的活用、情報化の進展への積極的対応、民間の教育・文化事業の発展の評価や活用、学校教育との新たな観点からの連携の強化、教育委員会と首長との柔軟な調整・連携、自己学習や個性重視などの観点からの住民の自主性・主体性の尊重、図書館や博物館等の情報ネットワーク化等学習者に対する情報提供、相談体制の整備などが大切である」。

「利用者である国民の立場に立って、国、都道府県、市町村の各段階に応じて、民間の活力の利用を図りつつ、生涯学習に関する施策が効率的に行われるよう、各種施策について調整・連携を図る」。

さらにまた、第五章「社会の教育の活性化」では次のようにもいう。

「学術情報のネットワークを形成するに当たっては、学習に関する広範な情報の収集・処理・提供システム（データバンク）を確立し、地域の社会教育活動の拠点となっている公民館、図書館、学校その他の関連施設の有機的な連携を図る必要がある。その際、図書館については、メディアライブラリーへの脱皮を目指す必要がある」。

このような提言は、先にものべたように、臨教審が教育における臨調＝行革である以上、当然であり、すでに公共図書館の管理・運営の委託をはじめとするさまざまな試みとして実現されはじめている。一九八一年七月の臨調第一次答申で「社会福祉施設、社会教育施設等の公共施設については、民営化、管理・運営の民間委託、非常勤職員の活用、地域住民のボランティア活動の活用等を地域の実情に即して積極的に推進する」ことを強調しているのである。

そして、一九八一年四月の京都市立図書館の社会教育振興財団への運営委託を皮切りに、一九八三年には広島市が地域図書館の運営を広島市文化振興財団に委託、その他各地域でも委託問題が議論され、最近では東京都足立区図書館のコミュニティ文化・スポーツ公社への委託等、住民サービスの向上と効率化の名目で、職員の臨時、パート化等、職員間の差別＝分断は日常化しているといってもよい。

けれども、第二次答申にみられるより重要な点は、先に引用した図書館関係の内容が「図書館事業基本法要綱（案）」と同じ精神で貫かれていることである。「図書館事業基本法（案）」は、一九八一年九月、日本図書館協会、全国公共図書館協議会、全国学校図書館協議会等、関係一一団体の代表委員よりなる「図書館事業振興法（仮称）検討委員会」が超党派の図書議員連盟に答申したもので、正式名は「図書館事業の振興方策について（第一次案報告）」である。この法案は、内閣に強力な図書館政策委員会を設置し、コンピュータ・ネットワーク・システムを通じて、あらゆる種類の図書館を、国家が一元的に管理することを実質的な内容としている。『図基法』に反対する会」をはじめ、館界内外の批判・反対運動に阻まれて、国会上程は見送られたが、状況にはいささかも変わっていない。いやむしろ、より巧妙に、そして大がかりに、事態は進行しているのである。

それは、臨教審にいう「生涯学習体系への移行」を体制的に支えるものとして、「住民サービス向上」のかけ声とともに全国の図書館を中央集権的に効率論一辺倒で再編していくだろう。

◆歯止めのない学術情報システム

ところで、効率論一辺倒の中央集権化がより顕著に進行しているのが実は大学図書館なのである。一九八〇年の学術審議会の答申以降、強引な学術情報システムの推進は、現場の混乱やシステムそのものの欠陥に目をつむり、先のIFLA東京大会の中心テーマにかかげるまでにいたった。

臨教審第二次答申は、第二部「教育の活性化とその信頼を高めるための改革」の第四章「高等教育の改革と学術研究の振興」のなかで次のようにいう。

「学術情報システムの整備は、今後の学術研究の振興上必須の要件であり、その促進は緊要な課題である。現在着手されつつある学術情報センターの設立、学術情報ネットワークの拡充を推進し、その全国化に努めるとともに国内的、国際的な情報交換に積極的に参加し、協力する体制を確立する。キャンパス内ネットワークの整備、図書館、博物館、資料センター等の充実、改善もまた重要である」。

第三部「時代の変化に対応するための改革」第二章「情報化への対応のための諸改革」では次のようにもいう。

「学術情報センターなど全国的な大学間の情報流通システムを早急に整備し、学術研究の一次情報を体系的に網羅するとともに、二次情報による情報検索を通じて必要な資料が迅速に入手できるような体制を作り上げていくことが望まれる。なお、大学の学術研究は我が国の社会、経済、文化にとっての貴重な資源であること、我が国に世界全体の学術研究の発展への貢献が求められていることにかんがみ、この学術情報システムと国内外の他の情報システムとの連携の在り方も積極的に検討すべきである」。

学術情報システムに対するこの総花的な提言も、すでに、文部省、各個別大学はその方向でことを進めているのであり、半ば実現途上にあるといってもよい。ただ、第二次答申においては、財政問題についてほとんど言及されていないので、一見、学術情報システムを推進する立場からみても、絵空事の印象を否めない。おそらく、文部省ならば、「大学の自治」の建前から、歯切れが悪くなるのだが、臨教審はそれをいとも無造作に乗り越える。

「研究支援体制を抜本的に見直し、その強化を図るとともに、学術情報システムを整備し、研究費を拡充する」。

つまり、「大学と社会の連携の強化」である。第二次答申はいう。

「今日、社会の知識化が高まる状況のもとで、学術研究上の産・官・学の協力に対する要請には一段と強いものがある。(中略)これら三者がそれぞれの立場や特性を相互に理解し、尊重し、しかも目的意識を共有し、互いに力を合わせることが重要である。(中略)教育に産・官・学における人、情報、物の相互交流を教育・研究の両面にわたり活性化すべきである」。

「産・官・学の共同研究制度等の一層の拡大を図るとともに、大学への民間資金の円滑な導入とその有効な利用について改善措置を検討する」。

臨教審は、戦後高等教育において、まがりなりにも、建前として存在していた「学問の自由を守れ」とか「産学協同路線反対」とかいった幻想性をまさに、既成事実でもって暴き、堂々と国民の前に提示したものである。明らかにそれは、支配者の側が、従来の総資本の意向を反映した国家の大学政策と大学の自治論に代表される国民のための大学＝日教組大学部会路線との対立・共存関係に勝利したことを意味する。高度成長期を通じての生産力の向上は、国民大衆の生活の向上をある程度実現し、国民の九割が中流意識を持つに至ったことに、支配者の側が自信をもったのである。

いいかえれば、総資本のための産学協同路線こそが、国民を「豊かに」したのだ。逆にいえば、この政策は、日教組がいうように、「反国民的」なものではなくて、「国民的」なのである。そうだとするならば、二一世紀に向けて、現代帝国主義の構造的危機を高度情報化社会における「科学技術立国」で乗り切ることが、支配者の至上命令であり、現在の「豊かさ」を維持するという意味において「国民的」なのだ。そのためには、戦後教育四〇年のアカにまみれた文部省でもなく、まして憲法、教育基本法に内実抜きでしがみつく日教組でもない、臨教審という内閣直属の諮問機関が必要だったのである。そしてこの臨教審は、先にもいったように、「国民的合意」を獲得するために、「教育改革」論議にあらゆるところで火をつけている。その議論をすることそのものが「国民統合」へと収斂されてしまうのである。

日図協の良心的部分の委託問題についての提言や図書館政策特別委員会の「公立図書館の任務と目標」は、それが改革論であるかぎりにおいて、臨教審の地平を越えるものではない。同じく、日教組大学部会の「国民のための学術情報システム」も大学再編のなかで、いかほどのインパクトをあたえるものでもない。むしろ、それは、臨教審路線を「国民的」に下から支えるものだといえる。

これらの提言のいずれもが、現代の科学＝技術に支えられた高度情報化社会の内実を批判する視座を欠いているか、もしくはア・プリオリに前提にしたまま、論を進めているからである。さらにいえば、図書館の利用者を社会的脈絡から切り離して、「中立的」な個人として捉えているからである。もちろん、現在の「図書館」というものを前提にした場合、それは、仕方のないことである。そもそも近代図書館の理念からは、抽象的な市民や国民、または研究者は利用者としてイメージできても、具体的な個々人は、その具体性においてはイメージできないからである。そうだとするならば、現在の図書館ができるだけ人間的な関係を廃して、無機質な情報機関に進もうとするのは当然の帰結である。人間は右にでも左にでも偏向するけれども、科学=技術は「中立」なのだ。支配者にとって、こんなに好都合なことはない。臨教審が総資本の意志を「自由」に反映し、文部省をも乗り越えようとしているときに、逆に、「中立」というオブラートで総資本の「自由」を包んでくれるからである。そして、「中立」の装いの下に科学=技術を使えば使うほど、それは、臨教審、つまり総資本の意志を「国民的」に支える役割をはたすことになるだろう。

いま、わたしたちに必要なのは、このような対置案や改革論議ではなく、臨教審が生み出されてきた戦後四〇年総体を原理的に対象化してみることではないだろうか。教育が教育改革としてのみ語られることほど不毛なことはない。それは、図書館の問題がいつしか図書館業務の技術論としてのみ論じられることに似ている。そのことは、当然、理念の硬直化、価値化をもたらすだろう。実態抜きの「憲法を守れ」「教育基本法を守れ」「大学の自治を守れ」がどれほど闘いの有効な武器になったのだろうか。むしろ、それは、ほんとうに闘うものに対する阻害物として機能してきた歴史をわたしたちは知っている。

戦後四〇年、とりわけ「中小レポート」以降の図書館の「発展」を批判的に問う作業こそが、いまいちばん必要なのではないだろうか。

◆附記

一九八六年一一月二三日〜二四日に大阪青少年会館と摂津富田教会で二日間に渡って開かれた「本は自由だ！　いまこそ、「反対図書館」を！——現場からの反撃'86集会」の予稿集に載せた。

一九八六年という年は、図書館界にとって重要な年であった。四月に東京大学文献情報センターが改組され、学術情報センターが国立大学共同利用機関として設立された。学術情報システムが本格的に稼働しはじめたが、その見切り発車的強行に現場は混乱の極みに達していた。

八月には、日本図書館協会が総力を挙げて取り組んだ第五二回国際図書館連盟（IFLA）東京大会が皇太子（現天皇）夫妻を招請して開催された。同じ八月には、富山県立図書館が天皇の写真をコラージュした作品が掲載された『'86富山の美術』を県議会と右翼の圧力で閲覧を禁止した。

このような一連の動きの背後に私たちは国家の影を見た。国家や産業界が図書館を相手にしはじめた。逆にいえば、相手にされるまで図書館が発展したのである。

ちょうど同じ年の四月に、臨時教育審議会（臨教審）が「教育に関する第二次答申」を出し、臨時行革審も六月に、最終答申を出した。中曽根康弘首相の「戦後政治の総決算」のまさに完成期であった。

じっさい、臨教審第二次答申は、その後のこの国の教育改革を見事に先取りしたものであった。バブル期の一時的繁栄があったとはいえ、大学図書館も公共図書館もすでに、職員の半数以上は非正規雇用の人たちの明日の見えない労働で支えられている。二〇〇六年一二月には教育基本法も改定された。「現場からの反撃」どころか、戦後の図書館を運動の側から総括する作業もなされていない。それは、明らかに私（たち）の怠慢でもある。

ところで、この集会の「反対図書館」という名称は、制度としての図書館へのアンチ・テーゼを意味して名づけた。詩的な表現であるが、この名称は、鶴見俊輔さんの「図書館と私――反対図書館のイメージ――」から借用した。一九八四年一一月一五日に国立国会図書館で「昭和五十九年度中堅職員研修」が開かれ、鶴見俊輔さんが講演された。そのまとめが『びぶろす』一九八五年三号、四号に発表されている（『鶴見俊輔集』一〇「日常生活の思想」筑摩書房、一九九二年所収）。

鶴見さんによれば、反対図書館のイメージとは、「例外者の利用する図書館、今まで全然図書館を利用したことがない人が利用するような図書館、もう一つは、保管する器を決して作れないような図書館」ということになる。

鶴見さんは、本の洪水のなかで、ある意味無感覚になっている図書館員に対して、反対図書館のイメージを「澳《おき》のようにかき起こしていかなければ、大変に難しいんじゃないか」と提案する。職業としての図書館員には、現実には不可能に近い提案なのだが、イメージとしてはなんとなく分かる鶴見さんらしい話しで、当時の私たちの思いと重なる部分があった。

二〇年以上前の生硬な論文だが、反対図書館のイメージは、当時よりもなお重要さを増しているような気がする。

自覚なき特権の行方

あるキリスト教大学の場合

◉——『変貌する大学1　不思議の国の「大学改革」』一九九四年六月

◆キリスト教「優先」に自覚的か？

香川県善通寺市に、四国学院大学というキリスト教主義を標榜する大学がある。二年前、組合の反対を押し切って学部増を強行した。ついでに、教員の「クリスチャン・コード」なるものを撤廃したが、それでも教員は、ほぼ全員がクリスチャン。

もう少しこの「クリスチャン・コード」というのを説明すれば、学部増を強行する二年前までは、学校法人を規定する「寄附行為」には、このようなコードはなかった。法的根拠のない「定款」によって、理事、監事、評議員、専任教員を「福音主義キリスト者」に限定していたのである。

労働組合は、毎回、評議員選考に際し、非キリスト者の被選挙権を法的根拠のない「定款」で制限するのは無理があると主張してきた。回答に窮した理事会は、「定款」をなくすかわりに、「建学憲章」なるものを新たにデッチ上げ、「寄附行為」のなかに、クリスチャン・コードを入れ込んできたのである。「理事のうち三分の二以上は福音主義キリスト者でなければならない」「評議員の過半数以上は、福音主義キリスト者でなければならない」等々。

さらに、「建学憲章」なるものには、「キリスト教信仰による人格の尊厳と自由を基盤として、学術の研究と教育を行う」という文言が入っている。要するに、四国学院大学は、キリスト教主義に基づいて建てられた大学であり、その精神を理念として、教育・研究を行うのだということ、したがって、経営に関しても、キリスト者が中心になるのだ、ということを内外に言明しているのである。

ところで、建学の精神をキリスト教に拠っている大学は、四国学院大学以外にも数多くある。すべてのキリスト教系大学を調べたわけではないが、いずれの大学も多かれ少なかれ、「寄附行為」等で、役員や評議員にキリスト者を優先させる条項を入れ込んでいる。何らかのクリスチャン・コードを有しているのだ。それ自体は建学の精神を尊重し、その理念を生かすという私学の自主性を重んじるもので、私立学校法の精神とも矛盾しない。問題は、自らかかげた理念を体現するためのキリスト者優先の「制度」に、どれだけ自覚的なのかということである。要するに、自らの特権性に、自覚的か否か、そのことによって大学の質が決定するといってよい。

思うに、この国のキリスト教主義大学は、天皇制ファシズムに対し、徹底して闘い抜いたという歴史を持ち合わせていない。一九三五年から一九三七年にかけてのいわゆる「同志社の抵抗」にしても、同志社を守るという苦渋の選択のなかで挫折し、屈服していったのであった[註◆1]。そもそもこの国のキリスト教は、一五年戦争時、弱小の教派や個人的なキリスト者の抵抗はあったものの、ほとんどは日本基督教団に統合され、国家権力の戦争政策に協力していったのであった。

日本基督教団が「第二次大戦下における日本基督教団の責任についての告白」を発表したのは、一九六七年になってからである。ベトナム戦争反対や靖国神社法案などに対し、反対の声明を発したりしたが、総体としての取り組みにはほど遠かった。

一方、キリスト教主義大学はといえば、一九六〇年代末から七〇年代の学生の異議申し立てに、思想的対決を回避し、それどころか国家権力の力を借りて学生たちを圧殺していったのであった。東京神学大学、青山学院大学、国際基督教大学、関西学院大学等々の例を出すまでもなく、一般の大学よりもむしろその弾圧は過酷であった。

◆無意識的自己保身の行きつく先

さて、四国学院大学である。一九五〇年、米国南長老教会によって、男子の四年制リベラル・アーツ・カレッジ四国基督教学園という名の神学大学進学のための各種学校として創立。以後五九年に男女共学の短大、六二年に文学部をもつ四年制の大学、九二年社会学部増設という経過をたどり、一九九四年現在、学生数約二三〇〇名、教職員数約一二〇名である。

南長老派(現在は長老派)というのは、黒人奴隷制堅持に見られるように、プロテスタント系のなかでもかなりファンダメンタルな教派として知られている。米軍占領下、香川県善通寺の旧日本陸軍の基地を学校用地として払い下げを受けた経緯からも明らかなように、四国学院は、アメリカ合州国の文化侵略の一環として作られた学校なのである。

とはいえ、現在、学内は自称、他称リベラルがほとんどである。全国的な学生反乱の時代にも、目立った動きはなく、自称リベラルがその質を問われたこともなければ、建学の精神であるキリスト教主義が戦前のように、国家権力によって弾圧の対象にされたこともなかった。

つまり、四国学院大学のキリスト教主義は、政教分離の戦後憲法と、支配としての大学の自治＝教授会の特権とに守られて、批判の武器に晒されたことなど一度もなかったのである。おそらく、この大学でキリスト教が支配・選別の道具となって機能しているという事実にさえ気づくものはいなかったであろう。たとえ気づいたとしても、「福音主義」の名の下に、個人の信仰の問題に解消されていったのである。

はなしは、一九九〇年一一月一二日にさかのぼる。

この日、この国は異様な様相を呈していた。新聞、テレビ、ラジオは、朝から新天皇の「即位の礼」の儀式を大々的に報道し、政府はすでに、法律でこの日を「国民の祝日」に決定していた。

四国学院大学では、一九八九年二月二四日の「大喪の礼」当日、労働組合の呼びかけで自由出勤を敢行したが、春休み中でもあり、きっちりした取り組みはできなかった。だが、今度は大学としての態度を明確にさせたかった。普段ことあるごとにキリスト教を持ち出し、少数の非キリスト者職員を制度的に差別している、その御本尊が、自分たちの存在が問われている、まさにそのときに、いったいどのような態度をとるのか。

組合は、この年、五月のはじめから、労使懇談会等で、何度も学長に大学としての態度を明らかにさせることを迫っていた。ちょうどフェリス女学院大学の弓削達学長が右翼に銃撃された直後でもあり、全国のキリスト教主義学校には、四大学学長声明を支援するアピールと銃撃に対する抗議声明の要請がきている時期であった。

組合は、リベラルを自任する学長に、最低限、そのアピール要請に応じること。そして秋の「即位の礼」、「大嘗祭」に向けて、学長提案による学習会等を催し、学内的なコンセンサスを形成し、キリスト教主義大学としての四国学院の姿勢を明確にすること。もちろん組合は協力を惜しまない。このような提案をしていたのであった。

当初半ば逃げ腰ながら、この提案に理解を示していた学長は、しかし、夏が過ぎ、秋が来ても何の行動も起こさない。組合は、一〇月に、学長、理事長、宗教委員長宛に公開質問状を出し、態度を迫った。同時に理事長には、「即位の礼」当日には、職員に出勤を要請し、休日出勤手当を支給させることを約束させた。この提案には、組合内でも一部批判もあったが、学内的手続きを経た大学の学年暦を優先させること。労働者として当然の権利を確保すること。従来も国民の祝日に、大学祭などで職員に休日出勤を要請している例からみても、国民の祝日、即、四国学院大学の休日にはならないこと。つまり、この提案は、天皇制がからまなければ、至極あたり前のことなのだ。

ところが、キリスト教主義リベラルを自任する学長も、他の役職者教員も、このあたり前のことがわからない。一週間前になって、「残念ながら、国民の祝日なので休みにせざるを得ない」と、突然法律をもってきて、自分の責任を回避して、権力に迎合してしまった。組合は、ただちに、学長を含め七人の幹部教員と話し合い、やっと当日の平常授業を認めさせたのであるが、その間四時間、まともな反論はひと言もなかったのである。

さて、以上が「即位の礼」当日に対する四国学院大学の対応である。とりあえず、この過程で明らかになったことを上げておこう。

第一に、法律を錦の御旗にして権力に過剰適応する。つまり個人的には反対だが、法律なので守らなければならない。

第二に、形式論理をそれなりに了解するものの、「大学の自治」という教員の特権性でご都合主義的にものごとを決定していくため、以前自分たちが決めたものとの矛盾が生じる。しかし、その不整合性は外部から指摘されるまでわからない。

第三に、自分の主張はせず、だれかもっと強そうな人や組織に責任を転嫁し、力及ばず残念ながら従わざるを得なかったというポーズをとる。

第四に、自分たちのなかでも同じようなポーズをとって責任のなすり合いをする。一人ずつ問い質していくと、強行派はおらず、全体の意見とまったく逆の結果が出てくる。

肝心要のときに、キリスト教のキの字も出てこないのである。このような行動様式を、日本的リベラリズムの典型とかリベラリズム頽廃とか批判しても仕方あるまい。おそらく、国家からも市民社会からもいくらかズレた大学という特権的な空間でしか生きられないものたちの、それは半ば無意識的な自己保身なのである。

一九九三年六月九日、浩宮、雅子の「結婚の儀」当日も、彼らは同じような対応をとった。けれども、中間管理職を含め約半数の職員が職場を放棄した。必ずしも「結婚の儀」を祝福したわけではない。大学執行部の自己保身的軟弱さへの、それは公然とした批判であった。彼らは、どのような意味でもリベラリズムを見限りはじめたのである。彼らが求めているのは、「生き残り」のための「大学改革」を推進する強力な執行部である。

けれども、その行きつく先に、一条の光を見出せるほどわたし（たち）はウブではない。どのように「改革」されようとも、制度としての大学は、国家の支配、選別、管理の走狗にかわりはない。当分のあいだ、闇の中を蠢く覚悟だけはしておかねばなるまい。

註1◆高道基「同志社の抵抗──神棚事件からチャペル籠城事件まで──」同志社大人文科学研究所編『戦時下抵抗の研究II──キリスト者・自由主義者の場合──』（みすず書房、一九六九年）。一九七九年、同志社発行の『同志社百年史・通史篇二』では、同時期を高道と和田洋一が執筆し、抵抗、挫折、迎合の過程を詳細に記述している。

◆附記

大学とは何か。このような問いが現在、どれほどの意味をもつのか分からない。変化に臆病な私は結局、四〇年以上も大学のお世話になった。学生四年、一年おいて院生三年、そして図書館職員三四年。それもずっとキリスト教主義大学で。

長いつきあいのなかで、聖書から教えられることもあったし、キリスト者の活動から学んだことも多い。牧師や熱心な信者に何人かの友人や多くの知り合いもいる。礼拝にも何度か出たが、聖書を通しで全部読んだことはないし、信者になろうと思ったことはない。かなりいい加減な関係だが、だから四〇年間もつきあえたともいえる。

それが大学という市民社会から一種ズレた空間のせいか、キリスト教の寛容さのせいか、キリスト教主義大学しか知らない私には判断できない。ただ、大学にしても、キリスト教にしてもそれぞれ固有の理念があり、その理念は大切だ、と考えている。理念が現実と出会うとき、その理念が現実のなかでどれほど生かせるか。複雑な現実とのせめぎ合いを経て、理念の核の部分をどれだけ現実に反映させることができるのか。

理念を理念としておし通すことによって現実に敗北することはそれほど難しくない。逆にまた現実に限りなく妥協することによって、理念を骨抜きにするのもたやすい。そのどちらでもなく、自らが掲げている理念を自らの責任において、現実に反映させられるのか。

天皇制は、キリスト教主義大学にとって、その理念がためされる試金石のはずである。私は当時、労働組合の委員長をしていたが、別に大学当局とそれほど対立しているわけではなかった。地方の小さな大学の教職員の半数にも満たない少数組合だが、組合員は若く元気だった。

バブル期の恩恵を受けていた、と今にして思うが、当時はそんな実感はなかったし、キリスト教主義大学という性格上、大学当局もそれほど拡大路線を突走っていたわけでもない。だが、大学経営陣に専門の経営者がいなく、確固たる信念に基づいた経営方針はなかった。ただ、団塊世代二世の大学入学期とも重なり、多くの大学は、学部増や定員増、その直後（一九九一年）の大学設置基準の大綱化などで経営的には潤沢の時代であった。

それにしても、一九八八年秋から一九八九年一月七日の昭和天皇死去、一九八九年二月二四日の「大喪の礼」に至るこの国の雰囲気は異常だった。おそらくその大半はマスコミが刻一刻と流す天皇の病状報道によって作られたものであろうが、官民挙げての「自粛」一色に塗り潰されていた。

私は、あらためて「天皇制」の根の深さを感じた。その後私がこの国の近代図書館史と天皇、とくに皇室行事との関係を調べる一つのきっかけになったのも実は、この一連の「自粛」と勤務する大学でのキリスト者たちの優柔不断な対応に接したからであった。

かつて竹内好が語った「一木一草にまで天皇制がある」という言葉を図書館との関係で実証できれば、と思ったのである。

大学図書館の開放を考える

四国学院大学図書館での経験を通して◉

『ず・ぼん』4号、一九九七年一〇月

個人的なことからはじめたい。私が香川県にある四国学院大学の図書館に就職したのは一九七五年四月。当時のことばでいえば、大学に幻想などなかった。ただ、希望していた公共図書館より忙しくなく、かなり自由なところだと感じた。

大学図書館を改革しようなどとは思わなかったが、私はこの大学で三点ほど実現すればいいなあ、と考えていた。

一つは、大学図書館の市民開放。二つ目は、図書館員の選書する権利の拡大。三つ目は、極めて個人的なことであるが、自分の欲しい資料を図書館で買ってもらうこと。

三つ目は、研究者でないので勝手な要望で無理だと思うが、一つ目と二つ目は国立大学や大きな大学ならともかく、四国学院大学ならそんなに難しくなく実現できそうに思ったし、またそのぐらいは実現しなければならないと考えていた。

というのも、私には大学図書館の閉鎖性に関してちょっとした体験があったからである。

大学闘争が下火になった頃、あてのない大学院生だった私は修士論文の作成に取りかかっていた。ある資料が近くの国立大学の図書館にあることを知ってそのまま出かけた。学生証を見せて、一時間ほどこの場で見せてもらえれば済むといったのだが、その大学の図書館員は紹介状がないからダメだという。たまたま近くにいた、その大学の大学院生が気の毒に思ったのか執り成してくれ、一緒に書庫まで入ってくれた。幸い用は足りた。
その数年前、東大全共闘に研究室を荒らされた丸山眞男がナチスや軍国主義者もしなかった暴挙と、学生たちを非難したことが新聞に載った。当時、『文芸』誌上で《情況》論を連載していた吉本隆明は、それに噛みついた。

「自分の個人的な研究室をそれ自体不作為な類災として荒らされたくらいで、『文化の破壊』などとはふざけたせりふである。また、貴重な（三億にものぼる！　そしてその三億はだれから集めたのだ！）資料の損失を嘆いてみせたりするが、かつてその貴重な資料なるものは、かれら自身の口から、自由なる市民や在野の研究者たちに差別なく解放《ママ》される共有財産であると宣言されたことなどはないのだ。たしかに学問的資料にブルジョア的もプロレタリア的もありはしない。それとともに学問的資料には、私有や占有を超えた公開許容性の原則もまた存在しなければならないのである」（『情況』河出書房新社、一九七〇年）。

私は、吉本のこのタンカは、いまでも見事でまっとうなものだと思っている。
もう少し私的な体験を書けば、私はその頃大学院図書室の図書委員をしており、すでにどこかの大学の教員になっている先輩たちが、図書館の資料を借り出し、何年もそのまま私物化していることを知っていた。ひどいのになると、遠い地方にいるのに、「返して欲しければ取りに来い」などと平気でいう傲慢な先輩もいた（こんな教員は珍しくなく、どこの大学にもいるということを、就職して一、二年のうちに知った）。

同じ頃、私は、石井敦・前川恒雄『図書館の発見——市民の新しい権利——』（NHKブックス、一九七三年）に出会った。『中小都市における公共図書館の運営』（中小レポート）も日野市立図書館も『市民の図書館』も知らなかった私は感激した。

「図書館は結局、市民とオカミ・有識者の知識・情報水準を同じくするためにあるのである。だから、これは、坐っていて与えられるものではなく、静かなしかしねばりづよい闘いによって得られるものである」という情熱的な文章に魅了された。

大学院での体験と吉本のタンカと、『図書館の発見』は確かに響き合った。

だから、地方の小さな大学図書館に就職が決まったとき、先の三つ目はともかく、一つ目と二つ目は実現したいと考えていたし、そのためには小さな大学の方が可能性も高いと思ったのである。

ここでは、私の大学図書館でのささやかな経験をもとに、一つ目の市民開放について綴っておきたい。

◆正式開放以前

四国学院大学図書館が正式に市民開放を実施したのは一九八三年一〇月である。正式に、というのはそれ以前にも希望者には、貸出しも含め開放していたからであるが、教職員の家族や教会関係者（四国学院大学はキリスト教主義の大学）など、ごく身内に近い利用者であった。

以前の開放がいつ頃から始められたか確かな記録はないが、一九六六年に利用者登録原簿が新しく改められた時点ですでに、学外者の名前がそのなかに見受けられる。ただ当時の『図書館利用の手引』には、学外者の利用については一切触れられていないので、きわめて個人的関係で利用されていたものと思われる。

『図書館利用の手引』にはじめて学外者の利用についての規定が明文化されたのは一九七五年。ちょうど私が就職した年で、正直、びっくりしたのを覚えている。当時、学生数は一五〇〇名足らず、蔵書数は六万三千冊。短期大学併設の文学部だけの単科大学であるが、社会福祉学科には大学院も創設されていた。

その『図書館利用の手引』の規定は、あまりすっきりしていないが、要するに、一八歳以上で身分を証明するものがあれば、三〇〇円の登録料と貸出証に添付する写真一枚で学生と同じ条件で貸出しもする、というものであった。

一九六六年に学外者の登録が三〇人ほどであったのが、この一九七五年には一二〇人に増えていた。これはこの一〇年間、毎年一〇人前後の学外者が登録した計算になる。以後、一九八三年まで、ほぼ同じペースで学外者の登録は続くが、積極的なPRはしなかった。学外利用者のほとんどが教職員の知人で、ロコミによって利用出来ると知った人たちであった。

この間、図書館員のなかでは、もっと積極的に市民開放を推進すべきで、登録手続きもかんたんにし、社会に向かってPRしようという意見もあった。だが、一応すでに開放しているのだし、公共図書館と目的も異なるのだから、いまのままで十分だという意見もあった。積極的に開放したいと主張していた私も、具体的にどうすれば、市民がもっと利用してくれるのかそんなに名案があるわけでもなかった。

まだ、大学図書館の開放がほとんど問題にされていなかった時期でもあり、香川県の公共図書館はどこも「中小レポート」以前の状態であった。

一九七八年、善通寺市立図書館が古い木造の建物から新しくできた市民会館の三階に引っ越した。エレベータのない(その後ずっと後に付けられた)三階に新図書館を移転した理由を、当時の図書館長は、見晴らしのよい静かな環境で落ちついて勉強したり、本を読んで欲しいからだといった。図書館先進地域では、貸出しを中心に「市民の図書館」が急速に広まっていくなかで、香川県では、図書館は無風地帯であった。行政担当者も住民も図書館が「役に立つ」ところだとは考えていなかったのである。

◆市立図書館と提携

そんなかで、一九八二年から一九八三年にかけて、地元の『四国新聞』が「文化の器」という特集記事を連載した。地元紙の若い記者がプロジェクトを組んで県下の文化行政の実態を総ざらいしたもので、かなり大がかりな企画であった。そのなかに図書館もあった。

図書館だけで一五回も連載された記事の中身は、図書館行政の貧困さを辛辣に批判していた。それは、たんなる批判だけではなく、図書館の役割を踏まえて、行政の積極的な取り組みを提案する内容にもなっていた。

「すべての情報を共有することで中央と地方の格差は消えるはずだ。図書館は二十一世紀において、最も変ぼうが期待される公共施設なのである」。

「図書館の世界は広く、深く、大きな可能性を秘めている。子供も大人も、まず図書館へ入ってみるべきだ。すべては、そこから始まるはずだ」（『四国新聞』一九八三年四月六日）。

大学図書館に勤めて八年、図書館のことが少しはわかりかけてきた私は、編集部に長い手紙を書いた。県下ではじめて、まともに図書館のことを考えている人に出会ったと思ったからで、手紙の内容は、四国学院大学図書館ですでに市民開放をしていること、だがＰＲ不足なので利用者は増えていないこと、大学図書館を開放することで、住民の情報格差が少しでも解消すること、地域に根ざした大学を目指している当局も積極的な開放に反対はしていないこと、大学図書館を開放することで、逆に貧困な公共図書館への刺激になることもあること、等々であったと思う。

反応はすぐにあった。来館した、私と同世代の記者は、少し滞在していたことのあるアメリカの片田舎の図書館がどれほど使い易く、サービスが良かったか。それに比べて……。というようなはなしを情熱的に語り、PRも約束してくれた。

大学図書館の開放が新聞の投書欄などでそろそろ話題になり始めていたのも幸いし、館長はじめ、大学当局は積極的な開放に異議はなかった。問題はその中身で、市民にアピールすること。そしてより利用しやすいように登録手続きをかんたんにすることが焦点になった。図書館内で何度かはなし合って、まず善通寺市立図書館に相互協力の協定を結ぶことを提案した。

人口三万八千人の善通寺市の市立図書館は、大学に隣接する市民会館の三階にあり、それほど活発な活動をしていないが、蔵書数は当時、五万五千冊。新聞は地方版が戦後ずっと保存されていて、学生もよく世話になっている。蔵書は、ひとむかし前の公共図書館の常で小説と郷土資料、それに善通寺の空海関係資料が中心であった。

一方、大学図書館は蔵書一〇万冊、キリスト教関係と英文学（とくに洋書）、社会福祉関係の専門書と千種類近い専門雑誌、他大学の紀要があり、二つの図書館の蔵書の重複は少ない。わたし（たち）は、市立図書館の利用者で、その蔵書に飽き足りない市民に大学図書館を利用してもらおうと考えたのである。

協定書は、行政との関係もあり一応の形を整えたが、要するに市立図書館のカウンターに、「四国学院大学図書館利用申込書」をいつも置いてもらって、市立図書館の利用者に、四国学院大学の図書館もかんたんに利用できますよ、という広報をしてもらうことに主眼をおいたのである。

表1◉四国学院大学図書館の学外登録者（1983年～1996年）

年度	年齢 性別	20代	30代	40代	50代	60代	70代	計
1983	男	12	10	3	2	4	0	31
	女	20	10	0	2	0	0	32
1984	男	28	15	5	3	0	2	53
	女	27	4	4	1	0	0	36
1985	男	23	5	0	5	3	1	37
	女	44	7	3	0	1	0	55
1986	男	19	11	4	2	0	0	36
	女	30	4	3	0	1	0	38
1987	男	18	10	4	2	1	0	35
	女	22	7	2	0	0	0	31
1988	男	13	6	1	0	1	1	22
	女	18	4	2	1	0	0	25
1989	男	16	3	3	0	0	0	22
	女	16	8	3	0	1	0	28
1990	男	12	5	6	0	3	0	26
	女	32	13	7	2	0	0	54
1991	男	14	10	4	3	1	0	32
	女	14	7	8	3	0	0	32
1992	男	9	2	4	0	2	0	17
	女	24	3	8	0	0	0	35
1993	男	5	7	4	0	6	0	22
	女	15	4	7	1	0	0	27
1994	男	5	2	2	2	1	0	12
	女	16	7	4	2	2	0	31
1995	男	16	7	4	2	2	0	31
	女	24	8	6	1	0	0	39
1996	男	8	3	6	1	3	0	21
	女	30	4	6	0	1	0	41
計	男	198	96	50	22	27	4	397
	女	330	87	60	12	4	0	493

表2◉利用状況

年度	延入館者数 人	1日平均 人	貸出数(図書) 冊	貸出数(雑誌) 冊
1983	427			
1984	738	3.3	659	193
1985	788	36	868	194
1986	743	3.3	793	253
1987	691	3.1	894	147
1988	589	2.6	924	94
1989	687	3.1	937	156
1990	753	3.2	896	93
1991	633	2.6	949	83
1992	720	3.2	914	170
1993	670	3.4	707	53
1994	667	3.4	791	105
1995	685	3.4	824	95
1996	635	3.2	858	66

(1983年度は10月以降)

表3◉居住区

市内	市外(県内)	県外	計
289	539	62	890

表4◉職業

学生	教育職	会社員	公務員	自営	主婦	宗教	無・その他	計
170	172	88	121	54	51	19	215	890

これを機会に、従来の登録料三〇〇円と写真添付という条項もなくした。同時に、大学図書館の貸出方式のニューアーク式でブックカードに氏名を書いていたのを学生は学生番号、学外者は登録番号に改めた。不十分ではあるが、貸出記録が残る方式を少しでも改善しようと考えたのである。

ただ、利用申込書には、氏名、住所、電話番号の他に、ほんらい登録には必要のない生年月日と職業欄を付けた。これは、高校生に受験勉強などの席貸しとして使われるのを避けるためと、利用者の層を調べたいという大学図書館側の理由で、とくに職業欄は少し抵抗を感じたが、書いていただけるなら書いてもらうということで設けた。

その結果が表1〜4になっている。

◆開放以後とその反応

さて、学内的な合意を得て、四国学院大学図書館と善通寺市立図書館との提携による市民開放は一九八三年一〇月開始された。九月には、両図書館長のマスコミ向け記者会見もした。新聞は大きく好意的に取り上げてくれた。善通寺市も「広報」(一九八三年一一月)で市民開放をPRした。

『四国新聞』は、先の「文化の器・総集編」(一九八三年八月一八日)で「大学と市提携へ、資金ゼロで膨大な図書」という見出しで次のように書いた。

「今回の提携は、大学の若い司書たちの熱意によって始められた。一〇万冊近い図書を一挙に増やすには巨額の資金が必要だが、この提携で市民は資金ゼロで膨大な図書を利用できることになる。熱意が図書館を囲んでいた壁を取り払ったわけだ」。

以後、別表のような利用状況になるのだが、当初は大学図書館からの問い合わせや、反応が多かった[註◆1]。開放から二年後、一九八五年、私は、愛媛大学で開かれた第二六回中国四国地区大学図書館研究集会で「大学図書館の一般開放」(『中国四国地区図書館協議会誌』第二九号、一九八九年)と題して、この間の経過を報告した。ちょうど、国立大学図書館協議会が「大学図書館の公開に関する調査研究班」を発足させた時期で、文部省もこの問題を避けて通れないと考えはじめた頃であった。

この年の春から秋にかけて、『朝日新聞』の「声」の欄を舞台に、大学図書館の開放をテーマに住民と文部省とのあいだにちょっとした論争があった。住民の側は、アメリカの大学や、旅行者にも開放している西独の大学の例をあげて、日本の大学図書館の閉鎖性を指摘した。文部省は、「大学図書館の一般利用推進」(『朝日新聞』一九八五年六月九日)で、「昭和五九年五月の調査によると、全国の国、公、私立大学図書館のうち九七パーセントが学外者利用を認めており、また八三パーセントが大学関係者以外の利用希望に応じています。特に国立大学の場合、その九六パーセントにあたる八九大学で、大学関係者以外の方々が利用されています」と反論していた。

そして、税金で成り立っている国立大学図書館が一般市民に開放するのは当然だ、という論理は短絡的すぎるといい、大学図書館と公共図書館との役割の違いを強調し、大学図書館が公共図書館の肩代わりをするのはおかしいと、以前からの「正論」をくり返していた。

私は、このときの「報告」でも触れたが、文部省や大学が「正論」をもっともらしく、わざわざ強調するのは、どこかまやかし的なところがあるか、うしろめたいところがあるからで、素直に受け取ることは留保しなければならないとはなした。

じっさい、文部省が発表した「大学図書館の一般利用推進」の数字にしても、まやかしとまではいわないが現実を反映していない。学外者が大学図書館の資料に辿り着くには、そうとう手間をかけ、複雑な手続きが必要なことは現在でもそう変わっていない。そもそも文部省がこの調査をはじめたのは、一九八三年五月で二年前であり、そのとき学外者の利用を認めていると回答した大学図書館は、やっぱり九七パーセントだったのである(『昭和五八年度大学図書館実態調査結果報告』文部省学術国際局情報図書館課、一九八四年)。

こんななかで、四国学院大学図書館の市民開放は、まず順調に進んだ。それほど利用者は多くはないけれど、マナーは学生よりよほど良いし、なにより、利用者は、公共図書館と大学図書館との蔵書構成の違いを十分踏まえて利用しているのである。そのことは、表3からも明らかなように、登録者に善通寺市以外の人たちが多いことからも窺える。また、表にはあらわれていないが、県下の高校や中学、それに英会話学校などで、語学教師をしている英語系外国人の利用もかなりある。彼(女)らの利用は、英語で書かれた日本文化の紹介書や語学本、それに小説である。なかには、英訳された日本の小説なども利用されている。

都会の公共図書館なら、最近は、こういった外国語の本も蔵書に加えられつつあるが、外国人が少ない香川県の公共図書館では、まだまだ少ない。その意味では、いまのところ、大学の図書館が公共図書館の肩代わりをしているといえるのかもしれない[註◆2]。

ついでにいえば、私が当初望んだ二つ目の図書館員による選書権も、徐々にではあるが予算的裏付けを得て拡大していった。正式開放から一四年、四国学院大学図書館の市民開放に関するかぎり、それほど利用者が多いわけではないが、定着したといえるのである。

◆制約多い開放

文部省が、大学図書館の開放度は九七パーセントと発表した七年後（一九九二年）、日本図書館協会が全国の五〇八大学（一〇三七館・室）を対象に、「地域住民サービス」の実態の有無について、「図書館の施設・資料を利用させることを目的として公開されている場合」というただし書き付きで調査した。結果は、実施していると回答のあったのは国公立、四〇パーセント、私立は二五パーセントで、全体で三〇パーセントであった。

一九九三年、一月五日の『朝日新聞』は、「かけ声倒れの『開けゴマ』・大学図書館進まぬ市民開放・実施三割、職員不足や混乱心配」と大きな見出しで紹介した。文部省は、この数年前から先の「調査」［註◆3］をもとに、全国の大学事務局長会議の席などで、「学外者の利用促進について配慮するように」と指導し、学術審議会は、一九九二年七月に、「大学図書館の開放という、新しいニーズに対応できるサービス機能について検討を」という答申も出していたのである。

けれども、この三〇パーセントという数字はそれでも甘い数字で、じつは貸出しは含まれていないのである。

一九九六年の日本図書館協会の調査によれば、国公私立一〇八七の大学図書館（室）で地域開放を実施しているのは、五二七館、四九パーセントとさすがに伸びているが、貸出可という回答があるのは、一五四館一四パーセントにすぎない（『図書館年鑑』一九九七年版、日本図書館協会、一九九七年）。

これではとうてい住民開放を積極的に実施しているとはいえない。

では、なぜ文部省の統計と日本図書館協会との統計、さらに一般学外者の認識とは、これほどかけ離れているのだろうか。

その原因は、「開放」の定義がきわめてあいまいで、かつその中身が複雑なことによると思われる。

たとえば、文部省が毎年行っている『大学図書館実態調査報告』という小冊子がある。この調査に、公開の有無を問う項目が加えられたのは、先にも触れたように一九八三年五月からである。だが、この調査では、いわゆる一般学外者への開放はまずつかめない。表5を見れば明らかなように、B、C、D、の中の一つでも満たせば、すべて「認めている」ことになるのである。館外貸出しにしても、他の大学の研究者ならば可、と限定されても、「認めている」ことになる。

じっさい、四国学院大学図書館でも他大学利用の紹介状を学生や教員によく発行するが、ある教員は、「私が国立大学の教員なら、こんなものはいらないのだが……」と、いかにも不満そうにいったことがある。おそらく、図書館員になる前の私のように苦い経験をしたのであろう。だから、逆に、私が最初に触れた体験にしても、自分の大学の紹介状を持っていけば、当時でもおそらく閲覧ぐらいはさせてもらえたはずなのである。

この調査で「B、利用を認めている範囲」の「c、その他」に分類されている一般学外者が利用できるのは、「C、利用を認める場合の条件」の「b、a以外の図書館の紹介」か「d、身分証明書等の提示」で可能な大学図書館である。だが、これもどこの図書館の紹介でも許可されるとは限らないし、運転免許証でどうぞ、といってもらえるかどうかもわからない。

さらに、「D、利用の範囲」もほとんどの大学が無条件というわけではない。開架図書だけとか、閲覧だけとか、最初に必要な資料の所在を確かめてから、というのもある。

要するに、これらのハードルをクリアしてやっと一般学外者への「開放」が実現されるのである。これだけ制約があれば、日本図書館協会の調査を見なくても、いっぱんの住民が「大学図書館は閉鎖的」と感じても仕方がないと思われる。

このあたりのことを、元文部官僚で現在関西大学教授の倉橋英逸《くらはしえいいち》は、「公開の理念の確立とその普及が必要である」として以下のようにいう。

「米国の図書館界が総力を挙げ、『全ての図書館の情報は国家の資源であり、全ての人はその資源を利用する権利がある』という考え方に基づく『資源共有』の理念を打ち立てたように、全ての大学図書館員が、公開は大学図書館の基本的機能の一つであるという認識をもつように、明確な理念を確立する必要がある」。

そして、具体的には、第一に、「制約の撤廃」。第二に、「公共図書館と協定を結び、その役割分担を明確にする必要」。第三に、「公開の内容を充実する必要」。第四に、「企業に対する情報サービスも検討する必要」（倉橋英

表5◉文部省の大学図書館実態調査・調査項目一部

Ⓗ図書館の公開について

A.学外者の図書館の利用について
- a.認めている。
- b.認めていない。

B.利用を認めている範囲及び利用者数(延人数)
- a.他の大学の学生
- b.他の大学の研究者
- c.その他

C.利用を認める場合の条件
- a.他の大学図書館の紹介
- b.a以外の図書館の紹介
- c.研究者の紹介
- d.身分証明書の提示
- e.その他

D.利用の範囲
- a.情報検索
- b.館内
- c.館外貸出
- d.複写サービス
- e.その他

逸「大学の変化と大学図書館の公開」『大学図書館研究』第四〇号、一九九二年）を挙げている。

いずれの提案も外部から見ればごくあたり前のことと思われる。だが、この提案の実現のためには、理念だけではなく、人件費を含めた財政的裏付けも必要となるであろう。

◆進まない開放の裏側で

さて、一般の学外者への地域開放が進まないなかで、一方では次のような例もある。

一九九三年一月二四日の『朝日新聞』に大きく取り上げられたもので、「製薬社員はコピーマン・協力費年間二〇〇万円、出入り自由、研究者の使い走り、阪大生命科学図書館」という見出し。

要するに、医学系図書館のなかで最大規模の大阪大学生命科学図書館が市民に「門戸」を閉ざしながら、製薬会社には無条件で利用を認め、文献複写を無制限にやらせている。その見返りに、図書館は年間二〇〇万円の協力費をもらい、書庫整理なども製薬会社の社員が手伝っている。これは著作権法にも違反し［註◆4］、大学図書館が医学部や薬学部と製薬会社との癒着を手助けしているもう一つの「癒着」であると批判しているのである。

だが、こんな事実は、医学部や薬学部をもつ大学図書館では、いわば「常識」のことで、大学図書館員の研究集会の公式の席上では決して出ないが、夜の懇親会では、「困った」はなしとしてよく出ていたのである。じっさい私も、先の愛媛大学での研究集会で、このことに触れて、「大阪大学では、製薬会社の場合、特別の入館券が発行され、直接来館してセルフサービスで文献複写するのが、年間十五〜十六万件、料金にして五千〜六千万円もあるということです」（前掲論文）とはなしている［註◆5］。

『朝日新聞』の記事によると、一九九一年度の文献複写は二二万二千件だから、その料金は優に一億円を越えているはずである（じつは、二〇〇万円の協力費なんかより、コピー一枚三五円の収入のほうが圧倒的に多いのだ）［註◆6］。

大学図書館が一般への地域開放をしぶる背景には、じつは、このような企業による組織的な利用に対する危惧があるという意見もある。事実、大阪大学生命科学図書館がその前身の大阪大学付属図書館中之島分館時代に、製薬会社に開放を認めた当時の図書館事務長から、学内にこのような「産学協同」に反対する声が根強くあったというはなしを、私は直接聞いた。

いくら産学協同が批判されなくなったといっても、このような危惧の声は、医学、薬学や理工学系の資料を多く蓄積している大学図書館には、労働強化の声とともに残っているのではないだろうか［註◆7］。

ただ、大阪大学の場合、先の新聞記事によれば、製薬会社がその付属研究所など、自分たちの「調査、研究の目的」で利用するのは全体の四割で、他の六割は、取引相手の医学部や大学病院の研究者から文献リストを示され、図書館での文献複写を要請されたもので、「営業上の要請」だという。

つまり、大学の教員が正規のルートで文献複写を依頼すると手間も金もかかる。だから、製薬会社のなじみの社員にコピーを頼む。会社は大事なお客さまだから断れない。会社の経費負担で大量のコピーをして、当の研究者に渡す。研究者の方は、手間をかけずにしかも無料で大量の資料が手に入る。いわば、学外者を迂回することで、ほんらい大学の研究費や自費を使わなければならないのがタダになるというせこい手段に地域開放が利用されているのである。

とはいえ、最近のようにインターネットのホームページを大学図書館が開いたり、インターネットにアクセスすることによって、各種の膨大な資料の検索だけでなく、抄録や論文そのものが取り出せるようになると、先のコピーマンも不用になるのかもしれない。

だとするなら、大学図書館は、過去に大量に生産された印刷物を集積した博物館になるという意見もある。たとえば、『週刊朝日』が一九九四年から毎年発行している『大学ランキング』（朝日新聞社、一九九七年）の一九九八年度版の「図書館」の項で、名古屋大学付属図書館長の潮木守一《うしおぎもりかず》は、「まだかなりの時間がかかる」と断わりながらも、パソコン一台で世界の情報が集められるといっているし、このような議論は他にも多くある。

だが、このような議論はいまのところ、地方の小さな私立大学図書館の「市民開放」とあまり関係ないし、個人的には私はほとんど興味がない。

いずれにしても、現在、日本の大学（短大、高専を含む）図書館には、約二億四千万冊の膨大な図書と一五六万三千種類の雑誌が蓄積されている。（『図書館年鑑』一九九七年版）。偶然かどうか、この図書の数は、国立国会図書館の六〇〇万冊強を含めた全国の公立図書館の蔵書数とほぼ等しい。

この膨大な資料には、かつての吉本隆明ではないが、「私有や占有を超えた公開許容性の原則」が「存在しなければならない」と、私もまた思っているとだけいっておきたい。

註1◆これは『朝日新聞』大阪本社版（一九八三年九月一五日）に「大学図書館市民に開放」と紹介されたのと、『図書館雑誌』（第七七巻第一二号、一九八三年一二月号）に守家博「市民奉仕を喜びとして」で、その概要を紹介したためと思われる。また『大図研論文集』（第一一号、一九八四年三月）で、私は「四国学院大学図書館の市民開放」をその経緯、今後の問題点を含めて紹介した。

註2◆吉田憲一「大学図書館の利用者サービス――学外者への公開を中心に――」『大学図書館研究』（第五〇号、一九九六年）で積極的な「開放」をしている大学図書館二二館にアンケート調査をし、その結果を分析している。そのなかで貸出数の多い日本福祉大学の例をあげているが、この町（愛知県知多郡美浜町）には公共図書館がない。また、

文教大学越谷図書館では、中国人留学生から自分の国の本や新聞に接することができて幸せだといわれた例がでている。

註3◆この「調査」による「報告」によれば、市民等への公開について、一、図書館規定等への明文化、二、学内体制の整備、三、公共図書館との連携強化があげられている（国立大学図書館協議会「国立大学図書館における公開サービスに関する当面の方策――大学図書館の公開に関する調査研究報告――」『大学図書館研究』（第二九号、一九八六年）。

註4◆倉橋英逸は、前掲の「大学の変化と大学図書館」で、「一九九一年九月に日本複写権センターが設立され、著作権料を支払えば企業に対しても堂々と文献複写サービスができるようになった」といっているが、実際に著作権料が払われているのか、払われているとしたら、どのようなかたちなのか定かでない。この新聞記事では、センター設立後一年半も経過しているが、生命科学図書館の実質的責任者でもある三浦勝利、大阪大学付属図書館医学情報課長の話として、「著作権法の違反も指摘されれば、『その通り』と答えるしかない」といっている。

註5◆この発言のもとは、大阪大学附属図書館中之島分館のパート労働者Fさんの報告（『学術情報システムを大学図書館の現場から考える――一九八五・七研究討論集会報告集――』（学術情報システムを考える会、一九八五年）。

註6◆この記事に出てくる医情連（医学薬学情報団体利用者連絡会）という組織は、関西の製薬会社を中心に一四五社で組織され一九八六年五月に設立された。すでに一九八六年度の大阪大学附属図書館中之島分館の学外複写件数二七万八五四〇件のうち八〇パーセント以上の二二万五三九六件が医情連会員企業であったと、大阪大学附属図書館の正職員ものべている（諏訪敏幸「大規模国立大学図書館における『人と仕事』――労働組合への組織化にもふれて――」『大学の図書館』一六八号、一九八七年一〇月）。

註7◆吉田昭「大学図書館の公開と企業」『大学図書館研究』（第二九号、一九八六年）、及び吉田昭「民間企業への情報提供サービス――公開と相互利用のはざまで――」『図書館雑誌』（第八三巻第一二号、一九八九年一二月）を参照。吉田は、大学が民間企業の活力の導入を積極的にはかっている現在、民間企業の利用を認めていない大学図書館の論理は説得力を失いつつあるとして、積極的な開放を行っている筑波大学の例を挙げている。ただ利用件数の増大につれて、人員不足、資料の傷み、学内者との競合の問題が出てくるといっている。

◆附記

以前と比べると、大学図書館はよほど明るくなった。私の学生時代といえば四〇年もむかしになるが、当時は図書館というより、書庫そのものだった。閲覧室も暗く、開架書庫はあってもほんの僅か。図書はカードで検索し、書名、著者名、分類番号など必要事項を貸出申込用紙に書き、図書館員に渡す。記載事項が一つでも誤っていれば、その箇所を指さし黙って突き返される。

めったに借り出したことなどなかったが、洋書などはタイトルだけで判断すると、まったく見当はずれの本が出てきたりした。見栄もあるので、図書館員にばかにされないようにわざと鷹揚な態度で受け取って、そのまましばらくして返却するようなこともした。あげく、本は自分で買うもの、読むのは喫茶店ということになった。

ほとんど勉強しなかった学部時代はそれでもよかったが、院生になるとそうもいかない。幸い、院生専用の図書館が別にあり、必要な資料もある程度自由に購入できた。学部生にはない院生の特権で、私はもっぱらこちらの図書館に入り浸っていた。

一九七〇年代前半のはなしで、当時、どこの大学図書館でもそんなもので、学部学生にそれほど優しいものではなかった。図書館のカード目録には研究室別置と記載された図書がいっぱいあり、事実上、その図書は特定の教員の専有物であった。

その大学の学生にでも不自由なのだから、いっぱんの人が大学図書館の資料を利用することはまず不可能だった。そもそも大学図書館を利用するなどという考えは思いつかなかった。大学図書館にどんな資料があるのか、わからなかった。厳密にいえば、『学術雑誌総合目録』や主要国立大学と早稲田、慶応が参加した『新収洋書総合目録』など冊子体の目録があったが、いっぱんにはほとんど知られていなかった。

大学関係者以外が専門書に接するには、都道府県立図書館から国立国会図書館へ、というのが原則的なルートで、大学図書館に相互貸借請求することはなかった。大学図書館を利用できるのは、教員との個人的な関係のある人にかぎられていた。

本文でも書いたように、私の勤務する四国学院大学図書館は他の大学図書館よりは、よほど開放的だった。現在では多くの大学図書館で実施されている市民開放が一九六〇年代半ばから行われていたし、研究室に貸し出されている資料も、他の利用者の要求があればすぐに返却された。

だから、私がしたことといえば、それらの制度の明確化と図書館員の選書権を拡大したことぐらいであるが、それほど学内的な抵抗はなかった。いずれにしても、現在でも四国学院大学図書館の開放度は物理的条件を除けばトップクラスにあると自負できる。

これを書いたときから一〇年余が経過した。いまではほとんどの大学のホームページから図書館の蔵書がかんたんに見える。四国学院大学図書館のように、紹介状がなくてもかんたんに貸出しをする大学図書館も増えた。公共図書館からの相互貸借や文献複写の依頼にも応じてくれる。毎日気楽に新聞や雑誌を読みにくる市民も増えた。

大学図書館の開放に限っていえば、四〇年前には想像できないほど便利になったことは間違いない。

情報化と大学図書館

大学図書館員座談会◉──『変貌する大学5　グローバル化のなかの大学』二〇〇〇年一〇月

──本日は忙しいところお集まりいただいてありがとうございます。テーマは「情報化と大学図書館」ということで、みなさんに忌憚のないご意見を伺いたいのですが、大学図書館は変わりましたか。

A　大学図書館が変わったのはもちろんですが、大学そのものが変わりましたからね。

B　ウーン。大学が変わったというのは、まさにこの「変貌する大学」シリーズの共通認識だと思うんですが、現場にいると、教職員の意識変化というか、危機感が凄いですね。私など企業ではリストラの対象になる年齢で、能力?的にもちょっと危ないなと自分でも思うのですが、それでもつい二、三年以前までは、「大学なんて別に潰れてもエエヤン」とかいえば、「大学解体できんかったしなあ」って、乗ってくるんだけど、同じ人が最近は、管理機構を組み換えてとか、あいつは働きよれへんから異動させて、ほんとはクビにしたいんやけど、とか、目の色かえて走り回っています。それが管理職だけでなくて、四〇代、それから三〇代の若い人たち、教員、職員とも、そうですね。とにかく生き残り！　これが至上命令になっています。それに比べると学生たちはいいですね。私の息子や娘の世代なので、つい「いいですね」といってしまいましたが、素直でまじめで、背伸びしないというか、現状肯定的で、その意味ではオトナなのかもしれません。三〇年前の私らの方がずっと幼稚でアホでした。今も、こんな座談会にノコノコ出てくるぐらいだから、アホさ加減はあまり変わっていませんが……。

◆大学図書館は変わった

――大学そのものの変化も重要なんですが、それではこの変化のなかで図書館はどう変わったのかお話しいただければと思います。

C　私、まだ大学図書館に勤めて三年ほどなんですけど、いまのBさんのお話しを伺っていて、大学が変わった、というのはそうだと思うんですけど、変わる以前、知らないし、大学の管理機構とかいわれても、私なんか毎日の仕事で精一杯なんです。それで、私の仕事というのは学術情報センター［註◆1］のNACSIS－CAT［註◆2］からデータをダウンロードして、ダウンロードした書誌に新規購入した図書の所蔵データを付ける作業をしています。作業は別にむずかしいことはなく、機械的に行われ、分類も入っているのをそのまま付けるので、一冊の本を手に取って、目次を見て、前書きを読んでとかいうことはありません。

A　学情にヒットしない図書はどうしてるの？

C　はい。ほんとは、自分で書誌情報を作って学情に登録しなければならないんでしょうけど、やっていません。学情の講習会に行ってきた先輩がすることになっているんですけど、他の仕事が忙しくて、そのうちどこかの大学が登録するはずだからって……。

――どこの大学もそうなんでしょうか。

D　いや、大きな大学は恒常的に入力しています。ただ古い図書の遡及入力はパートタイマーのノルマのようになっています。旧帝大の国立大学のはなしですけど。

A　といっても、現在、全国の大学図書館に約二億四千万冊の図書が所蔵されているんですが、このうち目録所在情報が学術情報センターのデータベースに集積されているのは約一割ぐらいしかないのです。

C　ヘェー、そんなに少ないんですか。

A　当然重複もあるけれど、それにしても、学情に登録されていない図書の方が圧倒的に多いのは確かですね。

B　コンピュータで何でもわかる、という実態はこんなもんなんや。

C　じゃ、頑張って遡及入力しなきゃいけませんね。

A　まさに、それが学情の論理なんです。頑張ってデータベースを早く構築して、その後に電子図書館も目指してという。

――むかしは目録・分類、いわゆる整理業務は図書館の仕事の中枢で、司書の仕事は整理だ、なんて時代もあったようですが。

A　何十年前の話してるの?という感じですね。たしかに私が就職した三〇年ほど前には、目録の職人という感じの人がそれなりの大学図書館にはおられて、古き良き時代?のお話しなんか伺ったんですが、その頃はもう参考調査、レファレンスワークが花形になりつつあって、ま、まだ図書館員どうしの人間関係とか、一種の勘みたいなもので、資料を見つけ出したり、借りたりもしていたのですが。いまでいう電算化による総合目録とそれに基づいた相互利用ということでしょうか。それがいまは、極めて組織的になって、その意味ではある程度まではだれでも資料がかんたんに見つけられるようになりました。

◆コンピュータは便利

B ――ということは、この間の流れも、大学図書館の変遷と考えれば、いまのコンピュータ万能も時代の流れだと。

B まあ、そういってしまえば身も蓋もないんやけど、ただ図書館の思想としては、ある意味ではこの流れは必然というところがあって、日本中の本、もっといえば世界中の本がどこの図書館にあるのかが一目でわかるというのが図書館の夢というか、総合目録編纂の流れですね。

――それがコンピュータで可能になったと。

B うん。ほんとは現実的にはそんなことは無理で、ちょっと考えればわかるのだけど、コンピュータがこれほど発達すると理論的にはそれが可能なような幻想が一人歩きしてきます。いわば『電子図書館の神話』[註◆3]というやつですね。

A そう。アメリカの大学図書館では、学生がコンピュータの端末をたたいて出てこなければ、もうこの本はないと、かんたんにあきらめてしまうということをライブラリアンが嘆いているなんて報告を何かで読んだけど、日本でも同じですね。教員のなかにもそんな人もいるし、若い図書館員にも端末検索だけで、あとは知らんというのがいるからね。

C じつは私も学生のとき、卒論の資料捜しで同じような経験をしました。一応司書になりたいと思って図書館学の授業を受けていたので、いろんな書誌があるということは知っていたのですが、いざとなると、やっぱりコンピュータの方が便利で……。

D たしかにコンピュータは便利だし、そのおかげで先ほどもBさんがおっしゃった一種の図書館の夢の実現の方向に進んでいるとは思いますが、それによって失われたものは多いんではないでしょうか。

――といいますと。

D　いまも端末検索の話しが出ましたが、図書館員が自分の図書館の資料を知らない。もっというと知る機会がたいへん少なくなっている。Cさんの話しを出して悪いんですけど、勤めて三年ぐらいは徹底して自館の資料を知るということが必要じゃないでしょうか。配架をするとか、できるだけ書庫に入るとか。司書の仕事は利用者と資料を結びつけることだといわれていますが、コンピュータを操作することがそのまま結びつけることになっているようですね。

A　この前も笑えない笑い話みたいなものが私の職場であって、利用者の学生がある本が所定の場所にないという。貸し出してもいない。だったらまず、その学生といっしょにその場所に行って捜すという方法を取ると思うんですが、若い図書館員は、端末をたたいて「あります」と、それだけ。動かないですね。ま、先輩としての私の指導性？を問われれば恥ずかしいんですが。

◆学情システムは戦前から

――コンピュータオンチのおじさんのグチ話で盛り上がるのもいいのですが、さきほどBさんが少し出された図書館の夢との関連で学情システムについて話していただいたらと思います。

B　学術情報システムというのも、基本的には資源共有を理念にして、総合目録をつくって相互協力をしようというものなのですが、少し歴史的にいわせてもらいますと、この考え方はじつは戦前からあったんです。たとえば、総合目録といえば例の衛藤利夫［註◆4］、衛藤瀋吉のお父さんですが、その衛藤利夫が満州事変に合わせて作らせた満鉄図書館の『全満二四図書館共通満洲関係和漢書件名目録』なんかは画期的な成果ですね。

総合目録というのは当然相互協力という考え方が伴うもので、これもすでに戦前からあるんです。一九四三年二月に「図書館の戦時体制確立に関する建議」[註◆5]というその当時の日本図書館協会が代議士を動かせて提出するのだけれど、この建議のなかに凄いことが書かれているのです。つまり、専門図書館はすべて国家管理にして、(一)政府に学術図書局を設ける。(二)資料の収集・保管の分担を国家が決める。(三)その総合目録をつくる。(四)相互貸借制度を確立する。(五)学者・研究者を専門別に組織し、彼らの利用の便宜をはかる。というものです。

——まさに、一九八〇年代に出てきた学術情報システムそのものですね。

B　そうですね。その先取りといえます。満鉄の総合目録といい、この建議といい、戦争で科学技術は飛躍的に発展するといわれますが、図書館もそうです。戦争と図書館となると日本よりもアメリカの方がよほど大がかりですけど。それで、もう少し続けますと、この総合目録、相互協力の考え方の流れに、戦後の米国教育使節団の報告書[註◆6]が大きな役割をはたしています。この報告書は、戦後の公共図書館の方向性を決めたという意味でも重要なんだけれど、大学図書館についても重要なんです。この報告書で、(一)各大学の収集した図書館を統合整理して一つの総合目録をつくって、すべて学生が利用できるようにする。(二)図書館相互の図書貸出し制度、つまり相互貸借制度を確立する。(三)大学図書館専門の図書館協会を組織する。(四)図書専門職員の訓練のためにすぐれた図書施設を持つ大学に図書館学校を設置する。こんな提案なんですが、一九五三年にスタートした『学術雑誌総合目録』はその一つの成果です。それから一九八二年版が最後になりましたが、国立国会図書館が編集した主要国立大学と早稲田、慶応が参加した『新収洋書総合目録』も総合目録への試みです。

——なるほど。学情システムというのも突然出てきたわけではないのですね。ある意味では図書館というものの論理がコンピュータとうまく結びついたと。

C　私、歴史的なことはよくわからないんですけど、Bさんのお話しを伺っていると、人間の知的好奇心というのか、人類の夢といえば大げさなんですけど、科学技術の進歩は、その方向に大きく前進していると思うんです。だったら、私が毎日職場でやっているようなコンピュータの端末をたたくという単調な作業も先生方や学生に役に立つんだなあと、とりあえず納得するんですけど……。

B　いや、Cさんが今の自分の仕事に意味を見い出して、一所懸命仕事に励みたいというのはわかるけど、この二〇年余りの大学図書館のコンピュータ化が自然の流れだったんだという風に捉えると問題があると思うよ。

◆資料費は増えず

――といいますと、やっぱり文部省の強い指導、政策があったと。そのあたりDさんどうですか。

D　はい。文部省は、一九八〇年以降、大学図書館関係予算の重点政策として学術情報システム関連に徹底した予算措置をしてきたのです。かんたんな数字をいいますと、東京大学文献情報センターが学術情報センターに衣替えしたのが一九八六年。そのときの予算が八億九四〇〇万円だったのですが、一九九七年度には七〇億二四〇〇万円と約八倍にも膨らんでいます。一方、同じ文部省予算で国立大学の図書購入費は一九八六年度が二〇億七五〇〇万円。一九九七年度が二二億五九〇〇万円。ほとんど伸びていません。個々の国立大学の資料費の合計をみても、一九八六年度は一八四億七五〇〇万円。一九九六年度は二〇四億五二〇〇万円。そのうち図書購入費は一九八六年度が九一億七七〇〇万円。一九九六年度は八六億七二〇〇万円。逆に減っています。

B　うん、一九九二年の七月に学術審議会の「二一世紀を展望した学術研究の総合的推進方策について」［註◆7］という文部省への答申が出て、その流れで、一九九三年一二月には、学術審議会学術情報資料分科会学術情報部会という長ったらしい名前の組織が「大学図書館機能の強化・高度化の推進について（報告）」［註◆8］というのを出して、さらに、一九九六年七月に、「大学図書館における電子図書館的機能の充実・強化について（建議）」［註◆9］を出しているんやね。それで、文部省は、一九九七年に、筑波大学と京都大学に電子図書館化推進経費を付けて、一九九八年には、さらに図書館情報大学、東京工業大学、神戸大学にも同じ推進経費を付けたんや。今年（一九九九年）の一月やったと思うけど、朝日新聞の震災特集で、神戸大学の「電子図書館の震災文庫」［註◆10］って紹介されていたけど、要するにパソコンがあれば図書館に足を運ばずに資料が見られるという、あれやね。

D　いま、Bさんがいってくれたけど、電子図書館化、最初は奈良先端科学技術大学院大学で実験的にやっていたのが次々に文部省が上から予算措置をしていくので、現場ではたいへんなんです。その分、従来の資料費は当然押さえられています。

――なるほど。要するに、この一〇年以上の間、学情関連の予算は膨大にふくらんでいるのに、肝腎の資料費、なかでも図書購入費はむしろ減っているんですね。とすれば、当然毎年の受入図書も減っているでしょう。

D　おっしゃるとおり。この二〇年間を見ても、国立大学の毎年の受入図書冊数は横ばい、というより減っています。教員、学生の数、それに図書の出版点数はいずれも大幅に増えているのですが。

C　さっきのお話の流れからいえば、文部省が学術情報システムに力を入れて、便利になって、相互貸借もわりとかんたんに出来るようになって、その上、私の職場もそうですけど、どこの大学図書館の書庫もいっぱいなので、無駄がなくなって、それはそれでよくなったんではないですか？

B うーん。必ずしもそうとばかりはいえないと思うよ。研究者、とくに人文・社会科学系の研究者にとっては雑誌や図書が手元にあるというのがいちばんだし、学生にとってはなおさらだと思う。そもそも相互貸借だといっても、図書館の原則は、まず自館を充実させるということだからね。その上での相互協力なんや。公共図書館でもその図書館の蔵書が充実すればするほど、予約や相互貸借の要求が増えるのといっしょで、最初に相互協力ありき、というのは本末転倒だといえるね。もっというとやね、相互協力なんていえばあたかも対等の関係にみえるようだけど、実態はほとんどが一方通行なんだ。そもそも蔵書数、受入雑誌数など大学図書館間にものすごい格差があって、そのまま相互協力しろといえば、結果は見えているよ。その上、例の「冬の時代」で私立大学の図書館の資料費も減らされているのだからなおさらだよ。借りる方はいいかもしれんけど、借りられる方はたいへんだよ。結果としてどちらの図書館の利用者も不便になるんだけどね［註◆11］。

D それから、この相互協力の論理を徹底させると、図書や雑誌、そのものの存在基盤が危うくなると思うし、現にもうなっています。人文・社会系の専門書が売れなくなって久しいといわれるけれど、全国の大学図書館と公共図書館の半分が恒常的に購入するとすれば、つまり一〇〇〇部から一五〇〇部を図書館が保証すれば、十分出版可能なのです。

A ついこの前も朝日新聞の「声」［註◆12］の欄に、前大阪大学附属図書館長という人が、「人手もお金も不足の図書館」と題して国の文教政策の貧困を嘆いていたけど、阪大の場合、図書館職員の半数が非常勤とアルバイトという現状なんです。

B もう大分以前になるけど、『アエラ』［註◆13］が「知識の棺桶・大学図書館」という特集を組んで、かなり話題になったけれど、あれから状況が好転したという話しは全然聞かないもんね。

D いずれにしても、学術情報システムというのは、図書館の論理のひとつというか、世界書誌作成の夢をコンピュータの力で強引に推し進めてきたといえるのではないでしょうか。一種の書誌コントロールなのですが、もともと日本の大学図書館では選書権がほとんど教員にあって、独自の書誌コントロール［註◆14］という思想がなかったので、学術情報センターが一気に一元的なかたちで学術情報システムをつくった。だから、あとは、ここにぶら下がったほうが便利で楽だ、という風になってしまった。それに、コンピュータ万能という電子図書館神話が結びついて、極めて薄ぺらな図書館のイメージしか画けないし、実態もそうなっている。いま、逆にいえば、私なんかは、場所としての図書館の神話にこだわっている、といわれるかもしれませんが……。

◆時代はアウトソーシング？

――Dさんがひとまず、まとめ的なお話しをしてくださったのですが、肝腎の働く側の労働実態というか職場環境も大きく変わったのでしょうね。いま、阪大図書館の職員の半数は非常勤という話しも出ましたけど。

A 阪大については、学情システムが進展するなかで、一九八四年に「三年期限解雇」を強行された臨時職員の矢崎邦子さんの例が象徴的だけど、どこの大学でも臨職やアルバイトの力を借りなければ図書館なんてまったく動きませんよ。

B 日本図書館協会の統計によれば、国立大学の正規図書館職員は一九八四年の二七〇二人が一九九七年には二三八二人になっている。これは公務員の定員削減の結果なんやけど、逆に非常勤、臨時職員は一一六七人から一二七一人に増えている。じっさいは統計に出ないアルバイトやコピーなどの外部委託職員も加えると不安定な身分で働いている人はもっといるよ。

——私立大学で嘱託やアルバイト、外部委託はもっと進んでいると聞いていますが。

A　アウトソーシングなんて最近やたら横文字を使って図書館関係の雑誌にも紹介されていますが、要するに「大学冬の時代」における経営者サイドからの合理化なんです。もうふたむかしも前になるけど、職場にコンピュータが入り始めた頃のルーチンな業務は機械にまかせて、人間はもっと高度な?考える仕事をやるべきだという議論の延長といえるね。

B　じじつ、『現代の図書館』［註◆15］の一九九八年一二月号に、京都精華大学と中央大学の外部委託の例が紹介されてるんやけど、いってることは同じトーンやね。それにしても、この合理化はスゴイよ。京都精華大学の場合、図書館を情報館に組織替えしたときに、プロジェクトチームが理事会に答申した専任職員の要望人数が二六名。理事会は一〇名しか認めない。で、どうしたと思う? 一〇名の専任職員を六名にして、あとの四名の人件費で人材派遣職員を用いる方法を取った。それでスタッフと呼ばれる人材派遣職員一六名、嘱託職員四名、それに学生アルバイトでほとんどの日常業務をこなしているという具合。専任職員は何をするのかといえば、仕事を創り出して、日常業務を設定し、最後にその運転結果をチェックする。つまりはじめとおわりだけ。だから専任職員に必要なのは「人事に長けたマネージャー」。いわゆる専門的業務に関しても、派遣会社の経験豊富な司書がするので、なんら困らない。専任職員と派遣職員の違いはといえば、前者が責任と権利を持つが、後者は持たないということだけ。この方法で、専任職員の意識改革をして大学を活性化させるのだって。

——派遣職員の待遇面や労働条件などはどうなっているのでしょうか。専任職員四名の人件費でいくら外部委託といってもこんなに人が雇えるんでしょうか。

B　この紹介が「図書館経営論」という特集の一つということもあるのか、そのあたりはぜんぜん触れられていないね。

A　組合なんかはどうしてるのでしょうね。京都精華大学といえば、三〇年前、同志社を離れた岡本清一先生が、「自由自治」の理念を掲げて創られた民主的でユニークな大学というイメージを私など抱いていたのですが……。

――中央大学はどうなんですか。

B　ここは一九八三年、一六年も前から専任職員の二〇パーセント削減計画が実施されて、まず清掃などの現業職、次に電気・空調などの技術職、それから事務職と順次合理化が進んで、最後が図書館ということで、一九九二年から整理部門が業務委託になって、図書の発注・受入・目録・装備、全部が委託で、学情にヒットしないものだけの目録を専任職員がするというシステム。で、今度は雑誌や紀要などの逐次刊行物をも委託するようになったという報告なんやね。それにしても、「特集にあたって」で編集委員会委員長が「共生的なアウトソーシングの可能性に期待したい」といっているのは、なんやかんや言い訳めいたごたくを並べているけど、日本図書館協会が発行元の雑誌としては語るに落ちたという感じやね。

◆生き残りのためには

――大学審議会設置以降の私立大学に対する自己責任方式による市場主義への転換と深く関係しているのでしょうか。

A　そうですね。国立と私立との公財政支出の不公平さをそのままにした私立大学の自己責任による自由競争への参加の強制なのですが、個々の大学にとってみたら、「生き残り」のために、そんなことはいっていられないと。

——それが、この座談会のはじめに、Bさんがおっしゃった大学の教職員みんなが、組合も含めて「生き残り」のためには、委託でも嘱託でもアルバイトでも何でもいいから減量経営ということになるんでしょうね。

B　今年（一九九九年）の入試でびっくりするぐらい多くの大学で採点ミスや、もっとひどいのになると関西大学のように合格者と不合格者が逆になるという例が出ていたけど、そのほとんどがコンピュータの入力ミスでチェック機能が働いていなかったということで、業務委託によって仕事が分断されて全体が見えていない典型だといえるね［註◆16］。

D　入試というのは、大学にとっては極めて重要なもので、受験生の一生を決めかねないといわれても仕方のないほど大学の信用にかかわるものだから、ほんらい慎重の上にも慎重を期すはずなのですが、これがこんな調子だと図書館なんて推して知るべしですね。

B　そうなんだ。図書館のミスなんかは直接当事者でなければどうってことないし、だからニュースにもならないけれど、現場の混乱と仕事に対する無責任は相当なもんだよ。

——具体的には？

A　はい。それが出てくれば対応の仕方もあるんですが、システムがどんどん変わるので、なにしろその場その場の対応に追われて、問題点を指摘する作業さえ出来ていません。以前なら、大学図書館関係の研究集会のあとの懇親会や飲み会でグチなども出たのですが、それも少なくなりました。

B　意地悪い言い方をすれば、そのグチの部分を臨職やアウトソーシングとかいうものに転嫁したともいえるね。

D　大図研［註◆17］という組織があるのですが、その会報を見ても、以前は組合的な視点もありましたが、いまはもうぜんぜんといってよいほどありません。現場の状況をある程度批判的にまとめたものといえば、『ず・ぼん』四号の「電算化は大学図書館をどのように変えたか」[註◆18]ぐらいでしょうか。

A　はい。ただあの報告にしても、やっぱり当局に押されっぱなしという感じで、働く側が有効な対抗手段を持ち得ていないという印象は拭えていません。

B　東大の総合図書館の職員組合といえば、最も原則的な組合運動をしてきたところだと思うんだけど、だから、このようにある程度具体的な報告も書けると思うんだけど、他のところは、こんな報告も書けないし、さっき言ったグチすらも出ないと……。

——いやいや、なにかさびしい話になってきましたが、時間も大分経ってきましたので、今日はこのへんでひとまずまとめにしたいのですが、最後に、どなたでも結構ですが何かおっしゃりたいことがあれば、ご自由に。

A　ま、元気が出る結論にはならなくて、とくに若いCさんには申し訳なく思うんですが、逆にこんなときこそ、図書館の仕事というものをきっちり見つめ直す機会ではないかと思います。

B　そやね。利用者、とくに教員なんかがゴチャゴチャいうたら、コンピュータ、いうこと聞きまへんなぁ、困ったもんやみたいな感じで（笑）。

D　Bさんぐらい年季が入っていたら、それでもいいけど、やっぱり図書館の仕事を相対化する視点は大切だと思います。

C　いろいろ勉強させて頂きました。もっともっと頑張らないと。あっ、これがいけないんですね（笑）。

——ということで、今日は長時間ありがとうございました。

註1◆一九七六年に東京大学に設置された情報図書館学研究センターが前身。その後、一九八三年に東京大学文献情報センターに改組され、目録所在情報システムの開発を開始する。一九八六年に学術情報センターに改組。さらに、二〇〇〇年四月からは、国立情報学研究所に改称した。現在目録所在情報は図書四千万件、雑誌三三〇万件、参加図書館は約七〇〇館。

註2◆学術情報センターが開発した目録データベース・システム。各参加館が蔵書の書誌情報を入力し、共同目録を構築することを目指している。

註3◆W・F・バーゾール著、根本彰他訳『電子図書館の神話』(勁草書房、一九九六年)は、コンピュータを駆使した機能主義的な電子図書館万能の状況に対して従来の「場所としての図書館」の意義の再評価を促している。アメリカにおける電子図書館神話の登場を政治的、文化的文脈のなかで位置付け、相対化する視点は重要である。

註4◆一八八三(明治一六)年〜一九五三(昭和二八)年。東京帝大選科修了。一九一九年満鉄入社。一九二二年、満鉄奉天図書館長。一九四三年、日本図書館協会常務理事。一九四六年、日本図書館協会理事長。満洲時代、図書館界のリーダーとしてだけではなく軍部政界とも深くかかわっていた。戦後は日本図書館協会の再建に尽力した。

註5◆『図書館雑誌』第三七年第三号、一九四三年三月所収。

註6◆村井実『アメリカ教育使節団報告書全訳解説』(講談社学術文庫、一九七九年)

註7◆『学術月報』第四五巻第八号、一九九二年八月号所収。

註8◆要旨は、『学術月報』第四七巻第五号、一九九四年五月号所収。

註9◆『学術月報』第四九巻第一〇号、一九九六年一〇月号所収。

註10◆『朝日新聞大阪本社版』一九九九年一月一六日。

註11◆この座談会の後に発表された諏訪敏幸「学術図書館における自足性の後退と学術情報ユーティリティ——逐次刊行物分野を中心に——」『大学図書館研究』第五七号(一九九九年一二月)は、この議論に関連して豊富な参考文献を呈示している。

註12◆『朝日新聞大阪本社版』一九九九年五月四日所収。

註13◆『アエラ』第五巻第五号、一九九二年二月四日。この『アエラ』の特集では、「一〇万冊を集団疎開させた京都大学」、「本で埋まる鹿児島大学の教官室」、「研究書買うにも自腹の九州大学」の例が報告されている。

註14◆書誌コントロールとは、文献の発生から流通、利用、図書館における収集・組織化・提供まで含めた総合的な概念

で、歴史的・社会的な文脈のなかでこの概念が変遷してきた過程を追求している根本彰『文献世界の構造――書誌コントロール論序説――』（勁草書房、一九九八年）は、先の『電子図書館の神話』とともに刺激的な研究である。

註15◆『現代の図書館』第三六巻第四号（一九九八年一二月号）は、「図書館経営論の課題」という特集を組んでいる。そのうち、大学図書館を対象とした藤岡昭治「情報館の経営戦略――大学図書館における人の問題と今後の課題――」と細井孝雄「逐次刊行物業務のアウトソーシング――中央大学図書館の事例報告――」の二論文が二つとも外部委託の「成果」？を報告している。

註16◆『毎日新聞大阪本社版』一九九九年四月二二日。毎日新聞の記事によると、文部省に報告されている今春（一九九九年）の大学入試ミスは六件。関西大、同志社女子大、甲南大、桃山学院大、京都大、群馬大。合否判定ミスは昨年まで二年間、一件もなかったというが、ミスが表面化しなかっただけかもしれないという疑惑は残る。その後五月二〇日に青山学院大も同様の入試ミスを公表した。『毎日新聞大阪本社版』一九九九年五月二一日。

註17◆大学図書館問題研究会。一九七〇年一〇月、「大学図書館の民主的な発展をめざして」、大学図書館員が中心になって東京で結成された。機関誌『大学の図書館』（一九八一年四月号の第一〇一号から『大学図書館問題研究会会報』を改題）は月刊で、二〇〇〇年五月現在、三一八号まで発行されている。

註18◆東京大学総合図書館職員組合有志「電算化は大学図書館をどのように変えたか」（『ず・ぼん』4号、ポット出版、一九九七年）。

補足◆この座談会は一九九九年六月に開かれた。内容は多岐にわたり長時間になった。その議論をもとに、あらためて東條が座談会形式に編集した。したがって文責は東條にある。数字等は座談会当時の資料に基づいたが、註の数字は二〇〇〇年五月現在とした。

◆附記

この座談会はじつは、架空のものである。何人かの知り合いの大学図書館員に話しを聞いたり、書かれたものを読んで私が座談会形式にまとめた。

これを載せた『グローバル化のなかの大学――根源からの問い――』（社会評論社）は、巨大情報システムを考える会編「変貌する大学」シリーズの最終巻5。このシリーズは、一九八三年に結成された学術情報システムを考える会を一九九〇年に引き継いだ巨大情報システムを考える会の主要メンバーが編集委員になり、一九九四年から二〇〇〇年にかけてほぼ年一冊、計五冊発行した。

私は編集委員ではなかったが、編集委員会には何度か参加し、協力した。当時の編集委員の問題意識は、総体としての大学を問う、学問を問う、というものであったと思う。ある意味では一九六〇年代末から七〇年代初頭の全共闘運動の焼き直し、ドン・キホーテ的行為であった。

だが当時は、学術情報システムの圧倒的な既成事実化ばかりでなく、文部省大学審議会主導の「改革」が徹底して推進されていた。

その要は、行政改革と自由競争主義の導入・強化であり、大学は、一八歳人口の減少と、その対策のための大学の「生き残り」を至上命令に、ひたすら国策に迎合する姿勢を取った。そのための大学組織の再編合理化は急速に進行しつつあった。

この「変貌する大学」全五冊を発行していた六年間は未だ「変貌する」途中期間であり、入学者の定員割れを起こしている大学はそれほど多くなかった。ところが今年（二〇〇八年）、入学定員を確保できなかった大学は二六六校、全体の四七・一パーセント。短期大学では二四三校、全体の六七・五パーセント。いずれも過去最高に上った。すべての点において大学間格差は広がり、大都市大手私大と地方の小規模私大とに完全に二極分解してしまった。

そんななか大学図書館も確実に「変貌」した。国立情報学研究所の『ニュースレター』二五号（二〇〇八年一〇月三一日）によれば、この夏に総合目録データベース（NACSIS－CAT）の所蔵レコード件数が一億件を突破した、と記されていた。この論考の執筆時（一九九九年）には四千万件であり、発足から一四年を要したが、その後は順調に伸びていった。それ以外にも情報サービスの発展は目ざましく、私などどれ一つとして十分に使いこなせない。

だが一方、図書購入費は、国立大学では当時（一九九九年）の六一パーセント。私立大学では、八五パーセントに減額されている。学生数はその間一〇万人以上も増えている。これも「資源共有」の成果である、というべきなのか。さらに、図書館職員に関していえば、その半数以上が臨時、非常勤、派遣等の非正規職員で占められている。

いずれにしても、これが「生き残り」を懸け、国策に殉じた「成果」であり、その結末がはたしてあるのか、どうなのか、それすらもわからない。

四国学院短期大学の試み

お年寄りとともに

『短期大学図書館研究』第22号、二〇〇二年六月

◆はじめに

短期大学の停滞が叫ばれて久しい。「もう短大の役目は終わった」とか、「短大に行ってもいい就職などできない」とか、もっとひどいのになると「いまの短大生は『バカ』だから、ファッションとグルメとセックスにしか興味がないよ」なんていう声も聞こえてくる。

じっさい、一九九五年に、短期大学への入学者の大半を占める女子の進学率が四年制大学へのそれを下回って以来、その傾向は現在も続いている。一九七〇年代から一九八〇年代には、女子の短大への進学率は四年制大学の二倍もあったにもかかわらず、である。女子の四年制大学志向が強まるなかで当然、短期大学は何らかの改革が要請されてきた。

たとえば、一九八九年から一九九八年の一〇年間で、校名を変更した私立短期大学は五三校にもなる。この数は全国の私立短期大学の一割以上である。校名変更にはもちろん、イメージの刷新もあるが、より重要なのは中身の改革、充実である。

日本私立短期大学協会がまとめた『短期大学二一世紀へ向けて——私立短期大学白書一九九八——』（日本私立短期大学協会、一九九八年）は、短期大学の目指す方向性を以下のように位置付けている。

「個性的な大学づくり、教育の質の向上、さらには生涯学習社会を見据えた高等教育のファーストステージとしての展開」などである。

この白書は、「学ぶ意欲をもった人々の層が広がり、人生における学習スタイルが多様化するにつれて、地域に密着し、柔軟性・機動性に富み、短期集中型の教育に関する膨大な蓄積をもった短期大学の役割は、いよいよ大きくなっていくだろう」と結んでいるが、はたしてそのようにうまくいくのだろうか。

リクルートがまとめた大学・短大の入試状況データによれば、志願者の「短大減少幅はやや縮小」と記されているが、依然として状況は厳しい。短大の定員割れ校数は一五六校。全体の三〇・七パーセントであるが、非公開校が一六九校、三三・三パーセントもあり、そのほとんど定員割れだと考えられるので、それを加えると短大全体の定員割れ校は、約六四パーセントにものぼる。私立短期大学だけみるとさらにその割合は高く、七〇パーセントにもなる。

とはいえ、当事者としては、どこも定員割れだから仕方がない、なんてノンキなことはいっていられない。以下小論では、四国学院短期大学の改革の試みと、それへの図書館のささやかな関わりの報告である。未だ、始めたばかりであり、試行錯誤の積み重ねが必要だと考えられるが、この報告が何らかの参考になれば幸いである。

◆伝統が「改革」を遅らせた？

四国学院は今年（二〇〇二年）で創立五三年を迎える。四国学院短期大学としては、一九五九年四月の創立なので四四年になる。前身は、男子のための四年制のリベラル・アーツ・カレッジ四国基督教学園。一九六二年四月には、四国学院大学も開学し、現在は、文学部（英文学科、人文学科、教育学科）と社会学部（社会福祉学科、応用社会学科）の二学部、大学院修士課程（社会福祉学専攻、社会学専攻、比較言語学専攻）と短期大学英語科を持つ学院になっている。学生数は約二四〇〇名。

前身を四国基督教学園と名乗ったように、四国学院は、一九四九年に米国南長老教会（現長老教会）の宣教師と日本人キリスト者によって、香川県善通寺市に福音主義キリスト教信仰に立つ高等教育機関として設立された。学則第一条には、「四国学院大学および四国学院短期大学は旧新約聖書に示されたキリストの教えの基礎の上に立って人としての教養を身につけ、学問の真理を探究し、神と人とに奉仕する人材の育成を目的とする」とあり、一九九一年に制定された「四国学院建学憲章」には、「本学院の教育は、地域社会と国際社会のさまざまな分野で神と隣人に仕え、正義と平和を希求する良き市民として、未来を創造することのできる有為な人材の育成に努める」ともある。

さて、四国学院短期大学である。大学、なかでも短期大学の危機が叫ばれて久しいが、本学でも例外ではない。学生数は、一九九三年をピークに漸減し、一九九六年には定員（一学年九〇名）を割り、二〇〇一年には、私学助成金の対象範囲である定員の半数をかろうじて確保するに留まっている。

さきにも述べたように、短期大学は、ここ数年間、少子化、女子の四年制大学志向、高等教育の大衆化という大きな環境変化のなかにあって、生き残りのため大胆な改革を断行してきた。その試みが必ずしもすべて成功しているわけではないが、確実に成果をあげつつあるものもある。

四国学院短期大学の場合、いろんな事情で「改革」に手を着けたのが遅く、きっちりと整備されたものでもない。したがって確実に成果をあげているとはいい難く、未だ発表するには時期尚早かもしれないが、とにかく

「改革」への試みの一端を紹介したい。

四国学院短期大学は定員一学年九〇名。設立時は基督教科と英語科とで発足したが、一九六二年の四年制大学の開学に伴い、基督教科は四年制に移行し、英語科だけが残り、現在に至っている。英語科はだから、四国内でももっとも古く、いわゆる伝統もあるということから、四年制の大学に英文学科や他の学科が設立されてもずっと「英語の四国学院」と呼ばれていた。米国人教員も多く、卒業生も英語を生かして各界で活躍していることから、そう呼ばれていたと思われるのであるが、そのことが逆に、大胆な「改革」を躊躇させる結果になっているともいえる。

じっさい、「英語科」という名称が志願者減の原因の一つになっているという声を学内外から聞くこともある。とはいえ、英語の需要が減ったわけでも、なくなったわけでもない。まちの英会話学校や英語塾は各地に増えているし、インターネットの普及や海外（とくに英語圏）留学、海外旅行熱は、不況下でも衰えていない。四国学院短期大学の二〇〇二年度入学案内『IT'S MY STILE ——730day's パワー全開でいこう!!——』でも当然とはいえ「英語」が前面に押し出されている。

「英語で未来とコミュニケーション」というところには以下のように記されている。

「英語で会話を交わしてみたい。一人で海外を旅したり、留学してみたい。あるいは、電子メールを交換する海外の友人がほしい。たとえ小さな希望でも英語への想いがあれば、あとはあなたの努力次第、必ず夢はかなうはずです。（中略）本学で二年間を過ごしたとき、素晴らしい思い出とともに優れた英語のコミュニケーション力を身につけている自分自身を発見することでしょう」。

自分の勤務する大学の「入学案内」ながら、思わず「ホントかな?」と思ってしまうが、「あとはあなたの努力次第」といわれたら、「ま、そら、おっしゃるとおりです」といわざるを得ない。

とにかく、英語科なので、「英語」を強調するのは当然であるが、それだけではいかにも芸がない。そこで、一九九八年度から、もう一つのカリキュラムの柱として「プラクティカム」という講座を設けている。

「入学案内」によれば、「プラクティカム(PRACTICUM)」とは以下のように定義されている。

「米大学における実習科目。教育実習などの専門的訓練の課程で、上級学年の学生が履修する。四国学院短期大学においては、実践学習のテーマの設定・方法の確立・実践を、担当教員の指導のもとに行うことにより、「大学で学ぶ」ことの本源に立ち戻り、真の人間力を身につけることを目的とした実践学習プログラムをプラクティカムという」。

この定義だけではもう一つよくわからないが、「入学案内」にはさらに次のように記されている。

「私たちがめざしているのは、コミュニケーション・アーティストの育成です。豊かな教養と語学力、そして何よりも豊かな人間性によって培われた広い意味でのコミュニケーション力で、これからの国際化社会の中で自由に活躍できる人間。(中略)こうした人材の育成にとって、もっとも基礎的な要素である「自主性」「実践力の要請」「社会性の養成」を目標に、実践体験学習プログラム=プラクティカムを導入します」。

要するに、以前なら学生がクラブやサークルなどで自由に自分たちで活動していた内容をカリキュラムのなかに繰り込んだのである。今まで、学内の空き地を耕し、無農薬野菜を育てるゲリラ農耕、アフリカでドラムを習ったメンバーを中心としたバンドの結成、草木染めと織物実践、海岸のゴミ問題の実態調査、バリ島の舞踏についての考察などを実践し、学生たちの評判もよく、一定の成果をあげてきた。

◆地域（善通寺市）への積極的な関わり

このような試みは、やがて学生のまちづくり活動への参加に発展していった。キャンパスが善通寺市街の中心地にあるにもかかわらず、市民と大学との交流はそれほど活発ではなかった。市民講座やメサイア演奏会、後に述べる大学図書館の開放など、個々の取り組みは以前から試みられていたが、学生が直接、市民と交流する機会は秋の学園祭ぐらいでほとんどなかった。

これでは先に触れた「建学憲章」の「地域社会と国際社会のさまざまな分野で神と隣人に仕え」という精神にも反する。そのような事情もあって、四国学院短期大学は「地域に寄与するコミュニティ・カレッジ」を目指し始めたのである。

その一つが、一九九九年度入学生から善通寺のまちづくり機関「(株)まんでがん」[註◆1]の協力の下で、積極的にまちづくりに参加すること、それを必修科目のプラクティカムに加えたことである。

具体的には、まちづくり新聞「まんでがん元気新聞」の編集。JR善通寺駅前の再開発地域の一部に花壇をつくる。学生がパソコン講師となって小学校のパソコンクラブの生徒や五五歳以上を対象とした「暑中見舞い」づくりのパソコン教室を市内で開く、などであるが、いずれも地元の企業や商店が協力してくれている。

もう一つは、二〇〇一年度から始めた企画で、市役所の高齢者課と協力しての善通寺市老人クラブ連合会との交流で、お年寄りと学生がお互いの得意分野を教え合うのが目的。

最初に取り組んだのがパソコン教室で、学生が先生役となって、自分たちで作ったテキストをもとにパソコンの初歩的な使い方からはじめ、三日間でインターネットでの温泉のホームページを探しあてるのを目標とした。

次回には、今度はお年寄りが先生役になって、海外留学を予定している学生に華道や茶道を指導した。

この企画の目的は、お年寄りと学生の交流という世代の違いを越えたコミュニケーションのあり方を養うと同時に、お年寄りに気楽に大学キャンパスに来ていただくことを目指したものである。

四国学院短期大学では、学生確保という経営的理由もあり、二〇〇二年度から五〇歳以上の人には入学検定料が免除、入学金も三〇パーセント減額。六〇歳以上では入学金が八〇パーセント減額という優遇制度をとる予定になっている。その広報のためにも、高齢者の方々にいろんな機会を通してキャンパスを体験して欲しいという大学側の意図もあることは否定できない。

同じく、二〇〇二年度からは、大学とも共同で、善通寺市の市長や各部課長が実際の市政を題材に講義する「善通寺学」の講座を発足させることも決定した。

内容は、市の新総合計画やまちづくり、税の仕組み、環境施策、古代文化、救急処置法など市政の幅広いテーマを担当の部課長が講義する。市長にも「私の自治体経営論」、「緊急時に人を動かし、組織を救うリーダーシップの発揮」と題して教壇に立ってもらう。講義資料は市が作成し、講師料は無料。成績の評価は大学側が行い、リポートや出席状況などで前後期各二単位を認めるというもの。この授業は市民にも無料開放されることになっている。

◆図書館の市民開放

このような短期大学の改革への試みに当然、図書館も無縁ではいられない。当初、短期大学のプラクティカム担当教員から要請されたのは、お年寄りの大学図書館見学の便宜をはかって欲しいというものであった。

じつは四国学院大学・短期大学図書館の市民開放はずっと以前から実施しているので、開館時はいつでも来てもらえば、自由に閲覧も貸出しもできるのだが、じっさいには十分知られていない。

図書館が隣接地の市民会館の三階にある善通寺市立図書館と協定を結んで正式に市民開放を実施したのは一九八三年一〇月。当時は大学図書館の市民開放は現在ほど活発ではなく、新聞の投書欄などで大学図書館の閉鎖性が議論されはじめていた頃であった。正式な開放の経緯については以前に別のところで詳しく書いたので(「大学図書館の開放を考える」095ページ参照)、そちらの方を見ていただきたいが、当時、地元のマスコミなどではかなり大きく取り上げられた。地元紙の四国新聞は、「大学と市提携へ、資金ゼロで膨大な図書」という見出しで次のように書いた。

「今回の提携は、大学側の若い司書たちの熱意によって始められた。一〇万冊近い図書を一挙に増やすには巨額の資金が必要だが、この提携で市民は資金ゼロで膨大な図書を利用できることになる。熱意が図書館を囲んでいた壁を取り払ったわけだ」。

反応はあり、一般市民の利用はかなり増えた。まだ市民開放していない大学図書館やこれから開放を考えている大学図書館からも何件か問い合わせが来た。その後一九八五年には国立大学図書館協議会が「大学図書館の公開に関する調査研究班」を発足させ、「国立大学図書館における公開サービスに関する当面の方策――大学図書館の公開に関する調査研究報告――」『大学図書館研究』（第二九号、一九八六年）を出し、この調査をもとに文部省（現文部科学省）は、全国の大学事務局長会議の席上などで、「学外者の利用促進について配慮するように」と指導しはじめた。一九九二年七月には、学術審議会が「大学図書館の開放という、新しいニーズに対応できるサービス機能について検討を」という答申を文部省に提出した。

このような文部省の指導もあって、徐々にではあるが大学図書館の市民開放は広がりつつあるが、それでも本学のように貸出しも含めて学生と同じ条件で開放を認めている大学はまだそれほど多くない。

この好条件をもっとPRして市民に知ってもらい、利用を促進することは図書館としても異議はない。一九八三年以降、市民開放は定着し、恒常的に利用されてはいるが、大学図書館が市民に開放されている事実を知らない人も多い。じっさい、今回のお年寄りを対象とした図書館の説明会でも図書館が市民に開放されていることを知らない人が過半数を占めた。

参加したお年寄りは、市内の老人クラブのメンバー四〇人。年齢は六〇歳から八五歳。九〇分間を三つに分け、最初の三〇分を図書館のオリエンテーション。次の四五分で図書館見学、後の一五分で質問とまとめ。そして全員に図書館登録をしていただいて、今後自由にいつでも図書館を利用してもらうかたちにした。

結果は好評であった。かんたんなアンケートに応えてもらったが、ほとんどの方が専門書の多さと大学図書館の雰囲気に好意を持ってくれ、今後も利用したいと書いてくれた。

じつは、一九八三年の善通寺市立図書館との提携以来、学外者の利用登録の統計をとっている。その年齢別利用をみると、二〇代が六〇パーセント。三〇代が二一パーセントであり、六〇代七〇代を合わせても四パーセントしかいなかった。いくら大学図書館が市民開放をうたっても、高齢者、お年寄りにとっては、大学はまだまだ敷居の高いところだったのである。

じっさい今回の老人クラブ対象の図書館オリエンテーションも、従来敷居が高いとお年寄りには思われていた大学を気楽に体験してもらうという試みで、「ホーム・キャンパス事業」と名付けられている。よく卒業生が出身校に戻って何かの行事に参加する日を「ホーム・カムイング・デー」といわれるが、これに倣ったものである。せっかく大学のある市内にずっと暮らしているのだから、母校のつもりでいつでも大学に足を運んで欲しいという大学側の願いである。

いうまでもないが、図書館は日常的な施設である。公共図書館の発展が「いつでも、どこでも、だれでも」という視点に支えられたように、住民が日々ふつうに気楽に利用できてこそ価値がある。大学に気楽に来て欲しいといっても、目的もなしに大学に行くのは関係者以外、なかなか難しい。そんなとき図書館が開放されていれば、大学に行きやすい。別に専門書を求めなくても図書館には、新聞もあれば雑誌もある。市立図書館にはもうないようなむかしの本もある。アンケートには、「むかし読んで感動した本に出会えて嬉しかった」というような感想を書かれた方もおられたのだ。構えずに、ちょっと暇だったり、思いついたら図書館を覗いて欲しい。

◆おわりに

以上のように、短期大学による新たな試みに図書館もささやかな協力をしたのだが、今後の問題点も多い。

アンケートにもあったが、車で来られる方の駐車場の問題である。大学には、三階建の大きな駐車場があるが、現在、教職員と学生用で、一般の方にはとくべつな行事のあるとき以外は駐車を認めていない。これを緩和することである。図書館の登録証を持っていれば、年間駐車券を教職員並の駐車料で配布することはそんなに難しいことではない。近いうちに実現したいと思う。

次に、図書館の開放日と開館時間である。現在のところ講義のない土日は閉館。閉館時間は午後五時か六時、試験期間中七時までとなっている。もう少し長い開館時間を、という声は当然ある。ただこの問題は労働条件、経費などいろんな条件を解決しなければならず、駐車場よりは難しいと思われる。

いずれにしても、これから大学内外を含めて、調整や解決しなければならない問題は多い。幸い、昨年(二〇〇一年)秋の理事会で図書館の増設が決定した。増設とはいえ、現図書館の書庫だけは活用するというもので、実質は新設である。審査委員長に図書館建設の第一人者、鬼頭《きとう》梓《あずさ》先生を迎え、プロポーザル方式の設計者選定を行い、現在、基本設計に取りかかっている。遅くても来年(二〇〇三年)度末には新図書館が完成する。

この新図書館の完成が少しでも四国学院短期大学の活性化に役立てばと願っている。


註1◆「まんでがん」とは讃岐方言で、「まるで」「すべて」「全部」という意味。

◆主な参考文献

『短期大学いまと未来―私立短期大学白書一九九五―』(日本私立短期大学協会、一九九五年)
『短期大学二一世紀へ向けて―私立短期大学白書一九九八―』(日本私立短期大学協会、一九九八年)
『日本私立短期大学協会五〇年史』(日本私立短期大学協会、二〇〇〇年)
松井真知子『短大はどこへ行く―ジェンダーと教育―』(勁草書房、一九九七年)
東條文規「四国学院大学図書館での経験を通して」(『ず・ぼん』4号、ポット出版、一九九七年)
『カレッジマネジメント』第一一〇号、二〇〇一年九月号(リクルート)

◆附記

この小論を書いた四年後、二〇〇六年三月に四国学院短期大学は閉学し、四年制の大学だけになった。

ここにも書いたように、短期大学への進学希望者は年々減少を続け、現在もその流れは止まらない。香川県下の短期大学のうち、三豊市にある瀬戸内短期大学が二〇〇九年度から新入生の募集を停止したので、県下の短大はもうすぐ二校になる。最盛期には、四年制大学に併設の短期大学部も加えると、国公私合わせて八校もあった。全国でも一九九六年の五九八校をピークに現在（二〇〇八年）は四一七校に減少している。

私がこの小論を書いた時期、すでに理事会などでは短期大学の廃止を検討していることを漏れ聞くこともあったが、もともと大学経営に関心はなかったし、もちろんそれを考える地位に就いてもいない。私個人は、短期大学の意味は十分にあると今も思っているが、図書館として協力できるのはここに書いたことぐらいしか思いつかない。

それよりこの当時、せっかく決まった新図書館の建設が理事会内のよくあるゴタゴタで白紙撤回されたことの方が私には重大だった。その後、ゴタゴタは組合内にも及び、組合員の脱退、理事会による組合執行部の処分と続き、現在も解雇を含む処分撤回の裁判が継続されている（二〇〇九年一月和解が成立した）。

私は、組合結成時の一員でもあり、理事会と対立する立場にあったが、新図書館はなんとか当初の構想に近いかたちで完成した。ただ完成時（二〇〇六年一〇月）には、短期大学はすでに閉学しており、短大生に新図書館を利用してもらえなかったのは心残りである。

もう一つ心残りといえば、私立短期大学図書館協議会を退会しなければならなかったことが挙げられる。この協議会には、創立当初から加盟していたが、二〇〇二年度と二〇〇三年度に、四国学院短期大学図書館が中国・四国地区の会長校になった。その間、中・四国だけではなく、全国の短大図書館員といろんな行事を通して知り合いになれた。

四年制大学と併設の短大はともかく、独立した短大だけの図書館の館員がいかに困難な条件のなかで学生サービスをしているのか、この二年間であらためて知った。多くても正職員三～四名、なかには一名というところも少なくなかった。年一回の研修会への出席もままならず、わずかな資料費での運営を余儀なくされている図書館員（多くは女性だった）たちはそれでも元気だった。今も彼女たちの健気で真摯なすがたを思い出す。

同じとき、この協議会の会長だった竹内紀吉氏、それに協議会の創立二五周年記念に四国学院で講演していただいた建築家の鬼頭梓氏のお二人も忘れることができない。竹内氏は二〇〇五年八月、鬼頭氏は二〇〇八年八月、ともに鬼籍に入られた。竹内氏とは、この協議会が縁で何度もご一緒した。『ず・ぼん』（ポット出版）の原稿もお願いし、快諾されていたが、急逝された。まだ六五歳の若さだった。

鬼頭氏とは新図書館建築にあたり、設計者、施工者選定の委員長になっていただいた。さらに、二五周年記念の講演「建築家になるまで――戦時下の青春を中心にして――」でのお話しには感銘をうけた。このご講演は『青年期をどう生きたか……一冊の本との出会い……』（私立短期大学図書館協議会、二〇〇五年）に収録されている。

図書館の自由とは何か

「自由宣言」三十年の歴史◉

「学術情報システムを考える会研究合宿報告」一九八五年七月

◆はじめに

情報化社会とよばれる今日、図書館は、その性質上、重要な位置を担わされるようになってきました。このことは、ぼくの図書館のイメージからすれば、必ずしも全面的に歓迎すべきものではないのですが、社会的には、ひと昔以前のように、あってもなくてもよいというようなものではなく、一定の役割をはたさなければならないものになってきました。

それに伴って、いわゆる「図書館の自由」という問題も、それに抵触しかねない現象があちこちで出てきています。最近でも、去年（一九八四年）の品川区立図書館の民社党議員による蔵書リスト提出の問題、広島県立図書館における部落問題関係図書の破棄、千葉の学校図書館における県教委、校長による選書に対する圧力、これも昨年の『朝日ジャーナル』（一九八四年一〇月二六日号～一一月二三日号）に連載されたアメリカ合衆国のコミュニティでの学校図書館に対する地域住民の圧力――裁判といった問題、また同じアメリカでは、公共図書館の有料制論議（詳しくは川崎良孝「図書館サービスと有料制――有料制論議台頭の背景――」『図書館界』第三五巻第五～第六号、第三六巻第二号、第四号参照）や情報公開の問題も大きくいえば、「図書館の自由」にかかわる問題だと思います。

いま当面問題にしている学術情報システムと「図書館の自由」との関連については、すでに『社会評論』の第五〇号に「大学図書館はどうなるか——『学術情報システム』が投げかけるもの——」という論文を書きましたので、そちらの方を見ていただければよいのですが、ひと言でいうなら、「自由宣言」や「倫理綱領」の精神とは相容れないものだということです。たとえば、「資源共有」の理念がわずか一六万人の専門研究者、それも国家が認めた人にしか利用できないとか、課金制とか、研究者の「研究の自由」に対する事実上の圧力とか、いろいろあるのですが、今日は、直接そのことを問題にしようとは思いません。また、「自由宣言」や「倫理綱領」に即した学術情報システムが可能なのか、という議論もあるわけですが、そもそも、このようないわば「民主的」な規範を無視したところから出発しているのが、学術情報システムの構想なわけで、これを、真に「国民のための学術情報システム」に変えていくということは原理的に無理だと考えます。

というのは、去年の『図書館雑誌』の四月号で、この「自由宣言」と関連させて書いたぼくの一文に対して、同じ号で上田修一という、推進派の人は、まったく「自由宣言」との関連の問題を避けているわけです。それから、『大学の図書館』という大学図書館問題研究会（ぼくも会員の一人なのですが）の機関誌の去年の九月号で、鍵本芳雄という人が、ぼくの『図書館雑誌』の問題提起、つまり学術情報システムを「自由宣言」に関連させて批判するのは、「宣言」の立場として「迷惑至極」であると、いっているのです。それは、「自由宣言」は、到達目標であって次元の高いもの、それに対して、学術情報システム構想、たとえば「学術情報センターシステム開発調査概要、昭和〇〇年」のたぐいは、行政官僚的文書で次元の低いもの、したがって、高い次元の「宣言」から低い次元の「学術情報システム」を批判するのはおかしい、というよくわからない論理を開陳しています。けれども、「自由宣言」が憲法に則って作成されている以上、そして「自由宣言」は図書館界の憲法のようなものと思うのですが、その憲法に抵触しかねないので学術情報システムはトータルに批判されねばならないというのは当然で、憲法は次元が高いものだから、現実にそう際々持ち出すべきではない、などというのは、どこかの国の裁判官でも、自衛隊問題以外はあまりいわないものだと思うのですが、鍵本批判をするのも、今日の直接の目的でないので、これぐらいにしておきます。

さて、問題の「自由宣言」ですが、これを学術情報システム批判として使えるのかどうなのか、そしてもっと大きく「図書館の自由」とは、いったい何なのか、ということを、直接、学術情報システムとは関係ないかもしれませんが、考えてみる必要があると思います。今日は勉強会ということなので、一応「自由宣言」が生まれた過程、そしてそれ以後三〇年が経っているのですが、その間、どういう問題がこの「自由宣言」との関連で起こり、図書館界はどのように対応してきたのか、ということを押さえておきたいと思います。そして「自由宣言」がぼくたちのこれからの図書館活動に際してほんとうに批判の武器になるのか、それとも「自由宣言」をも批判していかなければならないのか、このような問題をみなさんと考えてみたいと思います。

ただ、ぼくの力量不足と時間があまりなかったことも影響して、日本図書館協会から出ている『図書館と自由』という小冊子、今まで六集まで出ているのですが、参考資料としてはこれが中心になっていることをおことわりしておかなければなりません。それから、『図書館年鑑』一九八四年版で「自由宣言成立三〇周年の特集」が組まれています。また『図書館界』の二〇〇号で、塩見昇氏は「図書館の自由」について、この一〇年間に起こった事件を網羅的にあつかっています。これらが、図書館の自由について考える場合、初歩的な参考文献だと思います。

◆『自由宣言』の成立

一九五四年の東京での全国図書館大会で「図書館の自由に関する宣言」が採択されました。これが出てきた直接の契機は、一九五二年の図書館大会で、「破防法」反対の決議をしようとする動きがあり、それに対して当時の日本図書館協会事務局長有山崧が「図書館の中立性」を主張しました。この時期は、朝鮮戦争下であり、いわゆる逆コースが進みはじめている時期でもあり、『図書館雑誌』誌上で活発な中立性論議が闘わされました。アメリカにならって「図書館憲章」を作成しようという気運が盛りあがっていました。

一九五四年の図書館大会直前の『図書館雑誌』（第四八巻第五号）に、有山崧は、「火中の栗をいかにすべきか」という一文を寄せて「図書館憲章」制定の予備工作（これは本人がそういっているのですが）をしています。この一文を読んでみますと、図書館界の力量と当時の状況を踏まえて、現在でも通用するようなかなり格調の高い文章になっています。ある意味では、本人もいうように、政治的な檄文なのですが、一方通行のマスコミの横行、民衆の民主主義意識の未熟さとが相まって、ともすると図書館が一方的立場の手先になる危険性を指摘しています。そして、資料収集の自由とその提供の自由とが中立性の内実をなすものであるとし、民衆が意思決定を自分自身でやり、世論形成に至るための必要な資料を収集し、提供するという謙虚な奉仕的立場に図書館は立つべきだと主張しています。しかし、一方では、図書館のもう一つの役目として、民衆を民主主義的に成熟させる啓蒙という視点（無血革命とまでいっています）を強調しています。そして「雉も鳴かずば射たれもすまい」という現実主義者に対しては、今、現在、図書館の中立性は侵されているのだ、図書館を押し流そうとしている勢力は、マスコミの力によって民衆を味方につけて、何ものをも征服する勢いをもっている。ここで図書館人の力は無力に等しいかもしれない、また秩序破壊行為と見なされるかもしれない、しかし、この対決なくして今日的な図書館活動はあり得ないとまでいい切っています。

この有山の「火中の栗をいかにすべきか」という一文は、現在の日本図書館協会の姿勢を思うとき、十分に検討し、評価する必要があるのではないかと思います。とくに、有山が当時、日本図書館協会の事務局長であったということを考えてみるならば、積極的に評価してもよいのではないかと思います。

そして、一九五四年の第八回図書館大会で、相当な議論の上で、一応「自由宣言」は採択されることになります。この成立までの議論を森耕一氏は「図書館の自由に関する宣言——成立までの経過——」（『図書館と自由』第一集）にまとめていますが、その中で次のようにいっています。

「ふりかえって考えてみると、中立性論争から図書館憲章、自由宣言にいたるまで、誌上（『図書館雑誌』の誌上のことですが——引用者）でみるかぎりでは抽象的な論議が多かったのであるが、そうかといって戦術論の必要を強調し慎重論に立つ、蒲池氏をはじめとする地方図書館員も、図書館の将来（がよくなるのかどうか）を府県・市の理事者との関係において憂慮しているのであり、図書館が存立する真の基盤を見出していなかった。あるいは見出していたとしても、そこに根づくことができないほど、当時の図書館活動がまだ貧困であったということであろう」といっています。

しかし、はたしてそうか、と考える必要があるのではないかと思います。森氏は、図書館活動の真の基盤を民衆——市民に求めるべきだといっていると思うのですが、その民衆自体が基本的人権としての「知る権利」、「知る自由」をもっているという認識に立っているのかということを、もう少し考えてみる必要があると思います。有山がいうように、民衆は白紙の状態ではなく、権力側のイデオロギー、情報攻勢にいつもさらされている、そして三〇年以上たった現在でも、当時以上にその色彩は濃いように思われます。もちろん、最終的には、民衆が図書館活動の真の基盤になることはいうまでもないのですが、森氏のような解釈だと当時図書館人が困難な状況のなかで、この「自由宣言」をまがりなりにも成立させたという意義を過小評価しているのではないかと思います。

ただ、中立性論議が抽象論的だというのはたしかなわけで、「破防法」に対する有山の主張に象徴されているように、図書館は一切の政治や思想から中立であるべきだ、民衆を信じてその判断に資するべき資料をできるだけ収集すべきだ、という考え方が基調になっています。だから、現実にその「中立性」が侵されたとき、「団結して自由を守る」といっても、現場で具体的にどうすべきなのかという視点が稀薄なことは、現在でも変りがありません。有山は、それを見越したように、次のようにいっています。「恐らく日本の民衆も、世界の民衆も、尚しばらくは、にがい経験をなめつつ鍛えられて行くのであろう」（『図書館雑誌』第四六巻第七号）。

◆『自由宣言』は何度も再確認されたが……

さて、その後、この「自由宣言」と図書館活動の間にどういう問題が発生し、図書館界は、どういう方向をたどっていったのかということですが、『図書館年鑑』一九八四年版に、一九四五年から一九八三年までのこれと関連する年表が出ているので、これを見てもらえればよいのですが、一応かんたんに押さえておきたいと思います。

まず、一九五五年に慎重派が協会批判を行い、「自由宣言」の具体化、副文の論議が立ち消えになっています。一九五六年の図書館大会では、福島県図書館協会から「図書館資料選択・提供の自由を守るための図書館の態度について」という提案がなされ、この大会で「自由宣言」を再確認しています。これは、当時、福島県下で警察官が公民館や図書館の職員に対して「これこれの本を買ったであろう」と聞き出したという事例があったということです。一九五九年には、文部省の社会教育審議会の図書選定に反対する声明を出そうという動きがあったのですが、結局、声明は出さす、消極的な態度に終始し、また「自由宣言」を再確認するということに留まっています。この時、日本書籍出版協会は反対声明を出しています。

一九六〇年の安保に際しても、有山崧は「図書館は何をするところか」(『図書館雑誌』第五四巻第九号および第五五巻第一号)という文章で「自由宣言」の精神を中立性において捉え、大衆自らが決定を下すべきであり、図書館はそのためのあらゆる資料を提供すべきだというインフォメーションセンターとしての役割を強調しています。けれども、単にそれだけいっているのではなくて、先にも触れたように、大衆が自主的自覚的判断をするように図書館は援助しなければならないという、いわば啓蒙的立場としての図書館の役割を一方では強調しています。また、当時、武蔵野市立図書館長であった佐藤忠恕氏(この人は「自由宣言」の起草者の一人ですが)は、「中立性はいかにあるべきかではなく、侵されている中立性に対して、いかに抵抗するか、抵抗なくして中立性を維持することは与えられた現実においては不可能ではなかろうか」(『図書館雑誌』第五五巻第四号)というように、より積極的な立場を表明しています。そして、図書館員が自費参加するような全国図書館研究大会のようなものの必要性を説いています。

それから、一九六三年に「中小都市における公共図書館の運営」=「中小レポート」が出まして、これに「図書館の自由」が図書館サービスの基本的理念でなければならないということが明確にされています。

◆羽仁五郎問題は日図協の体質を象徴している

ところで、一九六六年の図書館大会で、「羽仁五郎問題」というのが起きています。これは、日本図書館協会が出している自由に関する出版物でもほとんど触れられていないのですが、日本図書館協会の体質を見る上で象徴的な事件だと思われます。一九六六年の東京での図書館大会で、「現代社会は図書館に何を期待するか」というテーマで討論会を企画し、参加者は、伊藤整、坂西志保、大塚明郎、羽仁五郎、宮原誠一の五氏が予定されていたのですが、当日、羽仁五郎のかわりに蒲池正夫氏が出てきたのです。

この間の事情は、この討論会の司会者であった浪江虔氏が『図書館運動五十年——私立図書館に拠って——』(日本図書館協会、一九八一年)のなかで少し触れられているのですが、当時の日本図書館協会内の確約があるということで、はっきり言明されていません。が、どうも、文部省や東京都教育委員会の圧力を感じて、日本図書館協会が自己規制したらしいのです。ただ、この大会の最終日に、秋岡悟郎氏(この人は、東京の京橋図書館の館長を永く勤められた人で、当時七〇歳、反骨の人といわれた人です)がたいへん立派なことをいっています。ぼくは、これを読んで感動しました。

「文部省や東京都から金をもらわなきゃならないということ、権力とそれから金力のために協会が頭を下げて、そしてそういう人達の意思によって、協会がほんとうに自主的なそして自由な会合がスポイルされる、制限されるということは、図書館が自由を持たないということになる」。

「図書館の自由を守る宣言などという事をいう図書館が、今日のようなだらしのない状態——文部省にただ陳情とか、あるいは要望ばかりしても、それはちょっとも実行されないそれは何故かということを、私はこの大会に非常に強い反省を持ったわけです」(『図書館問題研究会会報』七九号、一九六六年)。

このように、強い口調で、図書館の自立性を訴えている。これは、図書館問題研究会の会報に載ったもので、

『図書館雑誌』には、この間の事情がまったく載っていません。その上、『図書館雑誌』には、三苫正勝《みとままさかつ》氏の「羽仁事件の真相と協会の見解を求める」という質問に対して、叶沢清介《かのうざわせいすけ》事務局長が羽仁五郎氏は病気で出席できなかったのだ、とウソをついている。ウソだということは、浪江虔氏が『図書館運動五十年』のなかで述べています。どうしようもない体質だといわなければなりません。実は、羽仁五郎氏は、この討論会で紀元節問題に触れようとしたらしいのですが、図書館に直接関係ないということで、日本図書館協会が自己規制的に降りてもらったというのが、どうも真相らしいのです。というのは、羽仁五郎の『図書館の論理――羽仁五郎の発言――』（日外アソシエーツ、一九八一年）のなかに入っている「紀元節と図書館」（これは、国会図書館職員組合主催の講演なのですが）のなかで、触れられています。

それで、「図書館の自由」を考える場合、「自由宣言」と並んでもう一つ、羽仁五郎の起草になる国立国会図書館法の前文の「真理がわれらを自由にする」という文句にも触れておかなければならないと思うのですが、もう少し、年表的に「自由宣言」の流れを見てみたいと思います。

◆山口県立図書館問題を契機に「自由宣言」は改訂されたが……

一九六五年以降、日野市立図書館を嚆矢《こうし》として、公共図書館は飛躍的な発展といわれるようになるのですが、自由の問題に関しても、現場でさまざまな問題が起こっています。なかでも、一九七三年に起こった山口県立図書館問題という、去年、広島県立図書館で起こった図書破棄事件とまったくといっていいほどよく似た事件があります。五四冊もの図書が「好ましくない本」として、段ボール箱に詰められて一般書架から消えていたのです。そして、それを行ったのが現場の図書館員であったということも、去年の広島県立図書館とまったく同じなのです。この時は、図書館問題研究会、大学図書館問題研究会主導で、図書館大会での決議要望を強く主張しましたが、日本図書館協会は、また「自由宣言」を確認するに留まり、消極的な態度に終始したのです。

ただ、この事件をきっかけとして、「図書館の自由に関する委員会」が一九七五年から研究団体として発足し、この会が中心となって、「自由宣言」の一九七九年改訂、副文の作成へと至ったことが、まあ成果といえば成果といえるわけです。が、去年の広島県立図書館問題に際して、大阪の図書館大会での日本図書館協会の対応をみていると、この時以上に、状況は悪くなっているのを感じます。それから、一九七三年のときの図書館問題研究会や大学図書館問題研究会の積極的な姿勢に比べて、今回の広島問題については、いまのところほとんど触れられていません。図書館問題研究会の今後に注目したいと思いますが、「部落解放同盟」を悪者にしたてかねない懸念があります。けれども、今度の広島では、内部からの再生の息吹があることが救いかもしれません。

ところで、一九七九年の「自由宣言」の改訂と一九五四年の「自由宣言」とを比較することは、たいへん興味深く、重要なテーマだと思います。けれども、一九五四年の「宣言」は、結局、副文は案として『図書館雑誌』に載っただけで、主文しかなかったわけです。だから、その副文案と七九年の副文とをひとつひとつ検討するということになると思うのですが、ぼくには、まだその準備ができていませんので、ここでは、かんたんに七九年改訂の「解説」でのべられていることをフォローするに留めます。

ふつう、改訂の要点は、塩見昇氏がいうように、第一に、図書館の自由の基盤を中立性においてではなく、憲法上の権利である表現の自由においたこと、第二に、利用者の秘密保持を主文にとり入れたこと、第三に、提供の自由が制限される条件を明示し、併せて保存の重要性をうたったことなどだと思います。（塩見昇「図書館の自由」『図書館界』第三六巻第五号、一九八五年）

それから、主語が図書館員から図書館という機関にかわっています。これは「解説」によると、「倫理綱領の案がすでにできていて、こちらの主語が図書館員であるということで、機関にしたということ、それと、国民の知る自由を保障するということは、単に図書館員個々人ではなく、図書館という機関が総体として取り組むべき重大事だということです。次に民衆ということばが国民ということばにかわっています。これは、憲法を土台にしたということだと思うのですが、ちょっと気にかかります。たしかに、外国人にも知る自由はあると副文にはあるのですが、主文だけ読んでみると、外国人はどうなのかという問題が残ります。

◆『真理がわれらを自由にする』はほんとうか？

さて、先ほど少し触れた国立国会図書館法の「真理がわれらを自由にする」という羽仁五郎起草の前文の評価の問題があります。それで、これを問題にする場合、二点あって、第一点は、「自由宣言」の七九年改訂時に、この前文の「真理がわれらを自由にする」という、この「自由」を「自由宣言」の趣旨に則って入れるというはなしがあったこと。第二に、この前文の趣旨によって、反戦・反安保の行動を起こした国立国会図書館員が存在したということです。まず、第二点の方から話しを始めます（記録として『十一・一六佐藤訪米阻止闘争と国立国会図書館』、『強権と退廃に抗して』、『〃たたかい〃を語りつぐために』の三冊の小冊子が国立国会図書館内の有志によって発行されている）。

一九六九年の一一月一六日の佐藤訪米阻止闘争で、海老沢さんという女性司書が逮捕され、刑事起訴休職処分になったという事件がありました。国立国会図書館開設以来はじめて、公平委員会が開かれ、羽仁五郎や吉川勇一氏ら訴求者側代理人の弁護にもかかわらず、休職処分が決定され、それに対して、また休職処分取消の裁判にも訴えたのですが、一九七六年に最高裁から上告棄却の通知を受け、失職しました。

海老沢さんは、佐藤訪米阻止闘争に参加した理由を、国立国会図書館が「真理がわれらを自由にする」という理念どおり運営されず、形骸化している、もしこの理念が実質的に機能しているならば、あえてデモに参加する必要もなかった、というふうに、現在の国立国会図書館の運営を批判の俎上にのせたのです。

国立国会図書館法の前文には次のようにうたわれています。

「国立国会図書館は、真理がわれらを自由にするという確信に立って、憲法の誓約する日本の民主化と世界平和とに寄与することを使命として、ここに設立される。」

これは、戦前、戦中、民衆に知る自由がなかったことが戦争を阻止できなかった大きな原因の一つであったという、その苦い経験が踏まえられているのであって、羽仁五郎的にいうなら、「日本の民主主義革命の結果として生まれた」ということです。

だから、第一に、憲法の保障する人民主権の確立に寄与すること。第二に、国会図書館法が同時に国の中央図書館の機能もはたすことによって、日本の図書館を文部省などの官僚主義の支配から解放し、図書館の自由な発展の方向を明らかにしていること。第三に、行政各省の図書館、司法つまり最高裁の図書館を支部図書館とすることで、あらゆる政府資料を人民主権の国会の手の届くところに置いたこと。これをうまく使えば、情報公開法などはあえていらない。すでに情報公開ということは支部図書館制度が先取りしているのだ、ということです（羽仁五郎『図書館の論理――羽仁五郎の発言――』参照）。

ただ、昨日の河村宏さんのお話しにもあったように、政府・自民党の文教委員たちは、国立図書館と国会図書館とを分離したいと思っていること。また、せっかくの支部図書館には、各省内の重要資料はほとんど納本されず、別に非公開の資料室をもっているという事実に、この極めて民主主義の理想形態に近い制度が形骸化していることは、海老沢さんのいうとおりだと思います。

そして、さらに図書館の中立性については、野党のための立法活動こそが中立性の内実なのだ、また、検閲につながるので、納本の強制はしない。出版者が自発的に中央図書館への納本を一〇〇パーセントにする必要を実感し、実現すればよい、そしてまた図書館員は進歩的であらねばならないし、思想をもつべきなのだ、海老沢さんの行為は、この前文を起草したものとして、たいへんうれしく思う。羽仁五郎は、このようにいっているのです。ここには、羽仁特有のロマンチシズムがあることは確かなのですが、「図書館の自由」を考える場合、この羽仁の見解は避けてとおることはできないと思います。

◆『図書館の自由』の内実とは

ところで、この「真理がわれらを自由にするという問題に関連して、山下信庸という人が『図書館の自由と中立性』（自費出版、一九八三年）という本を書いています。この人は、どちらかといえば、保守的な人なのですが、海老沢さんの事件の公平委員会で、図書館側の委員として出席し、休職処分は、規則に則して発せられたので妥当だが、保釈になった時点で、復職させてもよいとした人です。

山下氏は、「図書館の自由」は中立性こそが最も重要な要素であるといっています。つまり、「図書館の自由」は、図書館に加えられる外圧を退けるための抵抗原理として取りあげられるのであるが、「この場合抵抗は、図書館が外圧を受ける以前の状態に戻ればよいというのが本来の目的であって、それ以上に、外圧の動機となっている思想そのものを完全に抹殺するところまで求めることは、自由の主張の行き過ぎであり、却って図書館の中立性を崩す結果をもたらすと思われる」といっています。

もう一つ、「図書館の自由」は「図書館員の自由」と混同されることが問題だといっています。「図書館の自由」とは、「図書館がその本質である中立性を守るために必要な権利であり、表現者の表現の自由、出版の自由およびそれらの資料の利用を欲する人々の見る自由、聞く自由、知る自由を守るために必要な権利である」といっています。そして、資料選択の自由について触れて、最も重要な判定要因は、その資料が自館の目的、必要に適合するか否かという主観的問題が第一義的であり、資料価値の客観的要因は第二次的だという、だから個々の図書館ではなく、各種図書館の協力で中立性や自由を主張すべきだといっています。

このような見解から、山下氏は、前文の「真理がわれらを自由にする」の「自由」と「自由宣言」の「自由」とは次元が異なる、むしろ、自由がわれらを真理に近づけるのだ、といっています。つまり、真理が宗教的真理のように（この前文はヨハネ福音書のことばからとられた——羽仁五郎は、必ずしも聖書の意味からこれらを前文にかかげたのではないが）、はじめからあるのではないということをいっているのです。これは、解釈としては、基本的に正しいと思います。ただ、山下氏のような「自由」、「中立性」の捉え方は、静態的であり、現場での図書館活動のダイナミズムのなかでどれだけ有効な指針になり得るかは問題です。

この点、山下氏がいうように、外圧に抗して、断固として図書館の中立性を守るためには、図書館員に自由がなければならないと考えます。図書館員が自由になる、図書館員が自由を求めるということは、図書館の職制というヒエラルキーを批判していくことが、ぼくは「図書館の自由」に連なると思うのですが、まだよく整理できていません。

それで、海老沢さんの事件に関連していいますと、山下氏が、彼女は「図書館の自由」と「図書館員の自由」とを混同している、といっていることには疑問をもちます。というのは、海老沢さんが、反戦・反安保、佐藤訪米阻止に反対する資料は収集すべきでない、つまり、自分の思想に反する資料は収集すべきでないといったことはないし、ましてそのような行動も図書館内で起こしていないのですから、海老沢さんの存在が「図書館の自由」を侵したとは考えられません。山下氏は、「図書館の中立性」と「図書館員の中立性」とを混同し、図書館員は思想的にも中立でなければならないと考えているように思います。

それで、先にいった、七九年改訂で「真理がわれらを自由にする」という「自由」を入れなかったという問題は、山下氏のように考えるならば、そのとおりだと思いますが、まだ微妙な問題だと思います。ただ、山下氏が「中立性」という言葉が七九年改訂の「自由宣言」でなくなった（厳密には五四年の「自由宣言」の副文は案だけで、案のなかに「中立性」という言葉が使われている）ということに対して、大衆化社会の現在、利用者の「知的自由」に迎合するあまり、本来の表現の自由を守ることが稀薄になり、中立性の立場に破綻を生じることになれば、「図書館の自由」の理論的根拠は崩壊するといっていることは傾聴に値すると思います。

この問題は、利用者一般の要求をすべて受け入れるという、そのためには、当然、利用者の多くは白紙の状態ではないので、ヘタをするとどこの図書館も金太郎アメ的なものになる。そして、利用者のためという効率論、合理論一辺倒になる危険性を思うとき、もっと議論してもよい問題提起だと思います。つまり、ここには、この二〇年間、図書館運動の理念になってきたいわゆる「市民の図書館」というものを図書館とは何かを考えることから、もう一度捉えかえす必要があるのではないかという視座がうかがえます。

以上、あまりまとまりのないはなしになりましたが、一九五四年以降の「図書館の自由」の問題について、一応触れてきました。ぼく自身の見解は、はっきり言明しえるほど煮つまっているわけではないし、まだまだ勉強しなければならない点も多いのですが、「図書館の自由」は、「図書館員の自由」があってこそ、十分に機能するものであると考えます。したがって、現在のように、公共図書館も大学図書館も職制としてヒエラルキーが存在しているところでは、本質的な意味で「図書館の自由」はないといえると思います。だからこそ、「図書館員の自由」を求めることが「図書館の自由」を獲得する方向だと思えるのですが、この辺のところをみなさんといっしょに考えてみたいと思います。

◆附記

一九八五年一月六日に東京の早稲田奉仕園で開かれた学術情報システムを考える会の研究合宿で話した記録である。

「学術情報システムを考える会」は、一九八三年一一月、関西の大学図書館員を中心に結成された。文部省の推進する学術情報システムをめぐって、大学図書館問題研究会（大図研）の会報（一九八二年四月から『大学の図書館』に改題）誌上で論争があり、次第に大図研が学術情報システムを「研究者に便利」という視点から肯定していくなかで、はっきりと反学情の立場をとった。

当時、上からの有無をいわせない機械化で現場の大学図書館は混乱していた。とくに学術情報システムの拠点校に選ばれた国立大学図書館の現場の混乱は、労働強化と目録システムの不備、臨時職員問題等で殺伐とした雰囲気になっていた。

私が勤務する小さな地方の私立大学図書館では、まだ「学情」の波は押し寄せていなかったが、国立大学と合同の研究会などのテーマは「学情一色」という感じだった。

機関誌『学術情報システムを考える会・会報』は、一九八四年八月の第一号から一九九〇年一月の第二四号まで不定期で刊行されたが、当初の内容を見ると、東京大学、東京工業大学、大阪大学などの国立大学図書館職員の現場報告や労働組合の声明、学生からの声などとともに集会や勉強会の案内、報告が毎号掲載され、運動側の熱気が伝わってくる。

ただ、論点が国家の科学技術政策批判から労働問題まで多岐に渡り、明らかに図書館問題の枠を越えている。むしろ総体としての大学批判という色彩が強く、一九六〇年代末から一九七〇年代の全共闘的問題意識がその運動の根底に流れているように見える。じっさいこの運動に参加した図書館員には大学、公共を問わず多かれ少なかれ大学闘争の体験者かその周辺をウロウロしていた人たちが何人もいた。

じつは私もその一人だったが、できるかぎり学情問題を「図書館の自由」の視点から論じたいと思っていた。大図研での会報や『図書館雑誌』への投稿もその視点から論じた。当時のコンピュータの技術的発達レベルでは、十分その価値はあったし、推進側の文部官僚の発言や論調が極めて居丈高で「何が何でもコンピュータ化」との主張が前面に押し出されていた。その上、『図書館雑誌』（第七八巻第四号、一九八四年四月号）で私の学情批判論文が政治的配慮としてしか考えられない不当な扱いを受けたこともあって、文部省、大図研（当時はまだ日本共産党系の人たちが幹部に何人もいた）、「考える会」と三つ巴の感情的な対立を起こしていた。

私としては、勝てるケンカとは思っていなかったが、「図書館の自由」を武器にした以上、その成立の歴史背景や図書館の歴史をもっと勉強しなければならないと考えていた。だから、この記録も直接、学術情報システム批判ではなく、「図書館の自由」の成立から、それ以降に起こった主な事例を対象とした。「反学情」の運動論として「図書館の自由」を対置することに限界を感じはじめていたが、この問題が近代の図書館の功罪を調べるきっかけになったことは確かだ。

国㊙で図書館もおかしくなる

●──『月刊地域闘争』一九八七年七月

◆国会図書館の出納台

国立国会図書館の中央出納台上に、「真理がわれらを自由にする」という文字が刻まれている。この文字は、創設に奔走した当時の参議院議員図書館運営委員長羽仁五郎の強い希望で入れられたという。国立国会図書館法の前文にも、次のように書かれている。

「国立国会図書館は、真理がわれらを自由にするという確信に立って、憲法の誓約する日本の民主化と世界平和とに寄与することを使命として、ここに設立される」。

羽仁によれば、この標語は、戦前・戦中の、国民に知る自由がなかった時代の苦い経験の反省のなかから生まれたものである。したがって、国立国会図書館は、第一に、憲法の保障する人民主権の確立に寄与すること。第二に、国会図書館が同時に国立中央図書館の機能をはたすことによって、日本の図書館を文部省などの官僚主義の支配から解放し、図書館の自由の発展の方向を明らかにしたこと。第三に、行政各省の図書館および司法の図書館を国立国会図書館の分館とすることによって、あらゆる政治資料を人民主権の国会の手のとどくところにおいたこと。この三点に羽仁は、国立国会図書館創設の革命的意義を認めている。

ここに、羽仁特有の希望の哲学ともよべるロマンティシズムを読みとるとしても、近代図書館の発展の方向性を指し示していることに誤りはないだろう。

◆図書館の「自由宣言」

さて、国家秘密法（一九八六年三月の修正案で「防衛秘密に係るスパイ行為等の防止に関する法律案」）である。この法案の「防衛秘密」の定義は、「防衛及び外交に関する別表に掲げる事項並びにこれらの事項に係る文書、図画または物件で、我が国の防衛上秘匿することを要し、かつ、公になっていないものをいう」。「文書、図画及び物件」が図書館に深くかかわることはいうまでもない。そもそも、この法律（案）自体が、近代法一般にあてはまる、権力の行使を制約するという性格とは逆に、権力の行使を放任するためにつくられた授権法なのである。羽仁でなくとも、国立国会図書館設立の理念とまったく相入れないのは当然といわねばなるまい。

図書館法第九条には、政府は広報類を二部、都道府県立図書館に提供することと、国と地方の諸機関は公共図書館の求めに応じて、資料の無償提供ができるという規定がある。国立国会図書館法でも、第二四条に、官庁出版物納入の義務が明記されている。けれども、現在、これらの官庁出版物の納入は、地方自治体のものを含めると約五割といわれ、年々、マル秘資料が増加し、納本は少なくなっているという。依然として官尊民卑の思想が強く、「知ること」に対する権利意識の弱いこの国で、国家秘密法がどのような役割をはたすかは、いうまでもないであろう。

さらに、図書館界には、一九五四年、全国図書館大会で採択された「図書館の自由に関する宣言」（一九七九年改正）がある。この「自由宣言」は、基本的人権の一つ、知る権利をもつ国民、地域住民に、資料と施設を提供することが図書館のもっとも重要な任務であるとの基本認識にたっている。主文の内容はこうだ。

第一　図書館は資料収集の自由を有する
第二　図書館は資料提供の自由を有する
第三　図書館は利用者の秘密を守る
第四　図書館はすべての検閲に反対する
図書館の自由が侵されるとき、われわれは団結してあくまで自由を守る。

◆戦前・戦中の苦い経験

ところで、この国の図書館史は、敗戦まで、「思想善導」の機関であることに終始した。一九三〇年代になると、それは一層強化され、検閲と統制制度の下で、もはや近代的な意味で図書館とよべるものではなくなった。そして、この「思想善導」と検閲と統制とは、国家からの強制もさることながら、図書館界自らが積極的に迎合、推進していったのである。この時代、図書館人が表だって抵抗したという記録はまったくといっていいほどない。

戦前の図書館記念日は、四月二日（現在は、一九五〇年四月三〇日に図書館法が成立したのを記念して四月三〇日）であった。これは、一九三一年四月二日に当時の帝国図書館長松本喜一が天皇に「御進講」を行ったことを記念したものである。この松本喜一は、同じ一九三一年に、道府県立図書館長と大きな市立図書館長会議を招集し、図書館の統制機関として、中央図書館制度の推進を文部大臣に建議している。

海外では、一九一〇年に、朝鮮で、民族的であるという理由で、歴史書、古典、初等・中等教科書など、おびただしい数の図書が押収、焚書された。その後も、東南アジア、中国などの図書館の蔵書が日本軍によって、甚大な被害を受けている。インドネシアの図書館では、日本軍占領時代の雑誌のバックナンバーが、いまだに欠けているという。日本軍がよく図書館に来て（読むためではなく）、薪木がわりに製本雑誌を燃やしたからだ。極めつけは、日本図書館協会が一九三五年、植民地化二五周年を記念して、第二九回全国図書館大会をソウル（当時京城）で開催したことである。朝鮮総督府図書館では、それを記念して館報『文献報国』を発行している。

このように、日本の図書館界では、戦前・戦中の国家秘密法的状況に対して、最低限の抵抗すらも放棄し、戦意昂揚の忠実な下僕として励んできたのである。そして戦後、このことに対する反省は、ほとんど図書館界内部からは出ていない。要するに、図書館の戦争責任について、正面きった議論が巻き起こったことは、いまだかつてないのである。

もし、羽仁五郎がいったように、戦前・戦中の苦い経験を踏まえて図書館人自らが戦後の図書館をつくっていたならば、国家秘密法に対して、もう少し毅然とした態度表明ができるはずではないだろうか。

◆自由宣言はどこへ

一昨年来の国家秘密法制定の動きに対して、図書館界で反対の声が上がらなかったわけではない。一九八六年一一月に東京で、児童図書館研究会、図書館問題研究会、大学図書館問題研究会の主催で「図書館も危ない！国家秘密法に反対する図書館関係者大集会」が開かれ、国家秘密法反対のアピールを採択しているし、今年（一九八七年）三月には、同じ東京で、国立国会図書館職員組合、東京大学総合図書館職員組合、東京都区職員労働組合教育庁支部日比谷分会、大阪府職員労働組合教育支部中之島・夕陽丘図書館分会の四者が呼びかけ人となって、「国家秘密法と図書館」をテーマに集会を開き、反対声明を発している。

『みんなの図書館』一九八五年九月号で波多野安子氏が、同一〇月号では菅原勲、田中隆子両氏が国家秘密法と図書館に言及しているし、日本図書館協会常務理事の森崎震二氏は、『専修大学社会科学研究所月報』の一九八六年四月号で「図書館と国家秘密法体制」について、その危険性を指摘してはいる。

けれども、図書館人の職能団体を標榜する日本図書館協会は、国家秘密法に対して、一片の声明すらも、いまだ発表していないのである。機関誌『図書館雑誌』は、一九八五年一二月号で法学者清水英夫氏の「国家秘密法の危険性」と一九八七年二月号で、同じ法学者堀部政男氏の「コンメンタール国家秘密法案」の二論文を掲載したに過ぎない。

一九八五年の仙台での第七一回図書館大会では、有志提案の「国家秘密法反対決議案」を討議することなく見送り、おまけに宮城県立図書館長からは、こんな「政治的」な決議をするなら「自主的に大会を開け」と脅迫まがいのことをいわれながら、反論もできないていたらくなのだ。先の「図書館も危ない！」集会に参加した酒川玲子日本図書館協会常務理事は、「今すぐ何か具体的な行動に移るということはなかなか難しいわけです」というような、責任放棄とでもいえる発言をしている。

いったい、自らが採択し、よりどころとしている「図書館の自由宣言」はどこに行ってしまったのだろうか。

◆「カッコイイ」名で表現統制

日本図書館協会のこのような姿勢は、しかし、理由のないことではないのである。この国の図書館界は、六〇年代から七〇年代半ばにかけて、高度成長期に、「市民の図書館」として、飛躍的な発展をみた。今まで市民にとってほとんど役にたたなかったものから、ある程度「役に立つ」ものへと変化した。それは、ひと口でいうなら、「保存」から「利用」へといいかえてもよい。そして、今もその延長線上にあることにかわりはない。

しかし、臨調＝行革下、国鉄解体に象徴されるように、合理化は一定の国民的コンセンサスを得て、至上命令になっている。とはいえ、図書館はその性質上、ある水準の予算と人を確保しなければ、「利用」を満足させることはできない。つまり、「合理化」と「利用」のあいだで図書館はディレンマに立たされているのである。ここに出てきたのがコンピュータを駆使する図書館のネットワーク化である。

昨年（一九八六年）、皇太子夫妻まで招請して、図書館界が躍起になって「成功」をデッチ上げた国際図書館連盟東京大会（IFLA）のテーマが「二一世紀の図書館」というのは象徴的である。そしてこの大会でとりわけ強調されたのが情報ネットワークとアジアであった。情報ネットワークの内実は、現在強引に推進されている学術情報システム讃歌と大会に並行して開かれた国際図書館情報総合展のはなやかさにもっともよくあらわれた。ハイテク産業を中心に出展機関は日本七一、外国二四、ブースは二二〇に及んだという。

一方、アジアの強調は、皇太子招請にみられるように、図書館の戦争責任をまったくほうかむりしたまま、再度アジアの盟主として「近代化」のおしつけをはかるものである。

そして、IFLA批判・抗議のビラ配布というささやかな行動に対して、日本図書館協会は警察権力を使って排除したのである。彼らは、自らの手で「図書館の自由」を葬り去ってしまったのである。別に日本図書館協会が、「図書館の自由」を放棄したことは、今回がはじめてではない。だが、露骨に警察権力まで動員したのは、はじめてであった。

高度情報化社会とかニューメディアとか学術情報システムとか情報ネットワークとか、一見、国家秘密法とは正反対の情報を解放しているようにみえるイメージが、まさにイメージだけであり、その内実は、情報の一元管理でしかない。図書館とは、なによりも表現にこだわらなければならないところのはずである。国家秘密法は、その表現を収奪しようとしている。すでに、かなりの程度、わたしたちの表現は国家に奪われているのだ。

図書館は、戦前・戦中、そうであったように、現在も国家による民衆の表現の収奪に手を貸そうとしている。いま、戦後の一時期を支えたリベラルな図書館員たちに変わって、有能なテクノクラートたちが図書館界の中枢を担っている。彼らは、戦前より一回りも二回りも大きなかたちで、市民にではなく、国家に「役に立つ」ものとして図書館を再編していくだろう。IFLA東京大会は、まさに、そのための格好の舞台であった。それはまた、戦後図書館の総決算の場といいかえてもよい。

わたしたちは、いま、絶対少数者を自覚しつつ、国家のネットワークを喰いちぎる運動とともに、少数者の自由な表現の質を獲得しなければならない。それは同時に、日本図書館史百年に対する総批判になるだろう。この作業なくしては、図書館が国家秘密法を断ち切ることはできない。なぜなら現在、図書館界自身が、残念ながら、国家秘密法的状況に迎合し、情報ネットワークの名のもとに、それの推進に手を貸しているからである。

◆附記

この論考を載せた『月刊地域闘争』は、編集方針に「原稿のすべては、現実に闘争を担っている方々のものであり、『ルポライター』『評論家』『学者・先生』はお断り」と謳っている。したがって、私の肩書も「図書館を考える会」、「学術情報システムを考える会」を使った。

「図書館を考える会」は、「学術情報システムを考える会」と問題意識、会員とも重なる部分が多い。ただ前者は、もっと広く図書館総体を批判的に考えてみようというのが趣旨で一九八五年一月に結成された。機関誌『図書館を考える会通信』は不定期ながら、一九八五年四月から一九九四年六月の七五号まで発行された。

学術情報システムが既成事実として進展するなかで、現場での反対運動は事実上不可能に近くなった。もともとラッダイト運動的要素を包含していたものに具体的な勝利はない。運動は次第に抽象化されていくなかで、私の関心は、近代図書館のあり方総体に向かっていった。図書館に勤めながら、この国の図書館の歴史をほとんど知らなかったし、研究書もそれほど多くなかった。日本図書館協会が創設百周年を記念して出版した、いわば正史ともよべる『近代日本図書館の歩み』(日本図書館協会、一九九二、一九九三年)の本篇も地方篇もまだ出版されていなかった。

まず、復刻版の出ている『図書館雑誌』の創刊号(一九〇七年)から読んでいこうと思ったのがちょうどこの時期だった。読みすすむうちにおもしろくなって、私なりの視点で『図書館を考える会通信』の六三号から最終の七五号まで「日図協一〇〇年を読む」を連載するのはもう少し後になってから。

とはいえ、この論考で「図書館と国家」との関係を探るという私の当時の問題意識を見い出すことはたやすいと思う。

ところでこの論考執筆時は一九八七年の春で、国家秘密法案は、多くの反対運動もあり、一九八五年一二月に審議未了で廃案になっていた。だが、廃案直後、自民党は修正案を再度提出する意欲を表明し、一九八六年初頭から反対運動はさらにもり上がった。日弁連、出版関係者、市民団体、総評などが集会をもち、反対声明、署名運動等一九八六年には、国家秘密法反対の声は全国的な広がりを見せた。

一九八六年一二月に、自民党は今国会への提出見送りを表明したが、その動きがまったく消えたわけではなかった。たとえば、学術情報システムの強引な導入により、現場の大学図書館はあたかも国家秘密法的な状況を呈していた。コンピュータの技術的な問題よりもむしろ、拙速な導入による労働現場の荒廃が際だつようになっていた。当時はまだ大型コンピュータ主導の時代であり、いまから思えばパソコンがこれほど普及するとは考えていなかった。

その意味では、見通しは甘かったともいえるが、だからといって労働現場が当時より改善されたわけではない。肝腎の国家秘密法にしても、二〇〇一年の自衛隊法の改正により、「防衛秘密」規程が新設され、民間人も処罰の対象に加えられた。「スパイ防止法」を制定せよ、という動きも強くなっている。

「図書館の自由」を考える

沈黙は孤立を深める

『ず・ぼん』1号、一九九四年七月

◆図書館の責任

「富山問題」が起こって八年になる。事実経過については、詳細な年表が本誌（『ず・ぼん』1号、ポット出版）に掲載されているので、ここでは、図書館界がどのような対応をしたのかを考えてみたい。むろん、この事件は、現在も継続中であり、「解決」に至ってはいない。だから過去形で語ることはできない。

だが、富山問題が思想的確信犯による図録の損壊という刑事事件に「発展」し、一方の当事者である富山県立図書館は、裁判中を理由に沈黙を守っている。図録の損壊箇所を修復し、公開するという姿勢を堅持しているとはいえ、実質的に公開への努力はなされていない。

他方、その間に美術館は、大浦作品を売却するとともに、保管されていた図録を秘密裏に焼却してしまった。

文字どおり焚書したのである。個人の所有を別にすれば、完全な形で公開可能な図録は現在、国立国会図書館が所有する一冊だけなのである。

このような事態にまで至った責任は、県当局、美術館にあることはいうまでもないが、図書館の責任も決して軽いとはいえない。むしろ図書館が当初から、県当局、美術館とは一線を画して、図書館独自の論理で図録の収集・公開を実現していれば、現在のような最悪の事態は避けられたのではないか、と思われる。

もちろん、「言うは易し行うは難し」ということを承知した上で、あえていうのだが、図書館界には、少なくとも「図書館の自由に関する宣言」というのがある。「宣言」自体は、別に法的拘束力を持つものではないけれども、それ以上に、図書館の自由にまつわる数多くの事例をわたしたちはすでにもっている。

これらの事例は、必ずしも最良の結果を招いたわけではない。さまざまな立場や政治的な圧力のなかで、むしろ不本意な結果を余儀なくされた場合の方が多い。現場の図書館員にとっては、投入した労力に引き換え、その結果の貧しさに歯がみする思いを味わったことも一度や二度ではなかったはずだ。その意味では、図書館の自由をめぐる事例は失敗の歴史といってもよい。

とはいえ、失敗の歴史だといって、切り捨ててしまえばよいものではない。まして「図書館の自由に関する宣言」を後生大事に掲げていれば、こと足れりというものでもない。わたしたちが、負の遺産ともいうべき失敗の歴史、逆にいえばその「豊富さ」のなかから学ぶべきものは多いはずである。そうすることによって、「自由宣言」も単なるお題目ではなく、その内実が豊かなものになっていくのである。

だが、富山県立図書館はそのような作業を回避し、美術館の要請に簡単に応じてしまった。そして「当分の間非公開」という処置に、「自由宣言」の文言を恣意的に解釈して、その根拠の一つにした。その後、「市民の会」の抗議や日本図書館協会の図書館の自由に関する調査委員会（以下日図協自由委員会と略記）の意見書などによって、図録公開に踏み切ったが、公開当日、思想的確信犯によって損壊されると、今度は、刑事裁判中という理由で、実質的な公開を見合わせた。

富山県立図書館のこういった姿勢は、図書館独自の決定ではなく、まして図書館内部の職員相互の討論を踏まえたものでもない。そのときどきの選択は外部の何か権威あるものによりかかっての決定のように見える。最初が美術館と「自由宣言」、次が「市民の会」の声や日図協自由委員会の意見書、最後が「現在は裁判中」というそれぞれの「権威」。そしてその背後には、昭和天皇の下血から死、新天皇の即位の礼、大嘗祭、皇太子の結婚と続いた一連の皇室行事とそれを煽るマスコミ等、社会の雰囲気というものが大きく作用していたといえる。

◆図書館界の対応

さて、では、この間図書館界はどのような対応をしてきたのであろうか。まず全国図書館大会から見てみよう。富山問題がはじめて取り上げられたのが一九八八年の第七四回東京多摩地区での大会。この年、日図協自由委員会は、『図書館雑誌』五月号に、「富山県立図書館の『図録』非公開問題」を公表し、それを踏まえての図書館大会自由の分科会での発表となった。富山で図録公開の運動をしている小倉利丸氏も参加し、活発な議論が展開された。

翌年の第七五回宮崎大会では、フロアからの問題提起に留まったが、続く一九九〇年の第七六回静岡大会では、その年の三月に図録が破られたという衝撃的な事件もあり、再びこの問題が取り上げられた。石塚栄二日図協自由委員会委員長の経過報告の後、小倉氏からこの分科会で破棄事件に対して抗議の意思表示を挙げてほしいという提案があったが結局、抗議声明を出すには至らなかった。

一九九一年、九二年の大会は、破棄事件以降、裁判中ということもあって、富山問題は取り上げられなかった。昨年の北海道大会では、当初新たな展開がないということで、予定に入っていなかったが、美術館での焚書ということもあり、フロアからではあるが、富山で小倉氏とともに公開運動を担っていた浅見克彦氏（現在北海道在住）が要領をえた報告をした。

ところで全国図書館大会で富山問題を議論する意味は、ひとりでも多くの図書館関係者に富山の事件を知ってもらうこと。第二に、知ることによって、問題を共有する基盤を築くこと。そして第三に、図書館大会の正式な記録に記載させることである。つまり、図書館をめぐるいろんな局面で、どういう問題がテーマになり、または、ならなかったのか、そのことは、図書館界のそのときの姿勢とこれからの各地の図書館活動を考える場合、重要な意味を帯びてくる。

そうだとするなら、富山問題が起こって以降、小倉氏以外、誰ひとり富山から図書館大会自由の分科会に参加していないという事実は限りなく重い。同じことは、図書館問題研究会の全国大会についてもいえる。第三五回の山口県岩国市での大会（一九八八年）で、何人かの図書館員がかなり突っ込んで議論しているけれども、ここでも富山からの参加者はいない。

このような事態は、おそらく偶然ではないであろう。意識的にではないにしても、富山の図書館員のなかに、公の場で、自分たちの現場の事件の公表を避けたいという「気分」のようなものが存在しているのである。だから、『図書館年鑑』の「図書館概況・富山」の欄でも、富山問題にはほとんど触れられていない。富山現地の図書館員が執筆しているからである。同じ『図書館年鑑』の日図協自由委員会の委員の執筆になる「図書館の自由をめぐって」の概況と、それは鮮やかな対照を成す。

さらに、『近代日本図書館の歩み地方篇』（日図協、一九九二）の「富山県」は、この問題に一切触れていない。

「県協会創立の目的であった図書館の普及運動は今や施設の普及のみでなく、会員の研修等を通じて図書館の自由に関する宣言に沿った現代社会における図書館の機能についてもリーダーシップを発揮することが期待されているといえる」。いうまでもなく、この執筆者も富山現地の図書館員（県立図書館員）である。

主語が明確でない以上のような結論に、わたしたちは、何を読みとるべきであろうか。それは、部落差別問題や天皇問題にかかわったときに、出来れば触れたくないという、重たい「気分」である。重たい「気分」は沈黙をさそう。だが、沈黙は孤立を深めるばかりだ。孤立と沈黙のなかから富山問題を共有することはむずかしい。重たい「気分」を孤立と沈黙でやり過ごすことだけは避けたいと願う。

少年法騒動と図書館

●──『ず・ぼん』5号、一九九八年一〇月

早いものね。もう一年が過ぎてしまった。季節は夏。キャンパスには学生たちの屈託のない声が響き、図書館にも明るい元気な顔が見えるのだけれど、わたしの気分はもう一つ。

例のあれよ。去年五月の神戸の酒鬼薔薇事件。被害者が小学校六年生。容疑者が顔見知りで近所の中学校三年生。わたしの息子よりずっと小さい子どもたちなんだから。

これだけでもショックで気分が滅入ってしまうのに、追いうちをかけたのが『フォーカス』（七月九日号）と

『週刊新潮』（七月二〇日号）の顔写真と記事。

じつは、発売前日、知りあいの新聞記者からわたしの家に電話があったの。『フォーカス』が容疑者の少年の顔写真と記事を載せて発売される。いろんな方面で問題になると思うけれど、図書館はどうするのか、って。

突然のことで、わたし、事態がよく飲み込めなくて……。

だけど、この記者さん、わたしが普段、図書館には「図書館の自由に関する宣言」というのがあって、図書館はどんな資料でも利用者に提供するのが第一の仕事なのよ、とちょっと胸をはって話しているのを覚えていて、「もちろん、利用制限なんてしないでしょうね」なんて電話の向こうでおっしゃるの。

一瞬、迷ったのだけれど、「やっぱり、提供するべきだと思います」と、つい答えてしまった。

でも、わたしの名前でそのまま新聞に出るのも困ると、一瞬自己防衛も働いて、わたしの勤める大学図書館では、『フォーカス』も『週刊新潮』も定期購入していないこと。公共図書館のことはよくわからないし、ちょっとしんどいかもしれないので、日本図書館協会の図書館の自由に関する調査委員会の委員の人を知っているので、その方の意見もぜひ聞かれるように、なんて付け加えたの。

電話を切ったあと正直、わたし、勤めている大学図書館が両誌を定期購入していなくてよかった、と思ったの。恥ずかしいはなしだけれど、ホッとしたっていうのか。

で、翌朝出勤して若い同僚に聞いてみたの。みんな制限派なのね。やっぱり、少年法違反だとか、人権だとか……。

もちろん、自分の図書館が定期購入していないので、半分他人事で無責任なんだけれど、わたしは、若い人があまりにまともで良識的なのでちょっと物足りなくて逆に、わたしなら、せいぜい妥協するとしても、カウンター内に置いて、希望者には一応、少年法等の問題を説明して見てもらうぐらいかな、なんて、いったのだけれど。

そうこうしているうちに、出入りの本屋さんが、その『フォーカス』を一冊わざわざ持ってきたの。本屋さんがいうには、新聞やテレビが騒いでいるので、朝から「売るのか?」という電話もかかって、一〇冊ほど全部すぐに売り切れたんですって。

せっかく持ってきてくれたというんで、事務室にいた何人かは、わたしも含めて、この『フォーカス』の記事を見たの。

それで、「ふつうの中学生ね」とか、「ちょっと神経質そうだけど……」とか、ほんとに興味本位でしかないはなしをして、「わたしたちも俗物ね」なんて、いわずもがなのことをいったりして、またまた気分がずーんと重くなってしまったわ。

だって、そうでしょ。わたしたちがさんざん(ではないけれど)、とにかく見たあとで、これは少年法に抵触する、人権問題だ、だから図書館では閲覧に供すべきではない!なんて、どの面さげていえるのよ!

あ、はしたなくてゴメンナサイ。でも、わたしたちは図書館の専門家だから、見てもいいけど、いっぱんの利用者は見てはいけないなんて、こっちの方がずっとイヤらしくて、はしたないと思わない? 図書館員の専門性なんて、まさか、こんなことをするために主張してきたのでは断じてないはずよ。

ついでにいえば、そのあと、インターネットに凝っている先生がわざわざ図書館に来て、「見たよ、見たよ、酒鬼薔薇くんの写真、どうってことないじゃない」といってきたりして、またまた嫌な気分になってしまったわ。

ま、それでもわたしのところは、何度もいうようだけど、両誌を定期購入していなくて、「助かった」という感じなんだけれど、定期購入している公共図書館はやっぱりたいへんだったみたい。

日本図書館協会(以下、日図協)には、朝からジャンジャン電話が入って、だから、協会も放置するわけにはいかず、すぐに「『フォーカス』(一九九七・七・九号)の少年法第六一条に係わる記事の取り扱いについて(見解)」[資料

1」という文書を都道府県立図書館にファックスで流したの。

中身は、かなり苦慮したあとが見られ、意を尽くしているようだけれど、歯切れはよくないわね。

でも、それは仕方のないことで、日図協もいっているように（三苫正勝「図書館の自由をめぐる動き――『フォーカス』問題を中心に――」『図書館雑誌』第九一巻第一二号、一九九七年一二月）、日図協に全国の図書館に指令を出す権限もないし、たとえ出したとしても、全国の図書館が日図協の「見解」に従うことなどあり得ない。

その意味では、気の毒といえば気の毒なんだけど、一部の新聞にあたかも日図協が一律に「閲覧制限を求める」と報道されたこともあって、相当神経過敏になっていたみたい。

だからしきりに、「各図書館で対応を」といったり、結果よりも、各図書館でどれだけこの問題について議論したか、図書館のもつ社会的役割の重さをどう受け止めたかが、大切な意味を持つなんて強調せざるを得なかったのね。

とはいってもね。現場の図書館員としては、ああでもない、こうでもない、侃侃諤諤、資料をはさんで議論するのは、じっさいむつかしいと思うわ。とくに、今度の場合、週刊誌だし、じっくり時間をかけてなんていってられないし、やっぱり、どこか上の方で判断して欲しい、と思ってしまうのじゃないかしら。

たとえば、教育委員会にとか、市町村立なら県立にとか、日図協にとか、じっさい、日図協にいっぱい電話がかかったのも、普段、なにかと図書館の専門性とか、図書館の自由とかエラそうなことをいっている日図協は、どんな判断をするのか、聞いてみたい、なんて気持ちもあったのかもしれないわね。

日図協としては、それだけ存在を重要視されたのだから、「よかった」といえなくもないんだけれど、「ちょっと待ってよ、ほんらいそれぞれの図書館で決定すべきなんだよ、こんなときだけ日図協の『権威』を使うのはズルイよ」といいたいのじゃないかな。だからしつこいほど、「各図書館の判断で」とか、「なにより議論を！」といっているんじゃないかしら。

じっさい、わたしも参加したのだけど、一〇月の甲府での全国図書館大会の「図書館の自由」の分科会では、この件についてのパネルディスカッションがメインだったし、日図協ではないけれど、今年（一九九八年）三月、京都で開かれた日本図書館研究会（以下、日図研）の研究大会でも「プライバシーと図書館」というテーマでシンポジウムがあって、かなり関心は高かったわ。それはそれでとりあえずいいのだけれど、その研究大会のすぐ前に、またまたやってくれたのよ。

今度は、『文藝春秋』（一九九八年三月号）と『新潮45』（一九九八年三月号）。『文藝春秋』の方は、公にされないはずの例の容疑者の少年の供述調書。『新潮45』の方は、堺市の一九歳の少年による通り魔事件のルポ。少年の実名と顔写真入りというもの。

今回もまた、日図協にマスコミも含めていっぱい問い合わせがあり、「『文藝春秋』（一九九八年三月号）の記事について」［資料2］を二月一三日、今度は前回の「見解」ではなく、「参考意見」として発表した。「参考意見」というようにニュアンスを弱めたのは、前回の「見解」が一部に「指示」と受け取られたからというのよね。

日図協もかなり神経質になっているようなんだけど、じゃ、「付記」というのは何なの、へたすると蛇足ではすまないわよ。

日図協にしてみれば、前回、ファックスを流したのが都道府県立図書館だけで、他の市区町村立図書館に文句をいわれた。だから今度は、都道府県立におねがいして、市区町村立に伝えてもらおうと、軽い気持ちだったと思うの。それに、日本中の二千以上もあるすべての公共図書館にファックスを流すことなんて、物理的に不可能。日図協といっても、専従の職員が十分いるわけではなし、図書館の自由に関する調査委員の人たちも、みんなそれぞれの職場があちこちにあって、何か問題が起こっても、ソレェーって集まれる状況ではないのよ。

だから、わたしは同情はするんだけれど、でも、やっぱり、この「付記」は問題よ。せっかく、「見解」を「参考意見」にし、各図書館での判断を強調したのに、「伝達」をおねがいしたら、それこそ「指示」、それも今度は日図協からではなく、都道府県立からの「指示」と受け取られないかしら。

とすればよ、日図協が誇りにしている数少ない成果のなかの最大のもの。そう、『中小都市における公共図書館の運営』(一九六三)の精神に水を差すことにならないかしら。

いうまでもないことだけど、各自治体の図書館は、それぞれ対等、平等であって、県と市や町に上下関係はないのよ。図書館法にだって、「総合目録の作製、貸出文庫の巡回、図書館資料の相互貸借等に関して協力を求めることができる」(第八条)と書いてあるけれど、戦前の図書館令のように「指導・助言」なんて、どこにも書いていない。

このあたりのところは、日図協が出している森耕一編『図書館法を読む』(一九九〇年)でも、強調されていることだし、『ず・ぼん』の読者なら、いわずもがなと思うのだけれど、日図協も、もう少し慎重に考えて欲しかったわね。

最近のように都道府県立図書館が立派になってくると、やっぱり、大きいものに指導・助言をして欲しいと思うような雰囲気になんとなくなってくるのよね。でも、もう一度、戦後地方自治法、図書館法、そして『中小都市における公共図書館の運営』の精神を踏まえることも大切なんじゃないかしら。

「少しまずいんじゃない」と心配していたら、やっぱり水戸市立中央図書館がきっちり批判しているの。

「(個人的な見解も含みますが)私たちは今回、この問題を出版・言論の自由対少年法ということではとらえませんでした。自治の問題、教育の問題という考えにたって決めました。結論から言えば、閲覧提供をしても制限してもいい、それは自治体の問題であり自治体の公共図書館が正規の手続きをふんで決めるべきことだと思います。

その点、日図協が見解なるものを出したのも茨城県立図書館が日図協見解を待って、県内図書館に実質的な指示を行ったのも間違っていると思います」。

どこに載っていた資料かというと、『創』一九九八年四月号の「『文藝春秋』『新潮45』少年法騒動の波紋——全国の図書館に緊急アンケート——」という記事。

この記事、編集長の篠田博之さんがまとめたものなんだけど、なかなか参考になるのよね。都道府県立図書館と県庁所在地の市立図書館に、(一)『文藝春秋』九八年三月号 (二)『新潮45』九八年四月号 (三)『フォーカス』九七年七月九日号 (四)『週刊新潮』九七年七月一〇日号のそれぞれについて閲覧制限を行った場合のみ、中身を尋ねたというもの。

結果は、『創』四月号を見てもらえばわかるのだけれど、水戸市立中央図書館は、(一)(二)(四)の全部を閲覧制限している((三)は購入していない)。だけど、その制限について先のようなコメントをしているの。なかなかいいとこ突いてんじゃない。わたし感心しちゃった。さすが水戸っぽね。そうかんたんにはお上のいいなりにならないという気概のようなものを感じたのはわたしだけかしら。

そうはいってもね。この『創』のアンケートを見るかぎり、だいたいが日図協の「見解」、「参考意見」に近い結果がでてるのよ。

ま、「自由宣言」をその気で読めば、こういう結果になるだろうということは予想されるし、だから日図協の「見解」や「参考意見」も慎重な、もしくはまわりくどい言いまわしではあるけれど、『文藝春秋』は閲覧OK、『新潮45』『フォーカス』『週刊新潮』は閲覧NOに結局はなってしまうのね。

日図協はもちろんそうだけど、去年一〇月の全国図書館大会や今年三月の日図研の研究集会でも、「いずれにしても横並びはいけない」という議論が何度も出て、それはそうに違いないのだけれど、やっぱり横並びに近くなってしまうのよ。

もう少し『創』のアンケートを利用させてもらえば、(二)(三)(四)、つまり『新潮45』『フォーカス』『週刊新潮』に関しては、アンケートに回答した図書館すべてが当該部分は閲覧禁止なの。唯一、例外といえそうなのが滋賀県立で、『新潮45』と『フォーカス』は購入していないが、『週刊新潮』に関しては、「人権・プライバシーを侵害するおそれのある資料については、当館の『制限図書取扱要綱』により閲覧申請書を提出していただいたうえで利用していただくことになっており、当該号については、その対象となる制限図書として扱っている」とコメントしている。つまり、閲覧申請書を提出すれば、利用できる可能性があるということね。

さすが滋賀はちょっとちがう、というところかもね。

それから(一)の『文藝春秋』にしても、回答館六八のうち、NOが二六もあるの。

わたしとしては、「ウーン」と思ってしまうわ。どうしても制限の方へ制限の方へと傾いて行くように思うの。

わたし、そんな心配を人知れずしていたら、「やっぱり、案の定!」という事例が出てきたわ。

今年(一九九八年)の『図書館雑誌』五月号の「こらむ図書館の自由」で山家篤夫さんが報告している「『三島由紀夫――剣と寒紅』をめぐって」なんだけど、例の三島由紀夫のかつての恋人だったという男性が書いた小説の件。裁判所が著作権侵害(三島の著者宛の私信を無断掲載)で、頒布差し止めと回収の仮処分が出たので、ある公立図書館が受け入れしないといったというはなし。

あるのよね。こういうの。羹《あつもの》に懲りて膾《なます》を吹くっていうの?

わたし、図書館員になって、もう二〇年以上が過ぎてしまったのだけれど、記憶しているだけでもいろいろあったわね。ま、このあたりのところは、去年、日図協から出た『図書館の自由に関する事例33選』「図書館と自由」第14集を見ればよくわかると思うけど、こういう問題は、なかなか気分的に元気になれないし、だから共有もされにくいのよね。じっさい、わたしも、最初に書いたように、新聞記者から電話があったとき、『フォーカス』も『週刊新潮』も定期購入してなくて、「助かった」と思ったのだから、偉そうなことはいえないんだけど。でも、最後にちょっとだけ、わたしの気持ちも書いておかなくてはズルイわね。

わたしは、といえば、最初にもちょっと触れたんだけど、ほんとはね、無条件全面公開派なのよ。じつは、図書館には、あらゆる資料が、たとえ、人権、プライバシーを侵害するおそれのあるものや、差別的な資料も含めてあるんだ!というようになればいいなあ、と思っているの。図書館とは、そういうところなんだ!ということが、社会的合意として承認されていればすばらしいな、と考えているんだけど……。

だって表現なんて、出版を含めて、志の高いものもあれば、品性下劣でいかがわしいものもあるんだし、それはそれで、人間社会の「文化」だと思うの。

もちろん、図書館が歴史的、社会的存在であって、没価値的に中立だなんて思わないし、じっさい少し図書館の歴史を学べば、右や左や上や下に翻弄されてきたのは間違いないけれど、だから逆に、図書館ぐらいは没価値的に中立であって欲しいと思うの。

ほんとの気持ちをいえば、「図書館の自由に関する宣言」にしても、一九七九年改訂の「提供の制限がありうる」という例外規定は、好きじゃないの。

図書館ぐらいは、なんの制限もなく、自由な空間であって欲しい。図書館は、ラビリンスであって、かつアジールなんて、どうかしら。

もう少し気の利いたことを書きたかったんだけれど、気分が滅入っているとダメね。ゴメンナサイ。

◆**資料1**

平成九年七月四日　　社団法人　日本図書館協会

『フォーカス』（一九九七・七・九号）の少年法第六一条に係わる記事の取り扱いについて（見解）

各図書館、マスコミ関係からお問い合わせがありましたので、以下のような見解を表明いたします。

一．写真週刊誌『フォーカス』（一九九七・七・九号）掲載の、一四歳の殺人罪等容疑者の正面顔写真は、少年の保護・更生をはかる少年法第六一条に抵触する可能性が高い。

二．すべての図書館資料は、原則として国民の自由な利用に供されるべきであるが、上記の表現は、提供の自由が制限されることがあるとする「図書館の自由に関する宣言」第二－一－（一）「人権またはプライバシーを侵害するもの」に該当すると考えられる。

三．この対応にあたっては、「宣言」第二－二（資料を保存する責任）に留意する。受入・保存を差し控えるような対応或いは原資料に図書館が手を加えることについては、首肯しがたい。また、当該誌の損壊・紛失等のないよう配慮が必要である。

四．週刊新潮についても上記に準ずるものと考える。

五．各図書館におかれては、以上を踏まえての対応をお願いする。

◆**資料2**

平成一〇年二月一三日　　社団法人　日本図書館協会

『文藝春秋』（一九九八年三月号）の記事について

標記雑誌に掲載された「少年A犯罪の全貌」について、各図書館、マスコミから問合せがありましたので、当協会として下記のような参考意見をお知らせします。

一．公刊物の表現に名誉棄損、プライバシー侵害の可能性があると思われる場合に、図書館が提供制限を行なうことがあり得るのは、次の要件の下においてと考えます。（一）頒布差し止めの司法判断があり、（二）そのことが図書館に通知され、（三）被害者（債権者）が図書館に対して提供制限を求めた時。

二．標記雑誌の当該記事に関する限り、特定の少年を推知させる表現は無く、少年法第六一条にかかわる問題は見うけられません。

三．当該記事にかかわる法的問題は、少年法第二二条二項により、非公開であるべき文書が当事者以外に開示されたことにあります。しかし、これは開示した者の責任に帰せられるべきであり、これを報道・提供する側には法的規制は無いと考えます。

四．法律上、および「図書館の自由に関する宣言」（一九七九年改訂）にかかわる問題としては、本件は提供制限をする理由を現在のところ見出せません。

五．以上、当協会としての現段階の検討の内容を、参考意見としてお知らせしました。なお、本件の出版倫理・社会倫理にかかわる問題については、別途検討すべきものと考えます。

各図書館で主体的な検討をされた上での対応をお願いします。

付記　都道府県立図書館各位へお願い
ご多用中お手数をかけますが、それぞれの都道府県内の市町村図書館へご伝達くださいますようお願い申し上げます。

「羽仁問題」の真相

●――『ず・ぼん』6号、一九九九年一二月

一九九七年五月二七日、私たちは、浪江虔氏にお話を伺う機会を得た。私たちというのは、手嶋孝典と堀渡と私。『ず・ぼん』5号の編集会議で、特集に浪江虔氏を取り上げようと話し合ったとき、特集の軸は、インタビューでいくと決めた。

浪江氏にはすでに、『図書館運動五十年――私立図書館に拠って――』（日本図書館協会、一九八一年）という詳細な自伝がある。ただ、氏もこの本の序文で書いておられるように、図書館関係が中心で、氏の幅広い活動の全体ではないこと。第二に、この本の発行が一九八一年で、それ以降の精力的な活動が、まだまとめられていないこと。第三に、地元の町田や三多摩地域では、現役の活動家として著名だとしても、全国の、とくに若い図書館関係者のなかには、浪江虔、といっても知らない人が増えていること。

だから、インタビューでは、氏の活動の全体像を若い人にも理解してもらうために、図書館以外のことも多く伺った。私（たち）の知識不足による不躾な質問にも、氏は一つひとつていねいに応えて下さり、氏の記憶力とその論理の明晰さに、あらためて感服した。

四時間にも及ぶインタビューのなかで、どこにも不鮮明な部分はなく、そのままテープ起こしをしてもすぐ使える内容だったのであるが、ただ一点オフレコの部分があった。

私（たち）は、その部分は日本の図書館の歴史にとっても重要な問題であり、推測に基づいた誤解が活字化さ

れているのだから、先生の口から真相を話して欲しいとお願いした。が、氏は、「当時の関係者との約束ですから」といわれ、その部分の公表は固辞された。

二日後、私たちは、浪江虔氏の米寿のお祝いを兼ねた一泊旅行に参加した。行き先は、一九九五年一〇月に新築された静岡県富士市立中央図書館。参加者は、浪江氏と懇意な三多摩地域の文庫関係の女性たちと図書館員で約三〇名。郷土料理店での懇親会の後、旅館に入った私たちは、お元気な浪江氏に甘えて、夜遅くまでお話しを伺った。

そのなかで、二日前のインタビューでオフレコになった部分をぜひ公表して欲しいともう一度お願いした。アルコールも入ってごきげんだった浪江氏は、「いいでしょう。もう時効だから」とおっしゃった。だが浪江氏は、校正の段階でその部分を削除された。最後まで、当時の約束を守られたのである。

今年（一九九九年）一月二八日、浪江虔氏は亡くなられた。亡くなられたから「書く」というのは、あまり気持ちのいいものではないが、私は、やはり書いておきたいし、書くことによって、浪江氏の名誉を決して傷つけることにはならないと思う。

一九六六年一〇月一九日から東京で開かれた全国図書館大会の第一日目に、「現代社会は図書館に何を期待するか」というテーマで討論会が企画されていた。講師は伊藤整（日本近代文学館理事長・作家）、坂西志保（国家公安委員・評論家）、大塚明郎（科学技術館長）、羽仁五郎（歴史家）、宮原誠一（東京大学教授）で、司会は浪江虔氏。だが当日、羽仁の代りに蒲池正夫（熊本県立図書館長）が登壇した。

この間の事情を浪江氏は、『図書館運動五十年――私立図書館に拠って――』のなかで次のように書いている。

「ところがこの会が、私たちの計画とは全くちがった進行をし、一挙に暗礁に乗りあげてしまったのである。具体的なことは一切公表しないことを、直後に協会側出席者が互いに確約した。その確約を今も破るわけにはいかないから、まことにあいまいな言い方になるが、この時の状況から判断して羽仁氏をお招きしないことにせざるを得ないだろうという考え方が、私たちの間でほぼかたまった。ちょうどそのころ、文部省からある種の意志表示があったらしい（「らしい」というのは、私が聞いたことでないし、このことで文部省と交渉することなど全くなかったからである）。だから、多くの方々が憶測したように、協会首脳部が『文部省の圧力に屈した』のではない。文部省の意志表示が全く無関係だったといえば正しくないけれども、われわれの結論は八、九分どおりかたまっていたのである」。

「ともあれ誠に不本意な成りゆきで、とくに壇上で羽仁氏が出席しない理由について、全参加者にあからさまなウソをいわなければならなかった司会者の立場は、実にいやなものであった。しかもそのあと『羽仁問題』という言葉まで作られ、かなり長いこと『文部省に屈した』われわれへの非難が語られたのであった」。

私は、浪江氏の本をはじめて読んだときから、この部分が気になっていた。何ごとにも論理的でわかりやすく、歯切れのよい文章を書かれる浪江氏がこの部分だけ極めてあいまいで、奥歯にもののはさまったたいい方をされている。

じつは、浪江氏のインタビューが決まったとき、私はこの「羽仁問題」の真相をぜひ聞きたいと思っていたのである。

私の質問に、浪江氏は笑いながら、それでもオフレコにして下さいと断って、「羽仁さんには困ったものです。大会の席上で、紀元節復活反対の決議を会場に迫って欲しい。これが私が講師を引き受ける条件ですといわれたのです」とおっしゃった。

私（たち）が、「エエ？」というと、浪江氏は、「図書館大会の席上で、紀元節復活反対というのはあまりにも場違いです。羽仁さんは図書館のことがわかっておられない。だから仕方なく、こちらから講師を遠慮してもらったのです」といわれた。

インタビュー時に、このようなおはなしがあって、先の旅館での「いいでしょう。もう時効だから」というはなしになったのである。

そのはなしの続きで私が羽仁五郎の『図書館の論理――羽仁五郎の発言――』（日外アソシエーツ、一九八一年六月）を話題にすると、浪江氏はニコニコしながら、「あの本は新聞記事を使っただけで、ほとんどデタラメです。私は、きっちり批判しましたが、ま、あのときのカタキを取ったようなものです」と話されたのである。

じっさい、浪江氏の『『図書館の論理――羽仁五郎の発言』批判――公共図書館の立場から――』（『図書館雑誌』第七六巻第三号、一九八二年三月）は、「北から南から」という読者投稿欄に載っているけれども、「不確実な資料や誤った認識と判断」に対して、徹底して「事実を対比するという手法によって」羽仁を完膚なきまでに批判し尽くしている。当時浪江氏は、日本図書館協会常務理事で図書館調査委員会委員長であった。

それでは、いわゆる「羽仁問題」は、一九六六年当時、どのように語られたのであろうか。真相は、浪江氏が私たちに語ったように、羽仁五郎の強引な横車ともいうべき主張が原因であったけれども、司会者浪江氏の「ウソ」（羽仁が病気で出席不可能）発言によっていろんな疑惑や憶測を生んだのは事実である。

まず全国図書館大会の最終日、全体会議の席上、秋岡悟郎が以下のような発言をする。

「あの一番最初の討論会に羽仁五郎先生がみえなかったという裏話を私は知っておりますけれども、あう《（ママ）》

いうことも、図書館協会が微力であるのに力以上のことをあんまり計画するからいかんのです。自分のがらにあったことをしていればいいのです。（笑声・拍手）それはともかく、公会堂を借りるとか何とかいうことのために、文部省や東京都から金をもらわなきあならないということ、権力とそれから金力のために協会が頭を下げて、そしてそういう人達の意思によって、協会がほんとうに自主的なそして自由な会合がスポイルされる、制限されるということは、図書館が自由を持たないということになる。もし、あの宮原先生が言ったように、我々が過去十何年か前に決議したことが、もしほんとうに我々の心の中にあるならば、そういうことも何もおじぎをして、わずかばかりの金をもらって文化会館のような会場を借りるよりも、もっと近いところに、ただで使えるような会場でもいい、これだけ熱意のある人が集って協議するには、何も頭を下げて、教育長ぐらいにえらそうなことを言われてやらなくったっていいと思う（激しい拍手）」。

「文部省にスケベ根性を出して頭を下げて金をもらいにいったり、文部省に要求してどうとかいったってやっぱりもっと図書館のほんとうの民衆の生活と権利を守るという使命感に立って決起してやらなければ、そのヘッピリ腰でいろんな要望をつきつけたって何にもならない」（『図書館問題研究会・会報』第七九号、一九六六年一一月二四日。同じ秋岡発言は、『図書館雑誌』第六〇巻第一二号、一九六六年一二月号の「昭和四一年度全国図書館大会記録」にも掲載されている。ただ、テープ起こしの関係上か、秋岡発言のニュアンスは弱められている。日本図書館協会図書館の自由に関する調査委員会編『「図書館の自由に関する宣言」二〇年の歩み——一九五四—一九七二——』（図書館と自由第三集）日本図書館協会、一九八〇年、には『図書館問題研究会』の『会報』の文章が再録されている）。

この秋岡悟郎の発言を取り上げ、最初に活字にしたのは、図書館問題研究会の『会報』（第七九号・一九六六年一一月二四日)であった。じつは、この『会報』全八ページ中六ページ分が「羽仁問題」関連の内容になっていて、その基調は次のようなものである。

(一) 官権の圧力で「言論・集会の自由」が侵されたこと、しかもこれが自主規制の形をとっていること。
(二) 建国記念日を二月一一日にするのは文部省の方針であること。
(三) 図書館界内部に、この文部省の態度を支持する強い力があること。その背景には、右傾化した館長連が多数出てきたこと。

以上のような基調は、羽仁五郎が欠席した一〇月一九日の大会初日の図書館問題研究会主催の交流集会で確認されたものであるが、そのとき同時に、日本図書館協会の分裂を避け、議論を混乱させないために、全国図書館大会の全体討議には、「羽仁問題」を持ち出さないことも確認されていたのである。『会報』によれば、この交流会には浪江氏も出席されているのだが、「具体的なことは一切公表しない」という先の確約を守って、「羽仁問題」に関しては発言されなかったと思われる。

ところが、最終日(二一日)の全体討議で、図書館界の長老で、日本図書館協会顧問の秋岡悟郎が、先の引用にあるような厳しい協会批判を展開した。

秋岡悟郎は、一八九五(明治二八)年、熊本生まれ、文部省図書館員教習所(図書館情報大学の前身)の第一期生として東京市内の図書館長を歴任、戦時下日比谷図書館にあって、中田邦造の下、貴重図書の疎開事業に挺身。戦後も都立の各図書館長を歴任し、反骨の図書館人として多くの図書館関係者に慕われていた。

その秋岡が、いわば爆弾発言をしたものだから、「羽仁問題」は、各地方紙も取り上げ、社会的な波紋を呼ぶことになった。

『図書館雑誌』にも、一九六七年四月号（第六一巻第四号）の「北から南から」欄において、三苫正勝（図書館問題研究会大阪支部代表者）の「羽仁事件の真相と協会の見解を求める」という投稿が載り、同じ欄に、日本図書館協会事務局長叶沢清介が「三苫正勝さんへ」という回答を寄せている。

ただ叶沢の回答は、「羽仁五郎氏が欠席になったことについて、私の扱った範囲での正式の理由は、討論会席上司会の浪江氏が報告されたとおり、同氏は病気のため出席不可能になられたわけで、極めて残念ながら大会実行委員会決定の線に変更を加えざるを得なかったという以外にはありません」というように、いかにも歯切れが悪い。その上、現状の大会は、協会と主催地の地方自治体、教育委員会との共催であり、両者の意見の食い違いが過去といわず、将来についてもあるだろう。早く協会が力をつけて独自でも大会が開けるようにしたいという。

このような回答では協会自身が、文部省なり東京都なりから圧力があったということを暗に認めているといわれても仕方あるまい。

さて、それでは肝腎の羽仁五郎は、紀元節と図書館について何を語りたかったのであろうか。

その骨子が先の図書館問題研究会の『会報』に、「図書館は先見の論理を持とう――紀元節について羽仁五郎氏の談話――」として載っている。羽仁によれば、紀元節の問題は、戦後の民主主義にとって極めて重要な問題であり、良心の自由に抵触する問題である。したがって、図書館の自由と深くかかわるので、図書館とは「次元の違う」問題などといわずに、図書館大会で、紀元節問題を取り上げるべきだというものである。

同じ趣旨の論文を羽仁は、「紀元節と図書館」と題して『月刊社会教育』第一一巻三号（一九六七年三月号、後に『図書館の論理』に所収）に掲載している。この論稿は、一九六六年一一月二二日に国立国会図書館職員組合主催の講演会で語ったもので、いうまでもなく、先の図書館大会での不明瞭な経緯が踏まえられている。

『月刊社会教育』第一一巻第三号（一九六七年三月号）には、羽仁の論稿のあとに「あとがき」を入れ、図全協事務局（図書館活動推進全国労働組合協議会事務局）名で、羽仁の「『突然の欠席』の真相」として以下のように記されている。

「東京都、文部省、図書館界の一部に、羽仁氏排斥の動きが起って、その圧力で、羽仁氏はついに講師を辞退されるにいたりました。そしてこの羽仁氏排斥の一つの契機になったのは、氏が事前に『学問・思想の自由を侵す紀元節の復活は、図書館の自由とも深く結びついており、さけて通ることのできない問題なので、自分は討論会でこの問題を提起したい』と語ったことにあるといわれています」。

「当時、紀元節の問題は、審議会で審議されている段階でしたが、私共図全協（図書館活動推進全国労働組合協議会）と国立国会図書館職員組合は、この問題がこのように国民の間での自由な発言や討論を封ずるやり方で進められることに強い疑念を持つと同時に、大会実行委員会の正式な決定を一方的にふみにじった行為は言論、思想、図書館の自由に対する重大な侵害であると考え、直ちに全国の図書館員、文化人、マスコミ関係者にアピールしました」。

じっさい、図書館大会の最終日、秋岡発言のあった一〇月二一日に、国立国会図書館職員組合は、一〇・二一スト職場集会で、「民主的に決定された講師が、『紀元節問題』を提起するならば、都・文部省が後援をおりるという形で圧力をかけたことは全く非民主的な態度であり、言論の自由と民主主義を守るため断乎として斗うという趣旨の声明を採択し、それはアピールという形で直ちに各方面に発送され」（『会報』第七九号、図書館問題研究会）たのであった。

ところで、このように現在からみると、この「羽仁問題」に関して過剰とも思える反応を図書館界がその一部とはいえ、見せたのは、理由のないことではなかった。

当時、建国記念日をめぐる問題は、世論を二分する極めて重要な政治的な課題になっていた。旧紀元節復活の動きは一九四八年、現在の祝日法がつくられたときからすでにあったが、当時はGHQの横やりで表面に出なかった。しかし、独立後は次第に勢いを盛り返し、一九五七年に自民党から初めて国会に議員提案されてからは、一九六五年までに七回の議員提案がくり返された。一九六四年には佐藤栄作内閣が政府提案した。いずれも野党の反対で実現しなかったが、一九六六年、第五一通常国会に二度目の政府提案として出された祝日改正法案が可決された。一九五七年以来、一〇年越し九回目であった。

だが、この法案はすんなり通ったわけではなかった。敬老の日（九月一五日）と体育の日（一〇月一〇日）は日付が決定したけれども、肝腎の建国記念の日の日付は六ヵ月以内に政令で定めるという妥協的なものだったのである。

政府は、奥田東（京都大学長）、松下正寿（立教大総長）、大宅壮一（評論家、後辞任）ら学識経験者からなる建国記念日審議会をつくり、審議会は、民俗学、歴史学、暦学らの研究者を参考人に招いたり、東京、大阪などで公聴会を開き、世論調査も行われた。

一方、賛成派、反対派もそれぞれ、集会を開いたり、新聞や雑誌にも、いわゆる文化人たちが賛否それぞれの意見を書いたりしていた。

たとえば、賛成派は、四月二七日、東京、日比谷公会堂で、紀元節復活法制化本部主催で紀元節制定推進国民大会を開き、二月一一日を建国記念の日とすることを要求した。他方、反対派は、九月一五日に、紀元節復活反対キリスト者決起集会を開き、一七日には紀元節復活反対国民集会を開いていた。

また、桑原武夫、末川博、江口朴郎《えぐちぼくろう》ら学者、文化人八八四人は、二月一一日を建国記念日とすることに反対声明を発し、学術会議学問・思想の自由委員会や日本歴史学協会もそれぞれ反対声明を発していた。

全国図書館大会の講師の一人に、羽仁五郎が選ばれたのは、まさにこのように、紀元節復活問題で世論が大きく揺れ動いていた時期だったのである。いうまでもなく、羽仁は、紀元節復活反対の急先鋒であった。ある種の政治的アジテーターの羽仁が一千人以上も集まる図書館大会を紀元節復活反対の格好の情宣の場と考えたとしても不思議ではなかったのである。

他方、図書館界の方にも、羽仁五郎にはある種の思い入れがあった。戦後、参議院議員として、国立国会図書館の創立に奔走し、国立国会図書館法の有名な前文、「真理がわれらを自由にする」を起草したあの平和と民主主義の旗手、羽仁五郎という存在は大きかったのである。

なかでも、国立国会図書館職員組合の羽仁に対する思い入れは格別であったと思われる。だから、図書館大会で「拒否」された羽仁五郎を一カ月も経ずに講演会に招き、講演記録の掲載誌には、図全協事務局名で先のような「あとがき」も入れたのである。

ついでにいえば、図全協は、国立国会図書館職員組合が図書館研究集会を開催するなかで一九六二年に結成されたものであり、図書館問題研究会の事務局も、一九六六年当時は、国立国会図書館職員組合内に置かれていたのである。

以上のように、「羽仁問題」は、明治一〇〇年を二年後に控えた一九六六年の政治情勢と国立国会図書館職員組合を中心とする一部の図書館労働者の羽仁五郎に対するある種の思い入れが事態を大きくさせたのである。その意味では、講師の一人として羽仁五郎を選んだ最初の人選が軽率であったといえないこともない。

さらに、日本図書館協会事務局長叶沢清介の「三苫正勝さんへ」（前出）という回答にみられるようなあいまいな説明がより事態を深刻化させる結果になった。

いずれにしても、講師決定後に司会を引き受けた浪江氏の苦労は多大であったと思われる。その上、浪江氏も所属している図書館問題研究会が批判の先頭に立ち、かつその火を付けたのが図書館界の長老で信頼の厚い秋岡悟郎だったのだから、その心労は想像に難くない。

浪江氏も日本図書館協会も予想外の事態であった。にもかかわらず、浪江氏は沈黙を守られた。

おそらく、浪江氏には、政治的にはすでに決着のついている紀元節問題を、羽仁五郎のアジテーションによる一時的高揚によってむし返すよりも、地道な図書館運動の方がより重要だという確信があったものと思われる。

この時期、浪江氏が「満腔の賛意」を表した『中小都市における公共図書館の運営』＝「中小レポート」（一九六三年）から三年、その実践の場である日野市立図書館が自動車文庫ひまわり号で出発して一年、まさに、「市民の図書館」が芽生えはじめていたのである。

浪江氏は、この新しい図書館の動きに賭けた。誤解を恐れずにいえば、羽仁五郎の煽動で図書館界が混乱し、せっかく芽生えはじめた図書館の新しい動きに水が差されてはならない。逆にいえば、羽仁五郎の煽動ごときで混乱するほど図書館界の思想的基盤は脆弱だといえるのだが、ともかく浪江氏は一つの決断をされたのである。

ここに、同じ民主主義を希求しつつも、政治的アジテーターとしてのロマンティシスト羽仁五郎と、なによりも地域に根差した民主主義の定着を目指したリアリスト浪江虔氏との政治的姿勢の相違を読み取ることも出来るが、そのテーマについては別の機会に書きたいと思っている。

とはいえ、通信傍受法や国旗・国歌法案が現実化している現在、三〇数年以前の羽仁の危惧を「次元の違う」問題として切り捨てていいのか、という思いが、私には、ある。ほんとうのところ、浪江氏がご存命ならば、お聞きしたいという気持ちもある。

二年前、私は、浪江氏に、「あのとき、羽仁五郎にそのまま思う存分語らせたら、どうだったでしょう?」とは、お聞きしなかったけれど、いまになってふと、そんな思いが過《よ》ぎったりするのである。

岐阜図書館と利用者の購入要求を巡るもめごと　その後

［図書館大会分科会レポート］業界の「垢」がたまる一方だ◉——『ず・ぼん』8号、二〇〇二年一〇月

◆利用者の問い

第八七回全国図書館大会（二〇〇一年一〇月二四日〜二六日）に行ってきた。今年の大会テーマは「二〇〇一年・岐阜・図書館の旅——ＩＴ時代の図書館像を考える」。メイン会場の長良川国際会議場を中心に三日間、約一八〇〇名の図書館関係者が一四の分科会に分かれて、さまざまな討議に参加した。

私の参加した分科会は「図書館の自由」を扱った第九分科会、「情報格差と図書館における知的自由」。会場は、岐阜県美術館。三苫正勝（夙川学院短期大学）日本図書館協会図書館の自由に関する調査委員会委員長の基調報告「図書館の自由をめぐる最近の動き」以下、福永正三氏（大阪市立大学非常勤講師）の基調講演「ＩＴ時代の図書館と知的自由——情報格差と著作権を中心に——」、中村百合子氏（東京大学大学院教育学研究科博士課程）の「インタ

ーネットの有害情報対策と図書館」、山重壮一氏（目黒区立大橋図書館）の「青少年有害情報規制と『図書館の自由』」の報告をもとに、質疑応答がなされた。

さて、この小論のテーマは、第九分科会全体の報告が目的ではない。先の四氏の報告のなかには直接出てこなかったが、当日会場から提出された一利用者からの質問に関しての報告である。質問者は浅野俊雄氏。『ず・ぼん』の熱心な読者なら記憶されていると思うが、第七号（二〇〇一年八月）に掲載された佐藤智砂（ず・ぼん編集委員）「岐阜県図書館と利用者・浅野俊雄さんとの図書購入要求を巡るもめ事」の一方の当事者。

浅野氏の質問は二点。一つは、岐阜県図書館の恒常的な利用者としての資料購入要求に対する図書館側の対応への疑問。具体的な図書名や雑誌名を挙げて、自分（浅野氏）はこれぐらいの本は県立図書館レベルならば当然蔵書にあってもいいと思うのだが、岐阜県図書館の「資料選定基準」によって購入を拒否されたことへの疑問。

もう一点は、一九九九年の滋賀県での第八五回全国図書館大会での「図書館の自由」の分科会の事例発表「A県立図書館のリクエストへの対応について」が当日、別の事例発表に差し換えられたことに対する疑問。A県立図書館とは岐阜県図書館のことで、リクエストをしたのは浅野俊雄氏。

浅野氏の質問に回答をした三苫委員長は、岐阜県図書館の「資料選定基準」には問題はあるけれども、要求されたすべての資料を購入して蔵書にすることもできない。要は、リクエストに対して購入、相互貸借等、何らかの方法で利用者に資料が届くことが肝心と回答。

第二点については、『全国図書館大会要綱』をつくった時点では「自由の問題」に関して適当な事例がなかったので岐阜県図書館の事例を予定していたが、その後、他に、「自由の問題」に関してより重要な事例が出てきたのでそちらの方に切り換えた。どこかから圧力がかかったわけではない。

◆リクエストは「圧力」？

次に、福永氏の基調講演のなかで、住民の図書館への要求が干渉になることもあると語ったのはおかしいのではないかという質問状に対する福永氏の回答があり、福永氏は、やはり過度な要求は図書館への干渉であり、何が何でも自分の要求を実現させようと図書館に迫ることは、「自由宣言」のなかにもある「図書館への圧力」と考えざるを得ないと応える。

この福永氏の発言に対し、浅野氏は、具体的な著者名などを挙げて、この程度の本は県立図書館レベルでは当然、蔵書に加えるべきではないかと質問。さらに、福永氏への質問状の提出者の棚橋満雄氏（元徳島県那賀川町立図書館長、現日本図書館協会図書館の自由に関する調査委員会委員）が、利用者のリクエスト要求に対してはでき得るかぎり応えるべきで、そのための予算的措置もしっかりする方向で、そのことによって利用者との信頼関係を結ぶのが最善の方法だ。利用者の要求を安易に図書館への干渉という言葉で捉えるようでは、図書館は住民の信頼を失ってしまうと発言。

その後会場から、予算が決まっているのに、なんでもかんでも購入などできない。世界中の本をすべて買え、というのかという発言もでる。

論点がかなりズレてきて、はなしを元に戻そうと思って私も発言を求めたが、他の質問状も出ており、時間的制約もあって司会者が発言をあと二人に制限する。

その最初に発言の機会を与えられた私は、図書館はもともと足し算の世界であり、岐阜県図書館の「資料選定基準」は引き算的発想になっている。これを使って利用者の要求を図書館への干渉と受け取るのは間違っている。予算的制約のはなしが出たが、何百万円、何千万円の資料を要求しているわけではなく、浅野氏の要求の図書ぐらいは予算内で十分対応できるレベルのものである。棚橋氏が発言されたように、利用者との信頼関係を築くことが何より大切なのではないかと発言。

最後に西河内靖泰氏（荒川区立南千住図書館、日本図書館協会図書館の自由に関する調査委員会委員）が、議論の混乱を指摘し、県立図書館と市町村立図書館の役割分担を利用者も理解して欲しいと発言。さらに利用者と図書館との考え方の違い、その違いを踏まえていろんな意見を出し合う場が図書館だ、というようなまとめ的発言でなんとなく締めくくる。

以上が第九分科会での浅野俊雄氏と岐阜県図書館との「もめ事」を巡る討議の概要である。ただ、私の記憶だけで書いているので細部で誤りもあるかもしれないが概ね正しいと思う［註◆1］。

◆なぜ差し換えられたのか？

さて、いかにも中途半端なかたちで終わらざるを得なかった第九分科会であるが、発言者のそれぞれの見解とは別に、事実関係の疑問点を指摘しておきたい。

一九九九年の滋賀県での第八五回大会での同じ自由の分科会で、浅野氏と岐阜県図書館との問題が事例発表というかたちで予定されていたのに当日、別のテーマに差し換えられた件に対する三苫氏の回答には疑問を呈せざるを得ない。

三苫氏は、この件に対する浅野氏の質問に対し、先に書いたように、この問題より「図書館の自由」についてより重要な事例が出てきたので差し換えた、他意はない。このようなことをすると、すぐどこかから政治的圧力がかかったのではないかと疑われるが、そんなことはない、と発言した。

三苫氏のこの発言は、『ず・ぼん』七号の佐藤智砂「岐阜県図書館と利用者・浅野俊雄さんとの図書購入要求を巡るもめ事」のなかの「浅野さんの手紙を軸にしたこれまでの経緯」の内容と異なっている。

「経緯」によれば、滋賀の大会に参加した図書館員「の方が調査委員のお一人に個人的に尋ねたところ岐阜県図書館の要求によりとりやめざるを得なかったとの返事だったそうです」(『ず・ぼん』七号、一八一ページ)。

一方、佐藤が岐阜県図書館に、日本図書館協会に圧力をかけたのかと質問したところ、答えはノー。「事例として発表されるのは構わなかったのだが、日本図書館協会の物事の進め方にクレームをつけた、とのこと。どういうことかというと、日本図書館協会の内部で、第九分科会の事例として岐阜県図書館の件を発表するという話が出たときに、誰かがそのことを岐阜県図書館は知っているのかと聞いたところ、『了解を得ている』と誰かが答えたそうだ。後日、日本図書館協会の人が別件で岐阜県図書館に連絡をした際に、事例発表の話が出た。岐阜県図書館は、了解を出すどころかそんな話を聞いていなかったので、クレームをつけたということだそうだ」(同書、一八四ページ)。

前者は、一九九九年一二月一日に、浅野さんが書いたNさんへの手紙。じつは私もこの滋賀の大会に行っていて、自由の分科会に参加していた。浅野さんの手紙に出てくる図書館員は私ではないが、私も調査委員の一人(この方が浅野さんの手紙にある調査委員と同一人物かどうかは定かでない)に同じような話を聞いた。

後者は、二〇〇一年一月一二日に、岐阜県図書館の資料課長から佐藤にメールが来て、佐藤がその資料課長に電話をかけ、そのやりとりのなかでのはなしである。

両者とも三苫氏の発言とは異なっている。三苫氏の発言は、一九九九年の滋賀での大会の会場での発言と同じ。議事録によれば、「大会要綱中にあるA県立図書館のリクエストの対応については、『自由』の問題の中心的テーマではないが、適当な事例がなかったので予定したが、その後、青少年保護育成条例にかかわる有害図書指定の問題が新たな状況を見せてきて、放置できないので、それを取り上げた」(『平成十一年度(第八十五回)全国図書館大会記録 滋賀』全国図書館大会実行委員会、二〇〇〇年、二一四ページ)。

◆なんとなく灰色だけれど?

当日、私もその会場にいたが、この件について三苫氏に質問をしていない。そのときの私の率直な気持ちは、「三苫さんもたいへんだなあ」というものだった。

つまり、日本図書館協会という図書館員の職能団体を標榜しているけれども、必ずしも純粋な職能団体ではなく、行政との微妙なバランスのなかで機能している団体の性格上、そう思ったのである。まして、全国図書館大会の主催者が日本図書館協会単独ではなく主催地の県や市、その教育委員会など複数に渡っている大会という問題もあり、再来年(二〇〇一年)には、A県立図書館のご当地岐阜県での大会開催が決定していること等、これらの要素を考え合わせれば、差し換えになっても「仕方がないかな?」というのが私の当日の気持ちだったのである。

さらに付け加えるならば、三苫さんとはそれほど懇意ではないけれど、顔見知りで、図書館界の先輩として尊敬できる方だと思っているし、その他の自由委員会の委員の方々もそれぞれ知り合いだし、といういわば業界内の一種の仲間意識も働いたように思う。

他方、当時浅野氏については、お会いしたこともなく、「ちょっと困った利用者かなあ?」という思いが私にもあり、岐阜県図書館もまた、「下手な対応をする、ちょっと困った図書館で、再来年の図書館大会は大丈夫なのかな」と思っていたのであった。

だから、日本図書館協会と岐阜県図書館とのあいだで何度かの「やりとり」があって、どちらか一方が強力に「する!」「するな!」を主張したわけではないが、お互いに「(事例発表をすることは)まずいよ」というところに落ち着いたというのがほんとうのところではないのだろうか。

少なくとも、私はそのように「理解」し、先に書いたように「三苫さんもたいへんだなあ」と思ったのであった。

ついでに付け加えるならば、一〇年前なら、会場で「三苫さんの説明だけでは納得できない!」なんて叫んでいただろうな、とも思ったのであった。

じっさい、私の知らない「だれ」かがそのような発言をするのをどこかで「期待」し、望んでもいたのだが、そういう発言は、どこからも出ることはなかった。

そのあたりのところが、「自由の委員会」とか、偉そうなことをいっても、しょせん同じ業界内の仲間内、なんとなく、それなりに納めてしまう、というように、浅野氏に不信感を抱かせる結果になったことは否めない。

浅野氏も控え目ながら、そのような主旨の発言を今年の大会の会場でされていた。

大会の分科会同様、なんとも歯切れの悪い文章になってしまったが、三苫氏と、「図書館の自由に関する調査委員会」は、少なくとも滋賀大会の「差し換え」の「真相」だけでも明らかにする必要があるし、岐阜県図書館は「資料選定基準」を再検討する必要があるのではないだろうか。

もしこのまま放置するならば、岐阜県図書館、ひいては図書館界は、浅野俊雄氏個人の信頼を失なうだけでは済まないと、かなり業界の垢をつけてしまった私でも、思うのである。

註1◆この小論の校正の段階で『平成十三年度（第八十七回）全国図書館大会記録　岐阜』（全国図書館大会実行委員会、二〇〇二年）が発行された。この冊子の二一五～二三八ページが第九分科会の公式議事録である。ただ、テープ起こしの関係上か、誤解による発言やつじつまの合わないところもまま見受けられ、第三者にはわかりにくいと思われる。

不可解な事件

船橋市西図書館の蔵書廃棄事件を考える◉——『ず・ぼん』11号、二〇〇五年一一月

二〇〇二（平成一四）年四月一二日付産經新聞朝刊は、「西部、渡部両氏の著書六八冊、市立図書館が廃棄」「教科書論議が高まった昨年八月」「船橋市教委調査へ」という記事を載せた。

中身は、千葉県の船橋市西図書館で、二〇〇一（平成一三）年八月頃に、西部邁、渡部昇一の著書の多くが廃棄処分された。この時期はちょうど「新しい歴史教科書をつくる会」のメンバーが執筆に加わった扶桑社の教科書採択をめぐる論議が高まっていた頃で、図書館が意図的に特定の著者の本を廃棄したのではないかという論調。記事には、館長の「結果として誤解を与えかねない」という発言を載せ、船橋市教育委員会は調査を行うと記されている。別に、西部邁の「予測していた」という談話を載せ、「図書館の大半には強かれ弱かれ左翼人士がいる」「この国の言論は暗黒時代に入っており」「これからもさまざまな所で同様のことがいいように進むだろう」と語らせている。

その後も産経新聞は連日のように「政治的偏向」等のキャンペーンを張り、右翼団体の街宣車が船橋市西図書館と市役所を巡回し、拡声器で図書館を批判した。船橋市教育委員会の発表によれば、八月に廃棄した資料は全五四一冊。その内雑誌のバックナンバーが三五四冊。書籍は一八七冊で西部邁の著書四四冊、渡部昇一の著書二五冊、西尾幹二の著書九冊、福田和也の著書一一冊等。除籍された五四一冊の内、雑誌は収蔵期間が過ぎたもの、書籍一八七冊の内、八〇冊は三年間未返却や紛失、汚破損、買い替えなどで除籍理由が明らかであるが、残り一〇七冊は理由不明。つまり、理由不明のまま除籍された書籍のほとんどが西部邁、渡部昇一、福田和也など、いわゆる右派系言論人の著書であった。

市教委は、実質的に除籍図書の判断をしていたベテランの女性司書に事情聴取した結果を発表したが、本人はなぜ除籍したのかわからない、という極めてあいまいなもので、しかし、今後は、除籍方法を改善するという。つまり、除籍は一担当者の判断にまかせず、内規の「除籍基準」に則して、職員が選び、館長決裁で除籍を決定、共同書庫へ一時保管、共同書庫運営委員会の会議で確認、四館長決裁後に廃棄という手続きを取ることにしたという。四館長とは船橋市には中央、西、東、北という四つの市立図書館があるからで、この事件を踏まえて、除籍についてより慎重を期するようにはなった。さらに、理由不明のまま除籍された図書を再購入し、その購入費は当事者の司書とライン上の係長、館長補佐、館長の四人が弁済する。費用は計一五万二八八六円。また四人に対しては市教委が懲戒処分も行った。

とはいえ、一〇七冊もの図書が理由不明のまま除籍処分され、その図書のほとんどが一定の思想傾向を帯びていると思われる著者のものであったという事実は重い。

日本図書館協会は、事件発覚後、当事者の司書、館長に事情聴取を開始したが、その途中の二〇〇二（平成一四）年六月五日、「船橋市西図書館の蔵書廃棄問題について」という見解を発表した。同じく図書館問題研究会も第四九回全国大会名で七月九日、「船橋市西図書館の蔵書廃棄問題に関するアピール」を発表した。

両者とも、今回の事件は、図書館への市民の信頼を損なうものであり、遺憾である。国民の知る自由を保障する図書館の使命を確認し、「自由宣言」の趣旨の普及に努めるというもので、それ以上突っ込んだ見解にはなっていない。

続いて八月二五日、日本図書館協会図書館の自由委員会は、「船橋市西図書館の蔵書廃棄問題に関する調査報告」を以下のようにまとめた。

(1) A職員が、昨年八月はじめ、「新しい歴史教科書をつくる会」会員らの著作蔵書を研修の一環として集めることを館内奉仕担当職員に提起・指示したことは、市教委とA職員がともに認めている。

(2) 集められてくる蔵書一〇七冊について、A職員が八月一〇日から二六日までに逐次除籍を決定・入力したという市教委調査結果に対し、A職員は少なくとも八月一五日は除籍作業を行う「気持ちのゆとりがなかった」と話している。一方、除籍作業は短い時間で行えるものである。また、市教委は事情聴取を行い、非常勤職員にA職員が廃棄作業を指示したとしているが、A職員からはこれに反論する事実や職員の証言は提示されなかった。

(3) この除籍・廃棄行為に思想的動機や組織的背景はなかったとすることで、市教委とA職員は一致している。

(4) 市教委は、結果として「意図的であると思われても仕方なく、市民の信頼を著しく損なうもの」として、上記処分(A職員は減給1/10×6ヵ月、西図書館長は1/10×3ヵ月など)を行った(以上『図書館雑誌』二〇〇二年一〇月号)。

それより前、二〇〇二（平成一四）年五月二八日付で図書館問題研究会常任委員会は「船橋市西図書館の蔵書廃棄問題について（見解）」を発表した。ただこの時点では、日本図書館協会の調査中であり、「事実を解明した上でなければ、適切な見解を公表することはできないが、図書館資料としての図書の廃棄にあたって、図書館としてどのように考えるべきか社会的に問われているので、（中略）一般的見解をここに明らかにする」というものであった。

それによれば、（1）廃棄基準に適合しない資料が多い。（2）関与した司書は、専門家としての説明を公式に行う必要がある。（3）図書館長がチェックを行っていなかった責任は重い。（4）司書の比率が低い状態を放置した行政の責任も重く、専門職制度を導入すべきである。さらに、『『良書主義』との訣別を』として、「いわゆる『良書主義』と呼ばれるもの——住民に悪い影響が及ぶと考える資料を排除する考え方——は知る自由を保障する図書館として取るべき態度ではない」という見解を加えている（『みんなの図書館』二〇〇二年八月号）［註◆1］。

一方、廃棄の対象になった図書の著者らは、二〇〇二（平成一四）年八月、船橋市と廃棄手続をした女性司書を相手に、計二七〇〇万円の損害賠償請求の訴訟を起こした。

二〇〇三（平成一五）年九月九日の東京地裁の判決は、原告らの請求は棄却されたが、その判決文は、「原告つくる会らを嫌悪していた」当該の女性司書が「単独で行ったものと認め」、それも「一時の偶発的行為ではなく、周到な準備をした上で計画的に実行された行為であることが明らかであ」るとした。

だが他方、自分の著書が廃棄されたことが原告の名誉を侵害したという主張に対しては、図書館の自由裁量に基づいて購入した図書を図書館が廃棄するのはまた自由裁量の範囲であり、「自由宣言」に述べるように、図書の収集提供は、図書館がその図書に一定の「社会的評価を与える行為ではないと解され」、原告の主張は斥けられた（「船橋市西図書館蔵書廃棄問題裁判第一審判決：平成十五年九月九日（抜粋）」（『みんなの図書館』、二〇〇四年四月号）。

原告はただちに控訴し、新たに（1）検閲行為、（2）平等権の侵害、（3）公貸権、などの主張を加えたが、二〇〇四（平成一六）年三月三日、東京高裁も原告主張を斥けた。

ところが、二〇〇五（平成一七）年七月一四日、最高裁第一小法廷は、「公立図書館は思想、意見を伝達する公的な場で、職員の独断による廃棄は著者の利益を侵害する」として、審理を東京高裁に差し戻した。上告審では、女性司書に対する上告はすでに棄却されており、市の責任が争点になっていたが、判決は、公立図書館の役割、著者の利益侵害、廃棄の違法性にそれぞれ言及し、司書が、「つくる会」やその賛同者、その著者に対する否定的評価と反感から行ったものであり、著者らは人格的利益を違法に侵害された、というもので、五裁判官全員一致の意見であった。

さて、この座談会（この小論と同じ『ず・ぼん』11号に掲載された「蔵書廃棄事件の原因と防ぐための手だては？──編集委員座談会」）は、最高裁判決が出る以前に開かれた。じつをいえば、事件発覚を知った私（たち）の最初の反応は、「なぜ、こんなバカなことを、何かの間違いではないか？」というものであった。その後、船橋市教育委員会の事情聴取の結果の公表、日本図書館協会、図書館問題研究会の「見解」の発表などを見ても、その疑問は解けなかった。

一方、産経新聞のスクープ以降、石井竜生「保守言論人の著作大量廃棄事件が示す、図書館の偏向実態」『正論』（二〇〇二年六月号）、「船橋市西図書館が捨てた書籍一八七冊全リスト」『正論』（二〇〇二年六月号）、井沢元彦「朝日新聞読者だけが知らされない船橋市西図書館『焚書事件』の犯人像」『SAPIO』（二〇〇二年五月二二日号）、長岡義幸「船橋西図書館で右派文化人の著書廃棄騒動」『創』（二〇〇二年七月号）等、一般雑誌でもこの事件に関し論評が加えられた。

もちろん、いずれの論考も図書館の行為に批判的であることに変わりはない。とはいえ、長岡論文以外は「図書館の健全な発展が不可欠」（石井竜生）といいながら、杜撰な現状認識に基づいた思い込みの激しい文章で、それほど説得力があるとは思えない。

その極めつけは、一審判決後に書かれた西尾幹二「船橋西図書館焚書事件一審判決と『はぐらかし』の病理」『正論』（二〇〇四年一月号）。この裁判を、「実において勝訴、名において敗れたにすぎない」といい、「一斉に図書館員が全国規模で『歴史の抹殺』をやる可能性は十分にあるのである」などと極端な想定から判決を批判し、不安感を煽るような論調で、ことさらイデオロギー対立を際立たせる効果を狙っているように見える。

その根拠になっているのが、一審判決での女性司書の「周到な準備をした上で計画的に実行された行為である」という断定である。この断定は、船橋市教委が公表した「なぜ廃棄したか本人がわからないといっている」とか「思想的背景はない」という説明とは異なる。だが、このようなあいまいな、わけのわからない説明では原告でなくても納得がいかないし、まして裁判所が女性司書の言い分を採用するわけはない。その意味では、図書館問題研究会常任委員会の「見解」がいうように、「関与したとされる司書は、専門家としての説明を公式に行う責務がある」ことは間違いない。

つまり、当該の女性司書が一般の市民にもある程度納得できる説明をしない限り、原告らの主張（左からのイデオロギー攻撃である）に一定の根拠を与えることになる。

じっさい、最高裁の差し戻し判決（二〇〇五年七月一四日）が出た翌日の新聞各紙は、一審判決の女性司書が「つくる会」やその考えに賛同する人たちへの反感から、独断でこれらの図書を処分した、という前提で論がすすめられているのである。

とすれば、話はそれほど難しくない。図書館法の精神に則り、「図書館の自由に関する宣言」や「図書館員の倫理綱領」が十分に機能する職場体制を構築する方策を各自治体が追求すればよいからである。事実、船橋市は、誤りを認め、当該の女性司書と館長らの管理職を懲戒処分し、不当に廃棄された図書は当該司書や管理職らの寄贈というかたちで再度、図書館の蔵書に加えられ、今後の廃棄手続きの方法も改善すると言明したのである。したがって、著者らに対する損害賠償はともかく、事件発覚後の処理としては、前向きな姿勢を取っているといえる。

ところで本座談会は、一審の判決文を前提にせず、つまり当該の女性司書が「独断で」、しかも「個人的な好き嫌いの判断によって」廃棄したのかどうかというところから出発している。先に触れたように、教育委員会や日本図書館協会の事情聴取にも、本人が「自分でもわからない」といっている以上、推測でしか発言できないのであるが、私（たち）は、そこのところが最も謎で、館種はさまざまであるが、同じ図書館という現場で働くものとして不可解であったからである。

というのも、過去の図書館の自由をめぐる数多くの苦い経験の中で、管理職でもない一職員が、図書館内外からのどのような圧力もないのに、蔵書を処分した、という例はなかったからである［註◆2］。もちろん、過去に例がなかったからといって、今回の事件も「あり得ない」というわけではない。だが、誤解を恐れずにいえば、一審判決文通りだとすれば、女性司書の行為は、あまりにも稚拙であり、かつ傲慢であるとしかいいようがない。

いずれにしても、本座談会では、前提のあいまいさも含めての内容なので隔靴掻痒の感は免れない。今後、さらに事実が明らかになれば、もう一度このような場を設定したいと考えている。

註1◆その後、この見解とはほぼ同趣旨の西河内靖泰「船橋市西図書館蔵書廃棄事件を考える」（『みんなの図書館』、

二〇〇三年一月号）では、筆者の体験を踏まえた船橋市の図書館サービスの問題点が具体的に記されている。ただこの論考に対し、事実誤認等の誤りがあるとして投稿（二〇〇三年四月号）があり、その回答が次号（二〇〇三年五月号）に掲載されている。

註2◆「図書館の自由」をめぐる図書や論文は多数あるが、さしあたり日本図書館協会図書館の自由に関する調査委員会編『図書館の自由に関する事例33選』「図書館と自由」第14集（日本図書館協会、一九九七年）、日本図書館協会図書館の自由委員会編『「図書館年鑑」にみる「図書館の自由に関する宣言」50年』（日本図書館協会、二〇〇五年）参照。なお、『ず・ぼん』1号（一九九四年）は、「富山県立近代美術館・図書館事件」を特集している。

◆附記

この五本の論考は『ず・ぼん』に書いた。いずれも「図書館の自由」にかかわるテーマで、当時、マスコミでも取り上げられ、図書館界では少なからず論議された。「富山問題」は創刊号に書いたが、そもそも『ず・ぼん』を出すきっかけの一つが「富山問題」だった。創刊号の特集で「ある自画像の受難——富山県立近代美術館・図書館事件」を取り上げ、それまでの詳しい経過と当事者を含めた図書館関係者以外の見解、それに編集委員（私もその一人）の座談会でこの事件を論じた。

その後、事件は司法の場での論争を経て、二〇〇〇年一〇月、最高裁での原告側上告棄却で一応の決着を見た。裁判結果は、公立美術館も図書館も、「管理運営上の支障を生じる蓋然性が客観的に認められる場合に」（高裁判決）は、その所有する作品や資料をどのように処分してもいいというものだった。現在でも、富山県立図書館には、「富山問題」に関係する資料はない。

「少年法騒動と図書館」は、本文にも書いたが、気分がほんとうに滅入る事件だったので、こんな書き方になった。「女性差別」的表現だといわれれば、「そうかもしれない――」というほかない。得意？の大阪弁で書けばよかったのか、とも思うが、大阪弁で書くには田辺聖子さんぐらいの力量が必要で、私にはその技術はない。

「『羽仁問題』の真相――浪江虔ロングインタビューに載せなかったはなし――」は懐しい。一つは、その前号（五号）で、お元気な浪江さんに十数年ぶりにお会いできて、いろんなお話しが聞けたこと。もう一つは、かつては図書館大会が熱気に満ちたものであったこと。もちろんここに書いた大会の頃はまだ私は高校生で、図書館大会の存在すら知らなかったが、なぜか懐しい、という気分になる。

「岐阜図書館と利用者の購入要求を巡るもめごとその後――業界の『垢』がたまる一方だ」は、いま読み返すと、たしかに本文に書いたように、「なんとも歯切れの悪い文章」である。書いた本人がそう思うぐらいだから、第三者にはなおさら何のことかわかりづらいと思う。ただ、利用者との信頼関係を築くことのむずかしさと、毎年開かれる全国図書館大会の運営上の地元と日本図書館協会との微妙な関係を読み取っていただければよい。

「不可解な事件」は、じつをいえば、いまでも私には不可解なのである。世の中には、不可解な事件はいくらでもあるし、人はときには思いがけない行為に走ることもないとはいえない。だから、当該本人が「真相」を語らず、かつ法的判断に従った以上、私が「不可解」というのはたんなるこの女性司書に対する「思い入れ」にすぎない。事実、何人かの人から、この一一号の座談会は「歯切れが悪い、期待はずれだ」と批判された。次号の一二号で、そのあたりを馬場俊明《ばんばとしあき》氏に真正面から取り上げてもらった（「思想の寛容がなければ図書館の自由は守れない」）。馬場氏もいうように、最高裁が「公立図書館において、その著作物が閲覧に供されている著作者が有する利益は、法的保護に値する人格的利益である」というはじめての法律的判断を下したことは限りなく重い。

図書館と戦争

植民地での全国図書館大会

●――『ず・ぼん』3号、一九九六年九月

◆はじめに

日本図書館協会は戦前、植民地で三度全国図書館大会を開いている。一九二〇(大正九)年、「満洲」と朝鮮での第一五回大会。この大会は当時「満鮮」大会とよばれた。続いて一九三五(昭和一〇)年に第二九回大会を朝鮮のソウル(当時京城)で開いた。この大会は「京城」大会とよばれた。そして二年後、一九三七(昭和一二)年に、第三一回大会を再び「満洲」で開いている。さらに図書館大会ではないが、日本図書館協会主催の全国図書館協議会を一九二九(昭和四)年に台湾で開いている。

このように戦前、三度、台湾での協議会を入れると四度、全国的規模の大会が植民地で開かれている。だが、この国の図書館史は従来、これらの大会をほとんど無視してきた[註◆1]。

たとえば、日本図書館協会が創立百周年を記念して刊行した『近代日本図書館の歩み　地方篇』（一九九二年）と『近代日本図書館の歩み　本篇』（一九九三年）という二冊の大部な図書がある。いわばこの国の近代図書館の正史であるが、これらの大会については触れられていない。わずかに、「地方篇」に附録的に旧植民地の図書館活動が当時の関係者によって書かれているだけである（台湾に関しては当時の関係者ではない）。

けれども、全国的規模の大会を開催するほどだから、植民地の図書館活動は相当活発であり、満鉄図書館のように、日本国内の図書館活動を質量ともに凌いでいたところもあった。植民地図書館の実証的な研究も、岡村敬二『遺された蔵書――満鉄図書館・海外日本図書館の歴史――』（阿吽社、一九九四年）をはじめとして、すぐれた諸論稿発表がされるようになった。さらに、当時の満鉄図書館の館報『書香』、『収書月報』、『北窗《そう》』、朝鮮総督府図書館報『文献報国』などが「日本植民地文化運動資料」として緑蔭書房から復刻され、植民地図書館の実態が明らかにされつつある。

本稿では、これらの資料を手がかりに、日本図書館協会が戦前、植民地で開催した三度の全国図書館大会の内容を検討することを通して、当時の図書館人たちの植民地認識を考えてみたい。

◆「満鮮」大会

第一五回全国図書館大会は、一九二〇（大正九）年五月二五日～六月五日、「満洲」と植民地朝鮮で開かれた。一二日間に及ぶこの大会を全面的に援助したのは南満洲鉄道株式会社（満鉄）であった。

満鉄とは、いうまでもなく、日露戦争直後に設立された国策会社、植民地運営機関である。一九〇六（明治三九）年、資本金二億円をもって設立され、翌一九〇七（明治四〇）年四月一日から営業を開始した。二億円のうち一億円は日本政府の出資、他の一億円は清国政府と日清両国の民間からの公募であったが、清国の民間からの出資はなかったという。初代総裁は後藤新平。

鉄道と炭鉱の事業から出発し、以後敗戦までの四〇年間七〇の関連会社、傍系機関を擁し、社員は約二〇万人、社員外の従業員を含めると三〇万人に達し、敗戦時の全財産は当時の価格で二六億七千万ドルに達したという。

「まさに『満鉄』は国家そのものであった。それは、満州に棲む人々の〝生きざま〟に決定的な影響力を持っていたというだけではなく、国家の理念や意思や思惑をそのまま反映していたのである」（草柳大蔵『実録満鉄調査部』上、朝日文庫、一九八三年）。

ところで満鉄の図書館事業は、設立の翌年（一九〇七年一〇月）に、大連本社の一室で開始される。その後、一九一〇（明治四三）年、社会教育事業のひとつとして、図書館事業を独立させ、沿線附属地に図書館を次々に設置していった。この附属地図書館は、一九三四（昭和九）年まで、年々増え続けて、その数は二三館（他に六分館）に達した。

とはいえ、一九一八（大正七）年一月の調査課の機構改革まで、大連の本社図書室は調査課図書係、沿線附属地図書館は地方課教育係に属し、それほど重要な位置にはなかった。しかし、調査部内の強化をはかったこの機構改革以降、満鉄の図書館は大きく発展することになる。

◆豪華な観光旅行

日本図書館協会が全国図書館大会を「満鮮」大会と名づけて、朝鮮と「満洲」で開いたのは、ちょうど調査課の機構改革により、満鉄の図書館が整備されはじめた直後であった。大連図書館の初代館長島村孝三郎（前調査課長）は、一九一九（大正八）年、東京市立日比谷図書館にいた柿沼介《かきぬまかたし》と東京帝大附属図書館にいた衛藤利夫《えとうとしお》を満鉄に引き抜いた。当時、日比谷図書館の館頭は今澤《いまざわ》慈海《じかい》、東京帝大附属図書館長は和田萬吉《わたまんきち》。両者とも日本図書館協会の幹部であり、柿沼、衛藤は帝大出（衛藤の場合は選科）の秀才であった。以後、柿沼は大連の、衛藤は奉天の図書館長として、二〇年余、満鉄の図書館を築いていく。二人の入社が以後の日本図書館協会と満鉄との結びつきをより強くしていったのである。

さて、第一五回全国図書館大会である。出席者は八五名。そのうち日本（内地）からの出席者は、釜山までの往復船車賃と少額の宿泊料のみで、一二日間の「満洲」、朝鮮旅行を楽しんだ。釜山からの専用車、各地での車馬、弁当、ホテル代の割引等、すべて満鉄の負担であった。この大会旅行がいかに豪華なものであったか、当時の『図書館雑誌』（第四三号、一九二〇年一〇月）から日程を抜き出しておこう。

第一日目、前夜から釜山に宿泊していた一行は、満鉄図書館長神田城太郎、館員柿沼介らの出迎え人とともに列車でソウル（当時京城）に向かう。夕方「京城」に着き、満鉄、朝鮮総督府、李王職らの出迎えを受け、人力車で旅館に分宿。

第二日目、総督府を訪問、満鉄管理局招待の昼食会、市内観光、夜は教育会主催の講演会に出席。講演は、今澤慈海「公共図書館の使命」、喜田貞吉「民族の同化」。夜行で大連へ。

第三日目、夕方、奉天着。満鉄奉天図書館の衛藤利夫と、満鉄の招待を受けた「支那」側の有力者二十余名も同乗。

第四日目、朝、大連着。ホテルで朝食後、大連図書館へ、館内見学後、大会開会。来賓として「支那」

側より中華民国教育総長代理、東三省巡閲使張林氏代理、教育庁長謝蔭昌氏ら数十名。大連側から、満鉄社長、副社長、民政署長、商業会議所長その他満鉄及び教育関係者十数名臨席。午後、満鉄中央試験所等を見学。夜はヤマトホテルでの満鉄の招待会。管弦の奏楽、少女歌劇あり。

第五日目、満鉄図書館で協議会。

「国際図書館大会の件」を協議。すでに今回の大会は国際的大会であるが、さらに欧米諸国の図書館当事者も糾合して、より大規模なものにするため、特別委員を設ける。日本図書館協会に一任。後、ヤマトホテルで東亜図書株式会社招待の昼食会。午後、大連市内見学の後、講演会。今井貫一「改造に際して」。早々に切り上げ、夜、民政署市役所商業会議所主催の招待会。「支那」料理に「支那」芸妓の余興付。

第六日目、旅順へ、戦蹟の見学。表忠塔下で記念撮影。市内見学。大連に戻り、日本図書館協会会員有志と満鉄関係者らの懇親会。

第七日目、列車で奉天へ。

第八日目、奉天市内見学。午後、中学堂で大会と講演会。各界からの祝辞の後閉会。講演会は、渡辺徳太郎「図書館創立者としてのフランクリンとカーライル」、喜田貞吉「日本民族の起源」、和田萬吉「図書蒐集と図書整理」。聴衆百余名、大連の大会に劣らず盛況。夜、奉天総領事主催で盛大な官民連合招待会。

「支那料理の饗応あり、日華両国の佳伎酒間を斡旋し、支那奇術の余興」。

第九日目、奉天市内、北陵、宮殿、東三省立女子師範学校等見学。

第一〇日目、「京城」へ、安東で乗換え。

第一一日目、朝、「京城」着。奎書閣、博物館等、市内見学。

第一二日目、総督府、満鉄管理局職員らの見送りを受け釜山へ。午後七時五十分釜山着。「第十五回全国図書館大会は空前の盛況裡に無事終了」。

以上、一二日間の日程を追っていったが、満鉄おかかえの豪華な大名旅行以外の何ものでもない。官民あげての至れり尽くせりの接待と毎晩の日中両国の芸妓を伴う饗応。一流ホテルでの宿泊。大国策会社満鉄にとっては、そんなに大した負担でもなかったかもしれないが、日本図書館協会の幹部に満鉄の力を誇示するには十分であったであろう。

◆植民地図書館を巻き込んで

満鉄の全面的援助を受けた、この第一五回全国図書館大会の成功は、満鉄、そして植民地の図書館と日本図書館協会との結びつきを深めた。この大会は、見てきたように視察と講演会中心の一種の「お祭り」であったが、翌一九二一（大正一〇）年の奈良での図書館大会で、衛藤利夫は早くも「図書館事業に於ける日支提携の実行策如何」（『図書館雑誌』第四五号、一九二一年八月）を提案している。

衛藤によれば、日本と「支那」は千百年の文化的交流のある隣国で、その影響は永遠の生命あるものである。金と人とに不自由がないと仮定すれば、両国共同で、東亜文献の一大集積所たる大図書館、研究所、大学などをつくる。東亜文献の総目録を作成し、四庫全書の改修復刻、続四庫全書類似の大出版編纂事業、相互交流などを提案する。

比較的容易なこととして、日本図書館協会を広げて、東亜図書館協会のようなものをつくり、図書館員同志の輪を広げる。手始めに協会の「満洲」支部、「満鮮」支部をつくることはすぐにでも可能である。

そしてこの提案趣旨説明の最後を、「精神的の荒蕪地を開拓して行く」われらは、「困難な文化戦における前線の闘士であり、肉弾である」。「内地」のみなさんは、「大本営または参謀本部の地位」にいる。自分たちは必死だからぜひ後援して欲しいと結ぶのである。

衛藤の大言壮語気味な提案は、あながちたんなるアジテーションに終わったわけではない。この大会の翌年(一九二二=大正一一年五月)、満鉄奉天図書館が新築落成されると同時に館長に就任した衛藤は、以後一九四二(昭和一七)年一月まで、その強烈な個性で奉天図書館だけでなく、満鉄の図書館全体を領導していくのである。

◆「京城」大会

植民地での二度目の全国図書館大会は、一九三五(昭和一〇)年一〇月、朝鮮の「京城」で開かれた。この年の一〇月一日は、「朝鮮施政二五周年記念日」及び「朝鮮神宮鎮座一〇周年」ということもあって、朝鮮各地でいろんな記念行事が開催されたという。

第二九回全国図書館大会もこれらの行事の一環として催されたものであり、したがって、朝鮮総督府も宇垣一成総督自らが図書館観を講演するという力の入れようであった。大会は一〇月八日から一〇日まで、実質的には三日間であったが、朝鮮内鉄道運賃は半額であり、一九二〇(大正九)年の大連、奉天でのいわゆる「満鮮」大会と同じように、多分に物見遊山的要素が含まれていた。じっさい、大会終了後、日本からの参加者の多くは五日間の朝鮮内視察観光旅行を楽しんでいる。大会参加者は一八六名。そのうち朝鮮からは九五名(日本人七三名、朝鮮人二二名)。「満洲」、台湾からの参加者は二一名。日本からは七〇名であった。

◆図書館の発展を図るが

物見遊山的な要素が多分に含まれていたとはいえ、この大会をたんなるお祭り的な大会と見なすべきではない。宇治郷毅が指摘しているように、朝鮮図書館界は、この大会を朝鮮図書館運動の一大契機にしようという意図をもっていた（宇治郷毅「近代韓国図書館史の研究――植民地期を中心に――」『参考書誌研究』第三四号、一九八八年七月）。朝鮮総督府図書館長荻山秀雄は、「朝鮮図書館の将来（上）」『京城日報』（一九三五年一一月七日）で次のようにいう。

「朝鮮の幼稚なる図書館界を振興せしむべき手段方法は数多くあるであろうが、その最も効果的なるものの一つは全国図書館大会を京城に誘致することである。由来文化事業には国境なしとの諺さへあるが、内鮮の図書館はほとんど没交渉といっても差し支えない程の隔たりで何等の聯繫もなかった。我等は内外地の権威者を迎へ図書館思想の啓培をはかると共に胸襟を開いて振興の対策を講じ、以て朝鮮の館界は内地の延長であるてふ時代の一日も速からむことを熱望していた」（宇治郷、前掲論文より引用）。

朝鮮図書館界のこのような意図に、日本図書館協会理事長松本喜一も呼応する。

「今回施政二十五周年の祝典をエポック・メーキングといたしまして、更に一大躍進を試みんとする朝鮮に於きましては、必ずや将来文化的の諸施設が計画せられる事と存ずるのでありますが、私は之が記念事業の一つとして、鮮内各地に於いて図書館の建設が計画せられ、一段と精神文化の向上を招来して、由て以て来るべき五十周年祝賀の基礎を築かれんことを念願いたすものであります」（「第二十九回全国図書館大会式辞」『図書館雑誌』第二九年第一二号、一九三五年一二月）。

荻山秀雄の希望的展望や松本喜一の願望は、しかし実現することはなかった。事実、朝鮮の図書館数は一九三二（昭和七）年の五二をピークに、一九四三（昭和一八）年には四二に減っているのである。この図書館大会が開催された一九三五（昭和一〇）年には四六［註◆2］。すでに減少過程にあった（宇治郷、前掲論文）。だからこそ、荻山秀雄ら朝鮮の図書館界幹部にとっては、この大会を図書館躍進のテコにしようと意気込んだのである。大会三日間の討議内容がその意気込みを十分証明している。

朝鮮総督諮問「朝鮮ノ図書館ヲシテ一層発展セシムヘキ方策如何」に関して、一般協議題とは別に、朝鮮部会を開き、活発な議論が展開された。提出された議題は、

一、朝鮮に図書館令を制定すること。
二、社会教育専任の指導官を設置すること。
三、教育功績者の選奨規程を図書館員にも実施すること。
四、優良小図書館に奨励金を下附すること。
五、地方に小図書館を設置すること。
六、初等中等学校に図書館を附設すること。
七、毎年一回、朝鮮で図書館講習会を開くこと。

以上、七項目について討議し、最終的にはほぼ原案どおり建議されるのであるが、一と二とは大会討議のなかで図書館側と総督府側の意見が異なっていた。図書館側としては、総督府の権限によって、図書館を発展させる

ことを必死に目論むが、総督府側は、図書館側の願望に十分対応するだけの意欲も財政的余裕もないというのが実情のようであった。

そもそもそれ以前に、図書館側と総督府側とでは図書館に対する考え方が異なっていた。図書館側は、少なくとも図書館を図書館として充実、発展させることを目的としているのに対し、総督府側は直接、図書館を「思想善導」の機関、植民地イデオロギーの注入機関として位置付けていたのである［註◆3］。

◆思想の観測所

宇垣一成朝鮮総督の大会での講演「図書館界に望む」は、そのような総督府側の意向を率直に表している。

「即ち図書館を通じて、社会の思想の流れ、その動きの前途を予測してみたい。即ち図書館は思想の観測所である」

「出版物の多いその中には、所謂嚢に申上げた無益なもの、或は劣悪若くは低級で、寧ろ有害のものも相当に含んで居るやうに思はれますから、これに厳正な批判を加へて多くの人間に無駄な浪費、無駄な時間を費やさぬやうに、又有害な出版物に触れさせないやうに、図書館を通じてさういふことが出来ないものであらうかといふ考へを私常に持つてをるのであります」（『図書館雑誌』第二九年第一二号、一九三五年一二月）。

要するに、図書館は第一に、「思想の観測所」としての役割をはたすべきであり、第二に「良書」を選別すべきところだという。

このような宇垣一成総督の露骨な意向に対し、図書館側も疑問を呈するどころか、すすんで迎合したのである。

答申のなかに、わざわざ「(乙) 図書館員ノ努力に俟ツベキ事項」を加え、その一番目と二番目に以下のような項目を入れるのである。

一、良書蒐集紹介ニ力メ設備ノ充実完成ヲ期シ一層其ノ機能ヲ発揮セシムルコト。

二、常ニ読書ノ傾向ニ留意シ国民ノ思想善導ニ力ムルコト。

図書館側としては、この大会での総督府との討議の過程で図書館の要求が容易に受け入れられるものでないことを知った。だから答申に「(甲) 当局ノ施設ニ俟ツベキ事項」と抱き合わせて、諮問もされていない項目を答申に加えたといえなくもない。

この時期、すでに中央図書館制度(一九三三=昭和八年)は確立し、日本図書館協会は文部省の補助金を得て、「良書普及事業」(一九三一=昭和六年)を行っていた。この大会でも「当局は図書館事業を自治的にせんとする傾あり、我々は国家が強制的にすることを望む」(吉岡龍太郎青森県立図書館司書)というような声が参加者から挙がっていたのである。

要するに、図書館を発展させるためには学校教育と同じように、国家の強力な指導と財政的援助が何より必要である。その実現に向けて、図書館は国家の意向に沿っていこう、というのがこの大会の基調をなしていたのである。

◆「国語普及」とは?

ところで、この大会で注目しなければならないことがもう一つある。討議の過程で間宮不二雄(間宮商店店主、青年図書館員連盟書記長）から答申書に、「道府邑面立図書館ニ成人教育ニ適スル係員ヲ置キ文盲者ヲ教育シ、彼等ヲシテ図書館利用能力ヲ深クセシメルヤウニ適当ナル施設ヲサレタシ」という一項を加えるべしという提案があったことである。

具体的には、成人の非識字者のために、「図書館の閲覧室を開放して、その館が文盲者を集めて、唯今申しました国語教育者がゐて、図書館事業の邪魔にならない時間に国語を教へる。又各地に出張して、或いは学校その他を御利用になって、図書館員の中、国語教育者が出て行つて教へる」（『文献報国』第一巻第二号、一九三五年一二月）という。

結果は、賛成多数で何の疑問もなく、答申書に付け加えられることになった。

この提案は、当時植民地朝鮮では、人口二千万人中、約七割が非識字者であるという状況を踏まえてなされたものであった。そして間宮がその提案の根拠にしているのが、朝鮮総督府図書館報『文献報国』の創刊号（一九三五年一〇月）に載った李在郁［註◆4］の「躍進朝鮮と公開図書館」であった。

李はこの論文で、朝鮮の非識字者の割合が七二・六パーセントと圧倒的に高い現状を憂い、それを克服するために図書館が積極的な役割をはたさなければならないという。

> 「この事実（非識字者の割合が圧倒的に高いこと――引用者）は民族文化の根本的病根であり、この病根を徹底的に誅去せぬ限り社会の進展、民衆の向上は到底期せられないことは厳然たる事実である。それは『知るは力である』からである。そこで、文盲打破、民衆啓蒙運動は今や、朝鮮に於いては更生への根本的課題であり、躍進への基礎的工作である」。

そして、学校教育は、「原則として一定の資格を附し、特殊階級者にのみ開放される」が、図書館は、「特別の資格を附せず、凡る階級の者が自由に勉学修養する様提供されれ」ているので、図書館教育の方が学校教育より、「積極的であり、能動的であり」、「より効果的役割を演ずる」。したがって、「文盲打破運動、啓蒙運動は朝鮮に於いての当面の重要課題であり、本課題の解決については図書館がその主要なる役割を演ず可く運命づけられてをる」という。

李の提言は、ここまで読めば、先の図書館大会で間宮が答申案に付け加えるよう提案した内容と同趣旨のものであると考えられる。じっさい、間宮も大会の討議のなかで、この李の論文を読んで、先のような提案をしたとのべている。

けれども、李の論文をよく読めば、同じ提案がまったく異なった内容を語っていることがわかる。

李は、同じ論文で続いて、最近朝鮮人の篤志家が何人も非識字者の解消のために図書館を建てたり、学校に寄附したり、土地を提供した事実をあげる。そして朝鮮の出版界も近年、活況を呈してきた事実を指摘する。

「その主要なるものは、諺文雑誌類の千百五十種、朝鮮族譜文集の三百五十種等である。又、最近に於いて民間各方面の有志の決議に依り、朝鮮文化の向上を計り、有志の記念図書出版事業の助成を目的とする朝鮮記念図書出版館の創立を見たことは注意す可き現象であらねばならぬ」。

要するに、李は、慎重に言葉を選んでいるけれども、朝鮮民族の自立のための「文盲打破運動」を提起しているのである。だから当然にも、この「躍進朝鮮と公開図書館」から読み取らなければならないのは、朝鮮語の読み書き能力の獲得なのであって、日本語のそれではないのである。じじつ、李在郁は、同時期に、同趣旨の『農村図書館の経営法』という朝鮮文で書いた小冊子を出版しているのである〔註◆5〕。

ところが、間宮は、意識的にか無意識的にか李の提案を受けて、図書館で「国語教育」をするべきであるという。国語とは、いうまでもなく当時にあっては日本語のことである。そして、この大会に集まった図書館人のだれ一人疑問を呈することなく、間宮の提案に賛同し、答申案に先の「道府邑面立図書館ニ成人教育ニ適スル係員ヲ置キ文盲者ヲ教育シ、彼等ヲシテ図書館利用能力ヲ深クセシメルヤウニ適当ナル施設ヲサレタシ」という一項目を加えたのである。

当時、植民地朝鮮の教育制度は、第二次朝鮮教育令（一九二二＝大正一一年）の時期であり、朝鮮人の学校として六年制の普通学校を置いていた。だが、義務制ではなく、授業料も取ったので就学率は二〇パーセント程度。教科書は日本語で、一年生の場合、週に日本語一〇時間に対して朝鮮語四時間、六年生では日本語九時間に対し、朝鮮語三時間であった。そして一九三八（昭和一三）年の第三次教育令では、わずかにあった朝鮮語の時間も必修ではなくなったのである（姜在彦『朝鮮近代史』平凡社、一九八一年）。

そもそも一九一〇（明治四三）年、韓国併合の年、初代朝鮮総督寺内正毅によって、朝鮮語の図書の押収、焚書が強行されていた。歴史書や偉人伝、教科書など、朝鮮人の民族意識や国家意識をなくすために、焚書された図書は二〇万冊にものぼったという（河田いこひ「一九一〇年の焚書」『季刊三千里』第四七号、一九八六年）。

総督府は、このナチスの焚書にも匹敵する蛮行とともに、一九一一（明治四四）年の第一次朝鮮教育令で、朝鮮語を外国語あつかいにし、私立学校を中心とした朝鮮人の自主的教育運動を弾圧していったのである。

おそらく、このような事実は、図書館大会に参加した日本人図書館員は知らなかったはずである。無知による優越感とそれに基づいた「善意」が、李在郁の論文の真意を汲み取ることが出来ず、ストレートに図書館における国語（日本語）普及を答申案に付け加えることに何の疑問もなく賛同したのである。

そしてその極めつけは、一九三九（昭和一四）年の創氏改名であった。総督府図書館は、これに協力し、関連書を集めて特別展示した。一九四〇（昭和一五）年の二月末から八月にかけて、朝鮮服に冠という平常、図書館で見受けられない人びとが多数入館して、熱心に該当書を閲覧したり、借り出したりしたという。

総督府図書館書記玉井徳重は、以上のような報告を記し、最後に「吾々の予想が的中して一般通俗の方面にも図書館利用の実際を如実に示したことを誠に衷心愉快に堪へない次第でありました」と結んでいる（玉井徳重「創氏設定と図書館」『文献報国』第六巻第八号、一九四〇年八月）。

そして『文献報国』第六巻第一〇号（一九四〇年一〇月）に、創氏改名表として、李在郁以下、四九名の朝鮮人館員の日本名が「旧名」とともに発表され、以後、館報『文献報国』からは、わずかな例外を除き、朝鮮人名は消えていくのである。

◆「満洲」国大会

「京城」大会から二年後、一九三七（昭和一二）年、日本図書館協会は、第三一回全国図書館大会を「満洲国」で開いた。当時「満洲」は厳密な意味では植民地ではない。一九三二（昭和七）年三月一日から一九四五（昭和二〇）年八月一八日の皇帝溥儀の退位宣言まで、「満洲」は中国東北部に存在した国家であった。もちろん、「満洲国」は一九三一（昭和六）年九月、満洲事変を起こして中国東北部を占領した関東軍が、翌年、清朝最後の皇帝溥儀を執政（三四年皇帝に即位）に立て作りあげた傀儡国家である。中国の教科書や辞書には、その傀儡性や反人民性を示すために偽満洲国や偽満と書かれているという（山室信一『キメラ――満洲国の肖像――』中公新書、一九九三年）。

◆「皇紀二千六百年記念」

さて、この第三一回全国図書館大会は六月三日〜一〇日まで八日間、大連、奉天、新京、哈爾浜の各地で約二〇〇名の参加者の下に開かれた。満鉄の全面的援助を得たのは、第一五回「満鮮」大会と同じであり、「満洲」各地の見学や夜の招宴が連日行われたのも先の大会に倣っている。

とはいえ、先の大会では講演会中心で、ほとんど討議らしい討議をしなかったが、今回は、文部大臣諮問「大東文化進展ノ為図書館ノ採ルベキ方策如何」をはじめ、いくつもの協議題が提出され、まがりなりにも討議されている。

だが、文部大臣の諮問は、極めて抽象的なものであり、協議会の会場からも、「時間が少ないのに、こんな大問題を討議しても到底纏まらないから、別に委員会を設けて研究されんことを望む」(西海枝信一米澤図書館長)という声が出る始末であった(『図書館雑誌』第三一年第八号、一九三七年八月)。

だから、提出された答申も、東洋文献の収集、その総合目録の作成、基本文献の複製刊行、その各国語訳の作成、講座や読書道場をつくって、大東文化の普及につとめるというものであり、最後に、そのためには、図書館職員養成機関の拡充と図書館の規模の拡大と充実強化を文部省に要請するという、まるで木に竹を接ぐような結論であった。

ところで、この大会の協議題でとくに目につくのが「皇紀二千六百年」という文言である。「皇紀二千六百年文化記念事業」、「皇紀二千六百年に際し図書及び図書館に関する文化博物館の建設」、「皇紀二千六百年に図書館建設標準案の作成」といった協議題がならぶ。

いずれも「皇紀二千六百年」(一九四〇＝昭和一五年)を記念して、図書館を充実させようというものであり、この国の図書館界が明治以降、ずっと引きずっている国家的慶事に便乗して図書館の発展をはかるという類の提案である。

この「皇紀二千六百年を記念して」という提案はすでに、一九三五（昭和一〇）年の第六七回帝国議会において、「皇紀二千六百年記念図書館建設」として可決されていた。その機運に乗って、一九三六（昭和一一）年の東京での第三〇回全国図書館大会でも、同趣旨の内容が決議されていた。

このような三年越しの「皇紀二千六百年」に因んだ図書館充実計画は、この「満洲国」での大会決議を経て、一九三七（昭和一二）年七月、日本図書館協会理事長松本喜一名で、文部大臣安井英二に建議された。

その内容は、

一、現在の帝国図書館の内容、形式を充実して権威ある国立図書館にすること。
一、図書館未設置の府県立図書館を建設すること。
一、全国の公私立図書館に愛郷心を育てるため郷土博物室、郷土博物館を附設すること。
一、帝国図書館に図書及び図書館に関する専門記録文化博物館を附設すること（『図書館雑誌』第三一年第九号、一九三七年九月）。

さらに、この「皇紀二千六百年」という錦の御旗は、本国日本にだけではなく、植民地朝鮮、台湾にまで押しつけるのである。さすがに、「独立国」である「満洲国」には、「満洲国ニ於テ近代的国立図書館ヲ新京ニ建設セラレムコトヲ望ム」というだけで、「皇紀二千六百年」という文言は見られないが、朝鮮総督南次郎宛の建議書には、何の留保もなく「皇紀二千六百年」を入れている。

「道立図書館設置ナキ地方当局ニ対シ皇紀二千六百年文化記念事業トシテ道立図書館ヲ建設セシメラレムコトヲ望ム」

同じく台湾総督小林躋造宛には、

「州立図書館設置ナキ地方当局ニ対シ皇紀二千六百年文化記念事業トシテ州立図書館ヲ建設セシメラレムコトヲ望ム」

◆全国大会も中止に

けれども、図書館界がその発展のために頼りにしていた「皇紀二千六百年記念」もじっさいには、まったく計画倒れに終わってしまった。一九四〇（昭和一五）年一一月一〇日、東京を中心に各地で、「紀元二千六百年」の祝賀行事は、提灯行列や旗行列、花電車など多彩に催された。だが、図書館建設などという具体的事業を完成させる財政的力量はすでに、この国にはなかったのである。

じじつ、この記念事業で設立された県立図書館は、富山県立図書館だけであり、それも構想は再三縮小され、建物も既設の大正会館を改装したものであった。「皇紀二千六百年記念事業」の中心地、奈良の県立橿原文庫も、全国書籍業者の献本以外、建設一切は天理教団が引き受けたものであった（『近代日本図書館の歩み　地方篇』）。それ以外は、各地の図書館で、関連書の展覧会を開催する程度だったのである［註◆6］。

この事実を見通したように、この年（一九四〇＝昭和一五年）の『図書館雑誌』（第三四年第一号）一月号で、日本図書館協会理事長高柳賢三は、すでに次のように書かざるを得なかったのである。

「惟フニ皇紀二千六百年ヲ記念スルノ事業多アルベシ、然レドモ二千六百年記念事業ハ必ズシモ敢ヘテ有形ノモノタルヲ要セズ、我等図書館員ハ積極的ニ社会ノ進運ニ添ヒ、国運国力ノ無形ノ一城郭タルノ地位ヲ獲得セントスル覚悟ノ如キハ、蓋シ好箇ノ記念事業タルベシ」。

つまり、記念事業に図書館を建てなくても、図書館員は、銃後の国民の義務として東亜新秩序建設のために国民精神総動員の一翼に参加し、少しでも「皇恩」に報いることも適当な記念事業である。そして、去年（一九三九＝昭和一四年）、結成された満洲図書館協会と連携し、今年（一九四〇＝昭和一五年）の「聖地」奈良での図書館大会を成功させなければならないという。

だが、その「皇紀二千六百年」を記念して「聖地」奈良で予定されていた第三四回全国図書館大会も、政府の大会形式会合中止方針に準じ、開催されることはなかったのである。

そして、再び全国図書館大会が開催されたのは戦後、一九四八（昭和二三）年になってからであった。

註1◆宇治郷毅「近代韓国図書館史の研究――植民地期を中心に――」『参考書誌研究』（第三四号、一九八八年七月）と加藤一夫『記憶装置の解体――国立国会図書館の「原点」――』（エスエル出版会、一九八九年）がソウル（当時京城）で開かれた第二九回全国図書館大会（一九三五年）に触れている。

註2◆朝鮮の図書館数は、資料によって数字が異なっている。ここでは、宇治郷論文に拠った。四六の内訳は官立二、公立一七、私立二七。宇治郷論文は、朴熙永「近世韓国公共図書館史抄一九〇一～一九四五」『図協月報』第四巻五号（一九六三年六月）に拠っている。朝鮮総督府図書館報『文献報国』第一巻第一号（一九三五年一〇月）には、「朝

鮮官私立公開図書館一覧（昭和一〇年九月末現在）が掲載されていて、これには六〇館（官立二、公立二一、私立三七）になっているが、これには文庫や新聞閲覧所という名称のものも含まれている。また、『図書館雑誌』第二九年第一二号（一九三五年一二月）によると五一館（官立二、公立一九、私立三〇）と記されている。

註3◆朝鮮総督府図書館は、一九二二（大正一一）年、新教育令（第二次朝鮮教育令）発布記念事業の一つとして計画されたもので、一九二三（大正一二）年一一月創立、一九二五（大正一四）年四月開館した。創立目的は、当時の新聞（『京城日報』一九二四年一月一五日）によれば、以下の四つであった。一、特に朝鮮統治の主義方針に基づく思想の善導、教育の普及、産業の振興に関する新旧の参考図書をとりそろえること。二、朝鮮民族の文献を収集すること。三、広義の朝鮮研究に関する和漢洋書を収集すること。四、「全鮮」に対する図書館の普及発達をはかってその指導者となること。つまり、植民地図書館の任務として、「思想善導」が第一義に位置付けられていたのである（河田いこひ「アジア侵略と朝鮮総督府図書館――もうひとつの近代日本図書館史序説――」二『状況と主体』第一四一号、一九八七年九月）、及び宇治郷毅前掲論文。

註4◆李在郁は当時、朝鮮総督府嘱託。京城帝大法文学部朝鮮語文学科第一回卒業生で、その後主任司書、司書官、一九四二（昭和一七）年に図書館別館長となる。『文献報国』に多くの論文があり、解放後、総督府図書館が韓国国立中央図書館に引き継がれた後の初代館長（藤田豊「朝鮮の図書館」日本図書館協会編『近代日本図書館の歩み　地方篇』日本図書館協会、一九九二年）。

註5◆一九三五（昭和一〇）年にソウルで刊行された朝鮮人によって書かれた最初の図書館関係書。当時の朝鮮に、農村図書館の必要性と緊急性を説いた農村図書館経営の実務書で、当時かなりの影響をあたえたという（宇治郷毅「近代韓国図書館史の研究――植民地期を中心に――」『参考書誌研究』第三四号、一九八八年七月）。

註6◆『週報』（二二三号、一九四〇年一一月六日号）には、「地方に於ける奉祝記念事業」で、内閣書記官長に承認された事業一覧が掲載されている。図書館建設は、大阪市の中央図書館の創設、奈良県の橿原文庫、富山県立図書館の設置の三つだけである（『史料週報』第一七巻、大空社、一九八七年）。けれども、大阪市の中央図書館は建設されなかった。

図書館人の戦争責任意識

「満洲」に渡った二人の場合——●『ず・ぼん』3号、一九九六年九月

◆はじめに

図書館界で戦争責任がはじめて問題にされたのは戦後八年も経てからである。裏田武夫は、「図書館員の立場」（『図書館雑誌』第四七巻第六号、一九五三年六月号）で、自分も「またわけも分らず侵略戦争に駆りたてられたのを心から痛恨に思っている中の一人であるから、或る意味では自ら五十歩百歩の同罪とも考えないでもない」と断りながら、次のように書いた。

「今日のヴェテランを以て自他共に許している人たちの口から、今からでも遅くない、はっきりと戦時の後始末をつけて出直してもらいたいことである。実は図書館雑誌の毎号にこのような厳しい自己追求と克服の表明をそのような人たちからうかがうことの出来るのを、心ひそかに期待していたのであるが、ついにそれらしいものは現在に至るまで見当らないようである」。

そしてこの問題は、「日本の全図書館の連帯責任であると思う」といい、「日本の図書館員が日本の図書館サービスの根本問題を反省するに、又とない深刻な材料であり、将来に対する貴い飛躍台である」と提起した。

この時期、『図書館雑誌』では「図書館の中立性」をめぐって活発な議論が闘わされていた。一年前、一九五二（昭和二七）年四月、サンフランシスコ講和条約、日米安保条約が発効し、占領は終了した。が、五月一日にはメーデー事件が起こり、七月には破壊活動防止法案が衆参両院で可決した。朝鮮半島では戦争は継続していた。日本が再び軍事基地化する危険性が現実のものとなっていたのである。アメリカではマッカーシー旋風が吹き荒れていた。

各地の図書館では、警察に閲覧票の提示を強要されたり、「アカハタ」の保存に圧力がかかるという事件が頻発していた。図書館は、このような権力からの圧力に資料をいかに守るのか、そして「インフォメーションセンター」（有山）としての役割をいかにはたすのかが切実な問題として提起されていたのである。

やがてこの「中立性論争」は、一九五四（昭和二九）年、東京での全国図書館大会で「図書館の自由に関する宣言」として議決されるのであるが、約二年にわたる『図書館雑誌』での討論の基調は、権力からの圧力にいかに図書館を守るかということであった。つまり被害者としての図書館という視点からの議論だったのである。

そんななかで、裏田の「図書館員の立場」は、はっきりと図書館（員）の戦争責任を明らかにせよと迫ったのである。それは、戦前、戦中は国家主義、戦後は民主主義、もしくはマルクス主義に器用に転向し、ずっと指導的位置にいる図書館の専門家に対する若い世代からの当然の疑問であった。

裏田の指摘には、未だアジアの人びとへの侵略という加害者責任という視点は見当らないけれども、少なくとも図書館（員）の戦争責任を「中立性論争」の基礎に据えるべきだという提起は重要な意味をもつものであった。

とはいえ、この裏田の疑問に反応した図書館人はいなかった。無視したのである。そしてその後もずっとわずかな例外を除いて当時の図書館人から自らの戦争責任に関して、率直な反省のことばは聞かれなかったのである。

けれども、彼らは確実に戦後も図書館界の指導者の席に納まっていた。のみならず、いろんな局面での発言によって、図書館界に少なからず影響を与えた。同時に、彼らの存在が過去を封じることになった。彼らが存在することがある意味で、歴史的事実、そこに秘められた真実の発掘を困難にした。そのことによって、後の図書館員の信頼を失くした。後輩に信頼されない図書館（員）が利用者に信頼されるはずがない。

すでに戦後五一年が経ち、当時の図書館員は現場にはいない。彼らの口から直接戦争体験を聞くことは不可能である。私たちに出来ることは、彼らが書き残したものからその責任の一端を垣間みるしかない。以下、小論では三人の植民地図書館人を対象に彼らの戦後の対応を見ていきたい。

◆衛藤利夫の場合

◆責任は教育に

裏田が指摘したように、戦後の図書館界の再建を担ったのは、つい先日まで、国家の政策に乗った図書館政策を推進していた図書館人たちであった。

その先頭に立ったのが衛藤利夫である。戦後復刊された『図書館雑誌』（第四〇年第一号、一九四六年六月号）に、衛藤は「日本図書館活動の新生面——就任の挨拶にかえて——」を書いた。衛藤の文章は、戦前のそれと変わらず檄文調である。

「日本がこのシドロモドロの昏迷の間から起ち直り、焦土の瓦礫を除けて、新生日本、平和日本の逞ましい根を伸ばし、生々とした芽を吹くためには、まず冷静な理性を取戻し、苦難にめげぬ勇気を振って、素直にかかる無惨の敗戦の由って来るところを尋ね、われには辛き冷厳なる、残酷なる事実と事理を承認して、思い切り日本と日本人に深く根ざした禍因を剔抉し、抜本塞源、これを建て直すことから着手せらるべきであろう」（丸山泰通、田中隆子編『衛藤利夫――個人別図書館論選集』日本図書館協会、一九八〇）。

衛藤は、敗戦の原因の根源を明治以来の立身出世的な功利主義的教育のあり方に求め、それが同時に図書館の不振にあらわれているという。アメリカが勝利したのは、図書館利用率が高いお蔭だったといえないこともないとまで書く。

教育の「根本的な効力は、各個に備わる自然発生的な求道求学の本能である」。自分たち図書館人は、「自らの知能は、自発的に、自己の責任において自ら研かねばならぬことを、声を嗄らし、唇を焦がして叫び続けて来た」。だが、功利主義教育の濁流に押されて、図書館からのこのような提唱は効果を挙げなかった。自分も一時は絶望して「クヮン詰」三十年の生活を打ち切った。

しかし敗戦で「外科手術」が行われた。教育の民主化である。

「それは図書館が持つ大きな役割であり、こいねがわくば、これによって図書館に関する限りの敗戦責任の幾分の償いたらしむべく、同時にそこにこそ災後日本図書館再建の屈強な足場があろうというものだ」。

再建された日本図書館協会の理事長として衛藤が書いた文章はまず敗戦責任というものであった。それもアメリカに敗けたということである。なぜ敗けたのかといえば、明治以降の功利主義的教育の結果で、自主的・自覚的な自己教育がないがしろにされたためである。自己教育の場である図書館も不振であった。けれども、これからは民主化の時代なので図書館がほんとうに発展する基礎が出来た。その発展に全力を尽くすことで敗戦責任のいくらかは償われるのだ。

「われらの同志、兄弟諸兄！　今となっては、敗戦の責任は軍閥にあるだの、指導階級にあるだのというケチな、醜いなすり合いを休めて、日本の各界、各層、各職域の人々が、その己がじしの分野においてしかあらざるを得ざるように、われら図書館に生き、そして図書館のために身を挺するものは、この際むしろ進んで、深く内に省みその責任をわれとわが身の双肩に引取ろうではないか。そのドン底にこそ日本図書館再建の足掛りがあろう」。

いい気なものだといわざるを得ない。少し下世話になるが、「そうかもしれないが、あなたには言って欲しくない」というべきであろうか。

衛藤は、その後続けて「図書館協会の徹底民主化」（『図書館雑誌』第四十年第四号、一九四七年一・二・三月号）、「協会は誰のものか」（同、第四一年第二号、一九四七年四・五・六・七・八・九月号）という同趣旨の文章を書き、日本図書館協会理事長として、その再建に全力を尽くす。そして、一九四九（昭和二四）年六月理事長を辞任、一九五三（昭和二八）年七月七日、六九歳で亡くなっている。

したがって、戦後衛藤が公にした文章は以上に尽きる。

さて、衛藤の文章に彼の戦前、戦中における図書館活動に対する反省を読み取ることは困難である。彼の念頭にあるのは自らの行為の反省ではない。それは第一に、戦争に敗北したこと。それも対アメリカとの戦争に敗北したこと。第二に、敗北の原因は明治以来の教育が間違っていたこと。そして第三に、しかし自分はその間違った教育に加担していなかった。むしろその間違った教育に対抗して図書館の発展に全力を注いだが、力及ばず

「功利主義教育の濁流」に押し流された。これは多かれ少なかれすべての図書館人に当てはまる。したがって第四に、その限りにおいては、図書館も敗北の責任を引き受けなければならない。だが、敗北という「外科手術」が施されたので、今後は教育の「本質と本義」にもどり、図書館再建のために全力を尽くそう。

衛藤の戦争に対するこのような認識は、当時の一般の日本人とそう違わない。連合国による東京裁判は開廷(一九四六年五月三日)されたばかりであり、その帰趨《きすう》も定かでなかった。この時期、国家の戦争に対する認識は、有名な「一億総懺悔」論であった。

「ことここに至ったのはもちろん政府の政策がよくなかったからでもあるが、また国民の道義のすたれたのもこの原因の一つである。この際私は、軍・官・民、国民全体が徹底的に反省し懺悔しなければならぬと思う。全国民総懺悔することがわが国再建の第一歩であり、わが国内団結の第一歩と信ずる」(『朝日新聞』一九四五年八月三〇日付)。

戦争責任が天皇と天皇制に及ぶことを何より恐れた政府がかつぎ出した皇族東久邇宮稔彦《ひがしくにのみやなるひこ》首相の戦争に対する公式の見解である。

けれどもこの「一億総懺悔」論は、戦時下の真相が明らかになるにつれて、一般国民には反発をよぶようになる。さらに連合国総司令部(GHQ)が意図的に戦争責任を指導者と一般国民に分け、前者の責任のみを強調するという改策によって、「一億総懺悔」論は破綻していくのであるが(吉田裕『日本人の戦争観——戦後史のなかの変容——』岩波書店、一九九五年)、衛藤の文章は、ほとんど「一億総懺悔」論の焼き直しであった。

◆「奉天」に衛藤あり

ところで、よく知られているように、衛藤はたんなる一介の図書館人ではなかった。一九一九(大正八)年、東京帝大図書館司書を辞して、南満洲鉄道株式会社に入社以来、「村の図書館」にすぎなかった満鉄奉天図書館を東亜文献の一大コレクションをもつ蔵書数二〇万の大図書館に仕立てあげたのである。その間、「満洲」の図書館界の自他ともに認める第一人者として君臨していた。

衛藤の「満洲」での図書館を中心とした活動については、小黒浩司「衛藤利夫――植民地図書館人の軌跡――」(一)(二)(『図書館界』第四三巻第五号、第六号、一九九二年一月、三月)や岡村敬二『遺された蔵書――満鉄図書館・海外日本図書館の歴史――』(阿吽社、一九九四年)、中見立夫「衛藤利夫と『韃靼』――戦前期中国東北地域における図書館と図書館人――」(衛藤利夫『韃靼』、中公文庫、一九九二年解説)などがそれぞれの立場で詳細に検討しているのでここでは詳しく述べないが、衛藤の活動は明らかに図書館人のそれを越えていた[註◆1]。

衛藤が「満洲」に渡った二年後(一九二一=大正一〇年)、奈良での全国図書館大会で「図書館事業における日支提携の実行策如何」(『図書館雑誌』第四五号、一九二一年、前掲『衛藤利夫』所収)という提案を行っている。

冒頭衛藤は、一年前の「満洲」での図書館大会の礼を述べたあと次のようにはじめた。

「奉天の衛藤=わが極東の教化事業において、その北進の第一線最前線を承っているものの一人としてお見知り置き下されたいのであります」。

そして、「満洲」の地に「東亜文献の一大集積所たる大図書館」や「東亜文献の総目録」の編成などの構想をぶち上げた後、以下のような激烈な要請でしめくくる。

「我が北方の前線と申しますのは、今日主義、実利主義の最も猛烈な土地でございます。ほとんど四面楚歌の声をききながら、その精神的の荒蕪地を開拓して行くものの骨の折れ加減は、とても内地のそれとは比較になりません。吾人はその困難なる文化戦における前線の闘士であり、肉弾であり、各位はその後続部隊――後続部隊と申上げては失礼かも知れませんが、大本営または参謀本部の地位におられるものと思いますがどうでしょう。ねがわくばその覚悟をもって吾々に臨んでいただきたい」。

衛藤のこのような大言壮語ぎみの覚悟は、しかしある程度実現されていく。一九三一（昭和六）年満洲事変勃発を契機に、「満洲」だけでなく、広く「内地」や朝鮮、台湾にまで呼びかけた「陣中文庫」、「夜も昼もない、暮れも正月もブッ通しで作業を続け」たという『全満二四図書館共通満洲関係和漢書件名目録』の編纂などである。

衛藤は、この二つの作業を「事変によって孕まされた図書館の仕事の、代表的なもの」と自画自賛し、事変を契機に、青年参謀や真剣な閲覧者が図書館に来るようになった。図書館の進むべき道がはっきりしてきたのだ。図書館と事変が結びつくことが事変の文化現象たる所以であるという。

「一つの国家が――日本全土、台湾、朝鮮をも含んだ広さに二倍する程の大国家が、世界監視の焦点の中に生れ出ると云ふことが、何とスバらしいことであるか？　そしてその建国精神――建国のイデオロギーがドンナ過程で、醗酵され、醸されたか、それをお話して居る時間を持ちませぬが、たゞこゝでは、砲煙むせび、弾雨たばしる間に、漢籍の礼記や、尚書や、春秋や、通鑑や、甚だしきは二十四史などの大物がアチラからもコチラからも多くの方面から要求され、一としきり、図書館の応接室が王道思想の討論場、国家哲学のルツボのやうになったと云ふことを、申上げるだけに留めて置きたいと思ひます」(「満洲事変と図書館」『書香』第三九号、一九三二年六月)。

当時衛藤は、「満洲国」の資政局訓練所の講師であったが、それ以上に関東軍と深く関わっていた(小黒、前掲論文)。だからこそ、満洲事変に際し、会社に無断で軍と交渉し四庫全書を守るとか、「時局文庫」をつくるとかが出来たのであるが、これ以上触れない。要するに、「満洲事変によって衛藤は『英雄』になった」(小黒、前掲論文)のである。

じっさい衛藤は、一九三二(昭和七)年一月一一日、奉天の大和ホテルで開かれた「満洲建国前夜の日支名士座談会」に石原莞爾関東軍作戦参謀中佐らと出席している。そこで石原が従来の「満蒙占領論」から「満洲独立論」へ転向したことを表明し、他の参加者は当惑し、反発するのだが、衛藤は一人、アメリカ大陸に米国が建設された故事に照合しながら、新国家建設には明確な「イデオロギー」と「真摯なる夢」が必要だと指摘して、石原中佐の見解に同情を示したのである(児島襄『満州帝国』二、文春文庫、一九八三年)。

おそらく衛藤は、石原と同じように、「満洲」をたんなる植民地にするのではなく、「五族協和」、「王道楽土」の地にするという「真摯なる夢」を信じていたのであろう。そしてその「夢」の実現に、図書館活動で参加しようと考えていたはずである。

その意味では、衛藤の思想は、一国策会社満鉄の思惑を明らかに越えていたし、さらには民族国家の思想をも越えていたといえる[註◆2]。

そうだとするなら、満鉄の組織改革のあおりを受けて満鉄奉天図書館を失意のうちに去った衛藤が戦時下、次のように書いたことにも納得出来ないわけではない。

「満洲に行ってからこの失望に次ぐ失望の苦闘の生活は二十何年続いた。ある年の予算の削減と人減らしに会った時は、部下を馘にする程だったら自分で退めようと思った。そしてつくづく自問自答した。『お前はここまで乗り出して来て、仮りに一人になったとしても、柳行李に本を詰めて、蒙古を越えた国境の奥までも、草鞋ばきで支那人や、蒙古人や、ないしその間に淋しく生活している日本人に、それを読ますべく漂泊の旅に出る勇気があるか？　あるなら今の仕事をやれよ、なけりゃ断然退職して引上ぐべきだ』と。ところがこの内省においてわたしの返事は肯定的だった。よし！　それなら、独立でやる気でやろう」（「クワン詰め半生」『図書館雑誌』第三六年第一二号、一九四二年一二月号、前掲『衛藤利夫』所収）。

そしてすでに衛藤は、この「クワン詰め半生」のなかで、明治以来の「学制」の功利主義を指摘し、人間主義の教育の必要性を説いていたのである。

とするならば、衛藤の思想は、戦前と戦後の間でまったく変化していなかったといえる〔註◆3〕。というより衛藤の内面では、変化する必要がなかったのである。衛藤にしてみれば、自分が必死で人間中心の教育を説き、そのために全力を挙げて図書館の必要性を説いたにもかかわらず、指導者は衛藤の説く方向に進まなかった。だから敗戦という事態に陥ったのである、ということになる。

極めて我田引水、牽強付会《けんきょうふかい》な論理といえなくもないが、衛藤は真底、それを信じていたのである。おそらく衛藤もまた、石原莞爾らとともに、「五族協和」、「王道楽土」という「イデオロギー」に「真摯なる夢」を垣間見た一人であったことは間違いない。が、その「夢」は、現実の国際政治のなかで、償い切れない犠牲をしいたことは、いうまでもない。

衛藤は戦後友人に次のように語ったという。

「ねえ、われわれが満洲でやってきたこと――あれが〝侵略〟だったのかねぇ?」(宮永次雄「四庫全書を守る」『文藝春秋』一九八五年六月号)。

◆柿沼介の場合

◆資料以外に興味がない

衛藤と同じ時期(一九一九年五月)に満鉄に入社し、満鉄大連図書館長として、衛藤とともに「満洲」の図書館を領導した柿沼介もまた、「侵略」という認識は最後まで持ち合わせていなかった。

柿沼は、衛藤と異なり、自分で「退嬰的」というように、「無欲恬淡であった」(大谷武男「大連図書館長時代の柿沼さん」柿沼介『剰語』剰語刊行会、一九七二年所収)という。だから、衛藤のように時局に便乗したジャーナリスティックな文章も残していないし、軍部との付き合いもなかった。

満鉄大連図書館時代の後輩大谷武男の回想によれば、柿沼は満鉄図書館が作成した総合目録(衛藤の提唱による『全満二四図書館共通満洲関係和漢書件名目録』)の作成が関東軍の作戦に貢献したという理由で叙勲者のなかに加えられたが辞退している。また、一高時代の後輩である「満洲浪人」が図書館の本を利用して『満洲事変』という本を書き、柿沼に序文を依頼してきたが、柿沼は「軍のお先棒を担ぐ本の序文はお断りする」と言下に拒絶したという。

このようなエピソードにみられるように、柿沼は資料それ自体にしか興味がなかった。柿沼の死後、「満洲」時代の後輩たちによって編まれた『剰語』(剰語刊行会、一九七二年)所収の論文がそのことを証明している。満鉄図書館の共同館報『書香』に載せた論文をはじめ、そのほとんどが正確な文献解題と収集した資料の紹介、書評、それに図書館の紹介に終始している。衛藤のような時局的な文章は一編もない。

たとえば、一九三七（昭和一二）年、「満洲国」で開かれた全国図書館大会に関する文章でも、「満洲」には古い文化があり、それを大会参加者はしっかりと学んで欲しいと書いている。同じ大会での文部大臣諮問「大東文化進展の為図書館の採るべき方策如何」や衛藤利夫の提出議題「図書館中心の挙国的文化機構結成」といった空疎な大言壮語と、柿沼の文章は対照的である。

柿沼は、一九四〇（昭和一五）年、満鉄を退職する。前年の満鉄調査部の改組、拡充方針（大調査部）によって、従来の「自由」な図書館運営が不可能になったからである。その後一時、満洲国立中央図書館籌備処嘱託として洋書の収集にあたり、一九四三（昭和一八）年、再び満鉄大連図書館顧問に復帰。敗戦後、大連図書館が中国長春鉄路公司に接収され、科学研究所中央図書館と改称された同館の館長を一九四八（昭和二三）年まで勤めた。引き継ぎのための目録作成と事後処理であった。

一九四八（昭和二三）年帰国後は、国立国会図書館で議事録索引の基礎をつくり、図書館学資料室の充実を図った。さらに一九六〇（昭和三五）年から一九七一（昭和四六）年まで、上海にあった東亜同文書院大学の流れをくむ愛知大学教授に就き、一九七一（昭和四六）年、八七歳の天寿をまっとうした。

◆諦念かそれとも無邪気なのか

さて、柿沼は戦後も衛藤と異なり、表だった活躍は一切していない。国立国会図書館勤務時にも、館員の有志を集め、図書館学関係の新着雑誌の輪読会や雑誌記事索引カードの作成にあたっていた。『びぶりお』や『国立国会図書館月報』に海外文献の紹介や海外図書館の消息などを多く書いたが、すべて無記名であった。

その柿沼が唯一、自らの過去を語ったのは、もりきよしを聞き手にした「図書館に生きた五十年」（『図書館雑誌』第五七巻第一〇号、一一号、一九六三年一〇月号、一一月号）である。

けれども柿沼のはなしは、ここでも当然のように、図書館に関連することばかりである。アメリカ、ヨーロッパへの留学。満鉄大連図書館での分類、目録、収書の苦労ばなし。館報『書香』の発行、満鉄業務研究会など、興味あるものではあるが、自らが植民地の図書館を担ったという反省はない。

なかでも資料収集に関しては、満鉄の参考図書館としての機能を第一に考え、じっさい大学出の若い社員の要求に応じたこと［註◆4］。中国の善本も多く購入し、中国人にも喜ばれたことなどを無邪気に語っている［註◆5］。しかしその内実は、それほど単純なものではなかった。購入したといっても、満鉄の資金力にまかせた強引なものだったのである。

そしてその資料が戦後分散したことについては、「わたくし達がもっとも努力して力を費やしたものが、砂の上に建てた楼閣だったということになるわけですね」というように語られるのである。

それでも、満鉄の図書館で十分仕事が出来たことについて、「振りかえってみると図書館人としてはいいところに運よくいかしてくれたといえますね」とたんたんと語り、図書館員としての心がまえを聞かれると、「もっている資料をフルに使う、そのためになるべく資料をよく知る」、「ほんとうに求めている人に適書を橋渡しする。これが図書館員の役目であります」という。

柿沼の回顧談を読むと、衛藤とは異なり、悔いはないようにみえる。与えられた図書館という職場で、図書館人として利用者が必要とする資料を集め、その資料を組織化し、それを欲している人に提供するということに徹しているのである。

衛藤もまた、柿沼と同じように、資料を集め、それを組織化し、利用者に提供するという図書館人としての業務を誠心誠意追求した。その限りにおいて両者に違いはない。だが衛藤は、そのことを通して社会に働きかけようとした。心から「五族協和」、「王道楽土」という当時の思想を信じ、自らの信念である彼のいう人間主義の教育にも携わった。それは、衛藤にとっては、「真摯なる夢」の実現の場であった。だから、その「夢」が破れたとき、衛藤は東京に去った。そして戦後、再び新しい場で「夢」の実現に向けて第一線に立ったのである。

一方柿沼には、衛藤のような「夢」はなかったはずである。おそらく柿沼は、自らを図書館人として自己限定していたのであろう。もしくは性格的に政治や社会に関心が薄かったといいえばいえる。が、むしろ彼の奥深いところで、ある種の諦念が存在していたように感じられる。それは、先に触れたエピソードにあらわれているように、時局に沿うということ、文献をもって時局に役立てるということに対する嫌悪感であったのかもしれない。けれども、このような嫌悪感は、必ずしも質の高いものではない。知識人としてはあまりにも無邪気に資料、その集積の場である図書館を肯定しすぎているのである。図書館も、したがって図書館をつくるということも社会的関係性のなかでしかあり得ないという極めて自明のことが柿沼には理解出来なかったというべきであろう。だから、追われるように満鉄大連図書館を去ったわずか一カ月後（一九四〇＝昭和一五年六月）、再び単身「満洲」に渡り、新京で国立中央図書館籌備処嘱託に就任するのである。ここでは、図書館長時代の煩わしい人事や予算から解放されて、のびのびと洋書の収集を楽しんでいたという（福井保「籌備処時代の柿沼先生」『剰語』）[註◆6]。情況に疎い、もしくは情況と関わることを避け続けた書物に憑かれた人、が、いたというべきであろうか。

◆弥吉光長の場合

◆資料を守るために

弥吉光長《やよしみつなが》も敗戦を「満洲」で体験した。当時弥吉は、旧記整理処長兼任国立奉天図書館長であった。八月一五日、天皇の「玉音放送」を聞いて、「身体中電流が走る思いがした」が、中国語訳放送中に冷静さを取り戻し、騒ぎ出した中国人の館員に次のように話した。

「日本は敗れた。私は今から館長ではない。この図書館は諸君が自分達の力で護らねばならない。日本人が清朝の文化財を護り続けたように、諸君はこの文化の至宝を、次の館長が来るまで完全に守らねばならない」（「国破れて図書館存す」『弥吉光長著作集』第二巻、日外アソシエーツ、一九八一年）。

そして中国人の幹部に図書館を守ることを命じ、自らは中央銀行に行って金を引き出し、職員の給料を出来るだけ支払った。翌年三月、図書館によび出されて行くと、国立瀋陽図書館の大きな看板がかかっていて、資料は守られていた。弥吉は翌日から、遼寧省教育庁研究員として高等官待遇で一九四七（昭和二二）年七月末まで留用となる。

弥吉は留用までの七カ月の期間に、「この国に来て何をしたか。文化に貢献しえたか、自分の一生に何を加え、何を失ったか」と自ら問い、当時、「文化に貢献したことは奉天の図書館事業を守ることができるか否かできまると思った」という。

図書館人弥吉としては、何よりも資料＝文化を守ることが第一義だったのである。だから、「日本人が清朝の文化を守った」と何の躊躇もなく書いた。それは、国立奉天図書館長として散逸しそうな資料を組織的に収集したこと。図書館の屋上に高射砲を据えることを断り、軍隊の駐屯も断ったこと。また明朝時代の石碑を発見し、それを図書館前に展示して、図書館は文化を保存するところであることを中国人に示し、日常から友人であるという観念を植え付けていたことなど、図書館長として、日々の活動に自信をもっていた故の発言であった。だから戦後、「日本人が来ている」とあやしまれても、他の人が「もとの図書館長で、いま留用だ」と説明してくれて危害を加えられなかった。このような体験から弥吉は、「文化保管の体制を平時から強調する必要がある」として、「図書館は多くの友人を持ち、日頃から頼りになる人達との観念をもたせるようにサービスしておくことが必要である」という。そして、

「もとより、図書館が無事であれば、事業を失ったのは止むを得ない。個人としては擬制国家の国立図書館に奉職した出発点が過りの原因で止むを得ない。文化を守りえただけで満足する外はあるまい」（弥吉前掲論文）。

弥吉がこのように書いたのは一九七九（昭和五四）年のことである。戦後すでに三四年が経っていた。この文章は、同時期の「東北地方（旧満洲）図書館の回顧史」（『図書館大道』五、六号、一九七九、八〇年、『著作集』第二巻所収）、少し以前の「氷の裂ける音──満洲で迎えた終戦──」（『日本古書通信』三八八号、一九七六年、『著作集』第六巻所収）とともに、いわば弥吉の戦前における図書館活動の総括と考えてよい。

◆誠実に過去を語りながらも

とはいえ、弥吉がそれ以前に、図書館と戦争の問題についてまったく触れていないわけではない。断片的ではあるけれども、何度かこの問題に触れようとはしていたのである。

まず最初は、先に引用した裏田武夫の「図書館員の立場」に対して、「図書推薦者の態度」（『図書館雑誌』第四八

巻第二号、一九五四年二月号）で反論を行っている。

しかし、この反論は肝心の戦前、戦中の図書館活動には触れず、裏田が同じ論文で弥吉を批判した日本図書館協会の図書推薦の問題に終始しているに過ぎない。おそらくこの時期、弥吉は、まだ自らの過去をじっくり反省する余裕を持ち合わせていなかったといえる。

もう一つは、「『人間の条件』を読み直してください」（『図書館雑誌』第六〇巻第五号、一九六六年五月号）である。弥吉がこれを書いたのには以下のような経緯があった。

一九六五（昭和四〇）年八月号の『図書館雑誌』（第五九巻第八号）が五〇〇号記念で「敗戦前後の図書館」を特集した。その一つに「朝鮮・満洲の図書館を語る」という座談会がある。出席者は関野真吉《せきのしんきち》（元京城帝大図書館）、西沢秀正（元満鉄奉天図書館）、弥吉光長、それに司会が中村道冏（元満鉄奉天図書館）の四人。

座談会の中身は、司会の中村が当時の図書館人は「満洲大陸の文化に役立てようと」図書館活動をしたのであって、植民地政策とか、戦争のお先棒をかついだとかしたのではない。意識的には決してそういうものではないという結論にもってきて、それ以上突っ込んだ内容にはなっていない。

弥吉は、中国の古文書を収集する際、嫌がっているのを無理に集めてくるという「苦労」ばなしをしたあとで、それが日本人の研究者（満鉄調査部の天海謙三郎ら）［註◆7］にたいへん喜ばれ、自分の一生のうちでいちばん人に喜ばれる仕事をしたという。が、一方では、先にも触れた八月一五日の体験を語り、中国人も協力してくれた、だから中国人とも仲良くやれた、と中村の強引な結論に便乗するだけで済ませている。

じっさいこの時期、日本の中国侵略に対して、反省、謝罪しなければならないという認識は政府はもちろん、いっぱんの日本人のあいだにもまったくといっていいほどなかった。一九五八（昭和三三）年七月一四日の風見章、細川嘉六、中島健蔵、伊藤武雄の連名による「反省声明」が唯一のものであった。この声明は、この年の五月に岸信介内閣が台湾政権支持を露骨に示したことと、長崎市で中国国旗侮辱事件が起きたことに際して出されたもので、公式新聞発表もされたが、共同通信以外の大新聞は無視した。が、「人民日報」が大きく取り上げ、九月の国慶節祝典に風見章を代表とする日中国交回復国民会議の一行が招待されたのであった。

この「反省声明」は、「われわれは過去の侵略戦争によって、中国人民に与えた絶大な苦痛を忘れることはできない。この人道上の責任に対する深刻な反省なしには、日本民族将来の発展はありえない」と率直に語り、誠意あるものになっている。

しかし、この声明は当初、なるべく多くの署名を得ようとしたが、ならず結局四人に落ち着いたという。署名者の一人伊藤武雄は、「あらためて戦争責任の自覚というものの徹底が、困難であることを理解した次第です」と書いている（伊藤武雄『満鉄に生きて』勁草書房、一九六四年）。

弥吉らの座談会が行われたのは、「反省声明」から七年後、だが伊藤がいうように、「戦争責任の自覚というものの徹底が、困難であること」に変わりはなかったのである。

そんななかでこの特集全体に対して、福田誠は「図書館員として、戦争に対する反省がみられないのはどうしたわけなのだろうか」（「『敗戦前後の図書館』特集を読んで」『図書館雑誌』第六〇巻第一号、一九六六年一月号）と疑問を呈した。

そして、次のように指摘した。

「私を含めた戦後の図書館員に、先輩が残すべきことの一つは、体制にどう押し流されたのか、どう抵抗しようとしたのか、どういう形で図書館を残そうとしたのか、あるいは、全く意識しないうちにああなってしまったのかという、本当の『戦争と図書館』というテーマではないだろうか」。

福田の指摘は、朝鮮、「満洲」での加害者責任にも言及しており、裏田が提起した戦争責任の視点を植民地にまで広げたという点において画期的なものであった。

というのも、高度成長のまっただ中にあったこの時期、福田のような提起は先の伊藤らの「反省声明」以外ほとんどなかったからである。当時戦争体験の「風化」が叫ばれるなかで、一九六五（昭和四〇）年六月、日韓条約が調印された。同じ年、ベトナムでは米軍の北爆が本格化してきたのである。けれども、日韓条約に象徴されるように、日本の植民地支配に対する反省はなかった。

政府はもちろんであるが、日本国民のあいだにも、その反省は希薄であり、日韓条約に反対する側も、南北分断の固定化、米・日・韓の軍事同盟形成の危険性を強調していた。日本政府は韓国そして北朝鮮にも明確に謝罪し、必要な賠償を払うべきだという意見はなかった。このような植民地に対する加害者責任の自覚のなさは、一九七二（昭和四七）年の日中国交回復の時点でも変化がなかったのである（吉田裕『日本人の戦争観』）。

さて、福田の鋭い問題提起に、「特集」の執筆者たちは、裏田のときと同じように沈黙でしか応えなかったが、そのなかでただ一人反応したのが弥吉であった。

弥吉は、福田の指摘に半ば理解を示しながらも、「何がその事業の価値をきめるかは、その精神の純一さに求めねばならないと考えて、私は文化財の収集と保存に生命を賭けた」といい切る。そのために、古文書を製紙材料にせよという政府の命令に反して、「満洲」中をかけまわった。図書館を軍隊に貸すこともしなかった。中国人と仲よくするのも思い上がった考えではない。そうしなければ文化財は守られないからだ。結果は文化財は守られた。文化事業は軍人に縁のないことであったのがせめてものことであった（「『人間の条件』を読みなおして下さい」）。

おそらく弥吉のことばにいつわりはあるまい。ここにも書物そのものの価値に憑かれた図書館人がいた、というべきであろうか。

弥吉は、一九三七（昭和十二）年、大森志郎、柿沼介に誘われて、翌一九三八（昭和一三）年、「満洲」に渡った。三八歳のときである。それは、自らも述べているように、古書の番人で、半ば死んだような絶望的な日々を送るよりも、国立図書館創立計画に参画する方が意味があると思ったからである。

だが、満洲国立中央図書館と建国大学大学院図書館を兼ねるという案に反対し、国立図書館独立を強く主張したために、奉天に左遷された。その奉天で中国人一二〇余人のなかでただ一人、参考図書館を目指して資料の収集に携わっていた。そのなかで敗戦を迎えたのであった。

したがって、弥吉の「満洲」生活は、衛藤や柿沼に比べて短い。短いから責任が少ないというわけではないが、衛藤や柿沼が「満洲」に渡った一九一九（大正八）年と一九三八（昭和一三）年とでは、日本国内の状況もかなり異なっていた。この時期、国内の息苦しさに耐えかねて、もしくは研究の「自由」を求めて、何人もの研究者や転向者が満鉄調査部や「満洲国」に渡った。たとえば、衛藤利夫に引導を渡した石堂清倫もその一人であるが［註◆8］、弥吉もまた、同じような思いであったのであろう。

じっさい当時の図書館界は、改正図書館令（一九三三年＝昭和八年）が公布されたにもかかわらず、「時局」の進展に伴って、府県立図書館の義務設置もかなわず、国庫補助金の要求も受け入れられず、職員の待遇も改善されなかった。「非常時」にあって図書館は「不急の事業」と見なされていたのである。

そのころ弥吉は、『図書館雑誌』（第二八年第二号、一九三四年二月号）に「非常時図書館活殺論」を書いて、図書館の必要性を説いているけれども、弥吉自身が図書館の将来にそれほど光を見い出しているとも思えない。そんな折、尊敬する先輩から、国立図書館の創設に参画して欲しいと誘われれば、断る理由はない。

のちに、弥吉は、「甘い条件に動かされた愚かさ」（「過去・現在・未来の図書館——ある老図書館人の意見——」『図書館雑誌』第六三巻第二号、一九六九年二月号、『著作集』第六巻所収）と書いているが、そのことを非難するのは酷であろう。

問題は、福田誠が的確に指摘したように、自らの行為を率直に述べることである。その意味では、弥吉は、「あまり回顧癖のないために、私は過去について語るのが得意ではない」（「過去・現在・未来の図書館」）といいつつも、十分語っている。もちろん、岡村敬二が鋭く指摘しているように、弥吉の戦後の文章は、「書物や文化というものをアプリオリにまた無批判に肯定しすぎている」きらいはあるし、そのことによって、「満洲という固有の時間、生きられた物を内在化しそしてそれを越えることが竟にできなかった」（岡村敬二「満洲国で書物を司る」石井敦先生古稀記念論集刊行会編『転換期における図書館の課題と歴史』緑蔭書房、一九九五年）ということはできる。

とはいえ、弥吉の総括がたとえ自己と自己の営為を対象化するには不十分なものであったとしても、決して無駄だとはいえない。半ば開き直りぎみに戦後の図書館再建に取り組んだ衛藤や、ほとんど沈黙を守った柿沼と比べても、意義深いことに相違ないのである。

◆おわりに

加藤周一は、知識人は一五年戦争に対し、どういう態度をとったかを問うて、五つの型に分類している（「『過去の克服』覚書」『戦後日本　占領と戦後改策』第五巻「過去の清算」岩波書店、一九九五年）。

第一は、少数の狂信的な超国家主義者。

第二は、きわめて少数の反戦主義者。

第三は、権力機構の内部に入って、その動向を少しでも合理的・人間的な方向に変えようと望んだ知識人。

第四は、日本型ファシズムの体制に批判的ではあったが、始めた戦争には勝たなければならないと思い、戦争に協力した知識人。

第五は、大勢順応主義者の知識人。

そして加藤は、第四と第五の型の知識人が圧倒的に多数派であったといい、戦後、日本の侵略戦争の責任について、はっきり発言したのは第二の型のきわめて少数の反戦知識人と第四の型のごく一部の知識人であったという。

加藤のこのような分類がどれほど当時の知識人（少なくとも図書館人も知識人であったことに間違いない）の意識と行動の分析に有効かは、正確に判断できないし、一人の人間の思想がいずれかの型にぴったりあてはまるわけでもない。

けれども、戦前、戦中そして戦後の図書館界の指導者の思想と行動を見ていくと、そのほとんどの人が第五の型に分類されることがわかる［註◆9］。もちろん、このことは図書館界に限ったわけではないし、加藤もいうように、大衆を含めて圧倒的多数の人びとが「狂信的超国家主義者ではなかったが、超国家主義とそれぞれに折り合いをつけて暮らしていた」のである。

その意味では、図書館界の指導者も、多くの日本人と同じように、戦争責任を自分のこととして自覚的に捉える意識は薄かったといえる［註◆10］。じっさい、図書館人としていわゆる公職追放にあった人は一人もいなかったのである。そのことが裏田武夫や福田誠の問いを真正面から受けとめ、誠実に応える作業を避けてきた一つの原因にもなっている。

衛藤利夫は、自らの戦争協力を国家の功利主義教育の責任に転嫁し、当時の「一億総懺悔」論に便乗していった。柿沼介は、戦争に批判的ではあったけれども、概ね大勢に順応してきた過去を、無署名の書誌研究のなかに韜晦《とうかい》した。

二人より若かった弥吉は、回顧癖がないといいながらも、かなり率直に自らの過去を語った。たとえそれが現在の地平から見れば不十分であろうとも、貴重な証言であることにかわりはない。その弥吉も今年（一九九六年）、九五歳の天寿をまっとうした。

すでに、図書館界に、体験としての戦前、戦中を語ることのできる元図書館人はほとんどいない。彼らの口から、ついに「戦争責任」という言葉は聞くことが出来なかった。しかしそれは、彼らだけに非があるのではない。むしろ、彼らの「戦争責任」を引き出すことを怠った、もしくは避けた後進の図書館人たちの責任もまた問われなければならないのである。

註1◆四男衛藤瀋吉の回想によれば、衛藤は「満洲」時代、図書館長にあまり誇りをもっていなく、蒙古学者、満洲学者として遇されることを喜んでいたという。司書はしがない世を忍ぶ姿で、朝一〇時に出て、夕方四時に帰ってくるので、図書館はらくな仕事だと子ども心に思ったという。衛藤瀋吉「図書館に期待するもの」日本図書館協会編『日本図書館協会創立一〇〇周年記念特別公演・シンポジウム記録集』（日本図書館協会、一九九四年）。報われぬ図書館での鬱屈した思いが逆に衛藤を、「五族協和」、「王道楽土」といった空疎で過激な「理想」主義に深入りさせたといえないこともない。

註2◆先の座談会で衛藤は新国家になれば「在満邦人」の国籍はどうなるのかと石原に問うている。石原はこともなげに、国籍は新国家に移すといった。だが他の日本人出席者は反対した。ほとんどの日本人が「満洲」を植民地としてしか考えていなかった証左である。そして結局「満洲国」では国籍法は制定されなかった。四千三百数万人といわれた『満洲国』居住者のなかに法的にはたった一人の「満洲国民」もいなかったのである。山室信一は、国籍法制定を阻んだ最大の原因は、「在満日本人の心であ」り、「王道楽土満洲国とは国民なき兵営国家にならざるをえなかったのである」といっている。そして「満洲国」総人口に占める日本人の割合は最大でも三パーセントに満たなかっ

たのである（山室信一『キメラ――満洲国の肖像――』中公新書、一九九三年）。まさに、「満洲国」とは石原莞爾や衛藤利夫の「夢」とうらはらに「偽国家」、「傀儡国家」だったのである。

註3◆岡村敬二は、「図書館と戦争責任――奉天図書館長衛藤利夫を例に――」（『季刊としょかん批評』三、せきた書房、一九八三年）のなかで、衛藤を「全き〝善意の人〟」と規定し、「二重三重に折れまがった典型的な転向のパターン」だといっている。じっさい、クリスティの『奉天生活三十年』に感動した衛藤、敗戦直前日本に帰って、読書指導運動に邁進した衛藤、そして戦後、民主化を絶叫した衛藤、を見ていけば、その行為の変遷の「無自覚さ」を指摘することはできる。だが、それを思想の変化、もしくは、ことばの厳密な意味で「転向」と考えることには留保したい。

註4◆当時調査部に在職し、満鉄調査部事件で検挙され、獄中からシュモラーの『国民経済学論』の原書を借り出した体験をもつ野々村一雄は、『回想満鉄調査部』（勁草書房、一九八六年）のなかで次のように書いている。
「僕の満鉄調査部在職当時、調査部資料課第一資料係主任であった、横川次郎、石堂清倫両氏の、資料への深い造詣と、係員に対する組織能力と、それにも拘わらずこの有能な「主任」自身が先頭にたって、資料の購入、分類、研究者へのリファランスに献身しておられる姿をまのあたりに見た。大連図書館についても、同じようなことがいえる、これほど、必要な資料がそろい、これほど使い易く、これほど館員の親切な図書館を、僕は知らない」。

註5◆だが、一方では、一九三二（昭和七）年、「満洲国」は各地の文化機関に「現存の各書籍中、満洲国の国情にかなはないものは凡べて、焼き棄てる」という通告を出し、三月から七月末までのあいだに六五〇万典余を焼いた。これに少しでも異議を唱える者は直ちに弾圧をうけたという。さらに「満洲国」内で出版される印刷物（本・雑誌・新聞）にも厳格な検閲を行った（易顕石『日本の大陸政策と中国東北　東アジアのなかの日本歴史』一一、六興出版、一九八九年）。

註6◆じっさい当時の『満洲読書新報』（第四一号、一九四〇年八月）にも、「柿沼さんが、予算の、人事の、渉外の、という煩わしい庶務をはなれて、図書館固有の知的な方面に専心されて立派な国立図書館を盛り立て、続々と後進を育て成していただけるであろうことを満洲のために喜びとする」という文章が載っている（湖東生「新京の柿沼さん」）。

註7◆天海謙三郎は、大正初期に『満洲旧慣調査報告』（全九冊、一九一三〜一九一五年）の編纂を担当し、いったん退社したが、一九三四（昭和九）年から、嘱託として満洲旧慣調査、土地制度調査を行っていた。石堂清倫によれば、

天海は人格者で道徳家であったという。だが、敗戦後、中国語の新聞号外に「日寇」（日本人ギャング）と書かれてあるのを見て、「私は中国の人にたいして生涯誠意をもってつきあってきたつもりである」といって号泣したという（石堂清倫他「満鉄調査部とは何であったか」（一）『アジア経済』第二八巻第五号、一九八七年五月）。

註8◆石堂清倫が満鉄に入社したのは一九三八（昭和一三）年。翌年（一九三九年四月）大調査部ができ、すぐに調査が出来る人材ということで、多く左翼前歴者が採用された。この間の事情について石堂は、計画的に入社したのではなく、縁故的に入ったといい、「偉そうな顔をして行ったのではなく恥を忍んで、ばらばらに個人的に逃避した面が強いのです。内地で手も足も出なくなって、ただ一つ道のあけてあった外地へ流れて行ったという事情を忘れてはならないと思います」といっている（石堂清倫他「満鉄調査部は何であったか」（二）『アジア経済』第二八巻第六号、一九八七年六月）。

その石堂らも、一九四二（昭和十七）年、一九四三（昭和一八）年の二次にわたる「満鉄調査部事件」（「満洲国」治安維持法違反）で四四名が検挙されるに至る。石堂清倫の満鉄時代の回想は多くあるが、さしあたり『わが異端の昭和史』（勁草書房、一九八六年）参照。他に『アジア経済』第二六巻第四号（一九八五年）から第三一巻第二号（一九九〇年）まで随時連載された計三五回の「満鉄調査関係者に聞く」のなかの石堂出席部分も含めて貴重な記録である。

註9◆清水正三は、少数ではあるが、わずかに抵抗を示した図書館人もあったとして、竹内善作、関位太郎、田島清の名を挙げている。なかでも堺市立図書館長であった田島清は、戦時中憲兵による『日本地理風俗大系』の提出を拒否したが、「玉音放送」のあった日、辞表を出したという。田島はその事情を『回想のなかの図書館』で次のように書いている。

「たとえ組織の末端であれ、戦争中市民の知的精神的指導者の一人として私が呈した役割に対する責任を、なんらかの形でとらないわけにはいかなかったのであり、今後もはや知的職業には就くまいというそのときの私の決意も、そこから生まれたものであった」（清水正三『図書館を生きる——若い図書館員のために——』日本図書館協会、一九九五年）。

註10◆「戦争責任」の重さの度合を競い合う気はないが、いみじくも衛藤が指摘したように教育、なかでも教育学者の「戦争責任」は圧倒的に重い。そして彼らもまた戦後、その責任に頬かむりしたまま戦後も指導的位置についた事実を忘れるべきではない（長浜功『教育の戦争責任——教育学者の思想と行動——』大原新生社、一九七九年）。

◆附記

この二つの論考は『ず・ぼん』3号の特集「図書館人が植民地でやったこと」に書いた。他に、加藤一夫「旧植民地図書館活動の研究をめぐって」と河田いこひ「植民地図書館の三つのエピソード」を加え、四本で特集を組んだ。

あまり知られていないが、植民地での活動は、ある意味では本国のそれよりも盛んであり、図書館員も優秀な人たちが多くいた。それは、植民地政策の一環としての本国の図書館とは異なる役割を担わされていたという面もあるが、それを担った個々の図書館員たちのある「思い」も重要な要因であった。

だが、この特集を企画した当時、植民地図書館の本格的な研究はほとんどなかった。ただ、緑蔭書房から「日本植民地文化運動資料」として満鉄の図書館の『書香』、『北窗《そう》』、『収書月報』の各図書館報、朝鮮総督府図書館報の『文献報国』などが復刻されつつあり、資料的には整いつつあった。

じつをいえば、植民地図書館研究の重要性を最初に指摘したのは加藤一夫氏（現静岡福祉大学学長）で、この特集にも書かれているが、氏が国立国会図書館の職員時代の一九七〇年代半ばに遡る。当時はまだ、植民地図書館で活躍されていた人たちが現役で国会図書館や大学図書館に何人もいられた。じっさい加藤氏は聞き取りもはじめられていた。

一方、河田いこひ氏は独自に植民地図書館の研究をはじめられていた。一九八八年に、このお二人がかつて満鉄調査部にいた石堂清倫氏のインタビューを行い、共同で植民地図書館研究を再開する意向をもたれた。その後また、いろんな事情も重なり、お二人は図書館現場を離れられ、研究も中断されていた。

　私がお二人に声をかけられたのはそれよりずっとあと、以前からお二人ともよく存じ上げていたが、三人で共同研究を具体的に話し合ったのは一九九五年三月、名古屋で会ったが、その日は東京の地下鉄で「サリン事件」が発生した日だった。当時（今も）、加藤氏は静岡県焼津に、河田氏は長野県の野辺山、私は香川県善通寺市に住んでいたのでなかなか三人が会える機会がなかった。

　この特集はだから、三人で植民地図書館を調べ直すための決意表明のような思いで企画した。結局、三人の分担論文になったが、加藤一夫、河田いこひ、東條文規『日本の植民地図書館――アジアにおける近代日本図書館史――』（社会評論社）は二〇〇五年になんとか出版できた。私が加わってからでも一〇年かかった。厳密な意味での研究書ではないが、植民地図書館の概説的な通史としては初めてのものである。

　もう一つ嬉しいことに、昨秋（二〇〇八年一一月）、韓国の翰林大学校日本学研究所から、この本を「日本学叢書」の一つとして翻訳したいという連絡があった。この研究所は、軍制下、T・K生の名で長く『世界』に「韓国からの通信」を連載された池明観氏が初代の所長に就任し、一九九四年に設立されている。現在まで、加藤周一『日本文化のかくれた形』、大江健三郎『小説の方法』、鶴見俊輔『戦後日本の大衆文化史』など一〇〇冊ほどが刊行されている。その叢書の一冊に加えられることを光栄に思っている。

◉第二部

本と人をめぐる研究ノオト

鶴見俊輔覚え書き

自覚したマッセとは何か◉——『四国学院大学 論集』40号、一九七八年三月

◆複眼的な眼差しによるおおらかさ

自分が真剣になればなるほど、かならず周囲からは疎外され、逆に周囲が真剣になればなるほど、今度は自分がふざけなければ窒息しそうになる。このような現代日本の思想状況のディレンマにもっとも自覚的な思想家のひとりとして鶴見俊輔は立っているように思われる。しかもこの「ズレ」の自覚の有無は、思想家の質をはかるひとつのリトマス試験紙でもあろう。

かつて谷川雁は、「大衆に向っては断固たる知識人であり、知識人に対しては鋭い大衆であるところの偽善の道をつらぬく」[註◆1]という危険な綱渡りによって、きわめて鋭角的にこの「ズレ」を突破しようとした。

だが鶴見は、谷川のようにこの「ズレ」をより鮮明にし、そのはざまに切り込もうとはしない。とはいえ、いわゆる近代の多くの啓蒙家が多かれ少なかれひきずっているような、知識のたかみから鳥瞰しているというのではない。また透谷に代表されるように、みずからにとっては決定的な原点からすべてを発想し、行動するわけでもない。鶴見は、この「ズレ」を「ズレ」としてかかえ込むことによって状況にコミットする。別にいえば、彼

の目はいつも複眼的であり、その思想はおおらかさをもっている。それは鶴見のつぎのような思想理解に端的に示されている。

「わたしは思想を、それぞれの人が自分の生活をすすめてゆくために考えるいっさいのこととして理解した。それは断片的な知識とか判断からなりたっているものだが、おのずから全体をつらぬく傾向あるいはまとまりを持っている。その細部に注目するのでなく、全体のまとまりに着目する時、とくに『思想』とよばれるような対象がはっきりとあらわれるのだと思う」〔註◆2〕。

このような思想のとらえ方には、たとえば吉本隆明が「思想」というときに感じられるある種の「きつさ」、つまり極限性はない。鶴見は、なによりも人びとの日々の当り前の生き方、いわゆる日常性のなかに思想をみつけようとする。誤解をおそれずにいえば、ここには従来の大衆と知識人との区別は稀薄であるといってもよい。重要なのは人間を最大辺でとらえたときに共通する生活である。おそらく鶴見には、体系的思想に対する深い懐疑があり、この懐疑が論理的に一貫した「思想」よりも人間の生きている姿体に関心をむかわせるのではないだろうか。要するに人びとの生き方が問題なのである。思想はそれを媒介するものにすぎないようにみえる。ここから彼は、「思想」としてこれまでほとんど顧みられることのなかった領域へ自由に踏み込む。それは、「思想の科学研究会」を通してのさまざまな成果にあらわれている。また、「声なき声の会」や「ベ平連」への主体的な参加も彼の思想のあらわれにほかならない。

思いかえせば、わたしはこれまで鶴見俊輔の思想営為の過程を追いながら、常にどこかでイライラしてきた。それは鶴見俊輔という思想家に余裕があるからなのか。そして、この余裕はどこからくるのかといえば、彼がマッセ＝大衆として生きようと決意していると思えるからなのか。だが、それが決意である以上、当然にも違和感がのこる。ひとは決意して大衆となるのではない。同じように決意して知識人になるのでもない。日常性のなかで、大衆にも知識人にもなるのである。だが、己れが知識人として自己を意識したとき、ひとは自己の内外に大衆のイメージを作ってしまう。と同時に、知識人としての自己のイメージも固定化されざるを得なくなる。ここには思想の硬直化以外、何ものをも見い出されない。

それでは、知識人が知識人であることを意識して、なおかつ生活者として生きるということはどのようなことなのか。特に、知識人を知識人として正当に評価しきれない日本の後進的な土壌において、それはどういう事態なのか。途方もなく多面的であり、大きくみえる鶴見俊輔ではあるが、ここでは、彼の戦争体験を中心にその思想の一端を考えてみたい。

◆「負い目」とナショナリズム

一九四二年、アメリカの留置場でハーヴァード大学の卒業論文を書き終えた鶴見俊輔は、捕虜交換船によって帰国する。一九歳の鶴見にとってそれは、一つの選択であった。この選択はしかし、彼の戦後の思想的営為＝生き方に深くかかわる。ひとは、青年時代の決断を、どんな未熟な思考上のものであったとしても、それがひとつの決断であれば容易に捨て去ることはできない。おそらく思想の微妙、おそろしさは、忘れている当人にむこうから襲ってくるものなのだ。いや、この場合、むしろ若年なるがゆえにより多く真実を含んでいたともいえるかも知れないのである。ひとは年を経るにつれて相応に成熟するとはかぎらないのである。

「帰ることをえらんだのは、日本が負ける時に日本にいたいという感情からだった。北米に残って戦勝国の側から日本の敗戦を見て、それから日本へ帰ることを考えると、そのあとの自分に負い目が生じるような気がした」[註◆3]。

後年の「告白」というものがどれほどその当時の意識を正確にとらえているかは別としても、鶴見の思想の核のひとつがたしかにここにはある。彼はこの戦争が帝国主義戦争であることを認識し、それに反対である。相対的には連合国側が正しいと判断しており、それゆえ、消極的な立場で連合国側を支持する位置にいた。しかし、鶴見は日本人である。しかも、「負い目が生じる」という言葉が示すように、たとえば底辺から移民としてアメリカへ渡った人びとよりも自覚的である。移民には選択の余地などないが[註◆4]、鶴見には選択の余裕があった。日本がいかに不自由で非民主的であろうとも、彼の帰属すべき故郷であった。ここに鶴見の特異なナショナリズムがある[註◆5]。

このときの鶴見のナショナリズムの内部には、彼が大衆と遊離しているがゆえに、逆に大衆のウルトラナショナリズムと呼応する部分がある。当時、すでにカリエスの異常突起が出てきていた彼は、日本に帰っても戦争に参加することはなく、第三者的な立場が約束されていると思っていたのである[註◆6]。大衆は「黙って事変に処した」(小林秀雄)という事態には逆の反面がある。彼らはみずからの「安全」の度合だけ心情において過激となる。同じように、「負い目が生じる」という意識も直接戦争に参加するものの意識ではない。それは、銃後にあって、「大東亜共栄圏」の理想を説き、「八紘一宇」を妄想していた老人たちの意識である。また、息子や恋人を奪われるとき、涙さえも流すことのできなかったおんなたちの意識である[註◆7]。彼らはすべて「安全地帯」にいた。実際に戦争に参加した人びとはもっと自然で現実的である。彼らの多くは、みずからの境遇を運命として受け入れ、自然にふるまうほかなかった。当然にも、「負い目が生じる」余裕などはなかったのである。が、ただ一点、鶴見の「負い目」は自覚的であった。しかも、この自覚の内実が彼の思想の質をなかば決定するのである。

◆思想と心情と倫理を考え抜く

鶴見俊輔は、しかしみずからが否定する戦争に、それも負けるとわかっている戦争に参加しなければならなかった。無政府主義者＝平和主義者鶴見は、ここでおのれの思想をためされなければならぬ。鶴見も当時の青年たちと同じように「明日の世界」のない青年のひとりではあったが、みずから進んで「明日の世界」をなくそうとはしなかった。彼には、生きて日本の負けいくさを見てやろうというのぞみがあった。しかもアメリカという「安全地帯」ではなく、日本帝国主義の内部において。だがなるべく死から遠いところにおいて。

鶴見のこのアンビヴァレンツな心情は戦後も一貫しているようにみえる。そして、彼の思想は、このような心情を微妙に含んでいるがゆえに、ある種の歯切れの悪さをいつももっている。彼は対象を突き放すことができない。が、逆に対象に全面的に没入することもできない。だからといって、「弁証法」的にこの両者を器用に「揚棄」することもできない。歯切れの悪くならない方がおかしいのである。だが、ここにわたしは、鶴見の倫理観とも呼べる誠実さをみるのだ。目をつむってこの間をまたぐとき、思想の生命は死ぬといってもよい。

とはいえ、鶴見のこのような心情は、軍隊生活のなかで、のっぴきならぬ選択をせまられる。そこでは、アンビヴァレンツなものをアンビヴァレンツなままでかかえ込んでおくことは現実的に許されない。そこは、彼が生活の大部分をおくってきた世界とは明らかに異なっていた。個人の観念領域さえも自由にならない世界である。

すでに、彼はアメリカで思想を裁かれている。だが、アメリカでは、まだその思想と心情に基づいて選択の自由があった［註◆8］。しかし、今度は、選択の自由のないところで選択をせまられるのである。それは、己れの意志では所詮どうすることもできない絶対的なものとして彼にせまってくるのである。

鶴見俊輔にとって、たしかに日本の軍隊は、「真空地帯」であったかもしれぬ。だが、あとでみるように、それ以上に彼は軍隊で、社会＝大衆のやさしさとしたたかさを知るのである。このようなものとして軍隊は彼の思想にくい込まずにはおかなかった。

「戦争は私に新しい字引をあたえた。それは、旧約にたいする新約として、私のもつ概念の多くを新しく定義した」［註◆9］。

鶴見は、ジャワ島ジャカルタ在勤武官府につとめ、内田司政官の下で情報機関の仕事をしていた。ある時、二十数人の捕虜がスパイ容疑で逮捕されるが、それは鶴見と彼の同僚の松本がとった暗号によるものであった。この二十数人のスパイ容疑者のなかで本当のスパイは誰だかわからない。また、このなかにスパイがいるという保証もない。多分、このままならばみんな殺されてしまうだろう。以前にもこういうことはあった。彼らはインド人と白人の女である。捕虜として登録もせず、証拠もなしに殺すことは国際法違反である。それに、鶴見自身もこの事件に明らかに関係している。だが、彼にはどうすることもできない。

「採用されないことの分かっている提案に対して、私は危険におちる。私が何を言ったにしろ、彼らは殺されるだろう。だが彼らが殺されることは正しくないのだし、正しくないことがなされるのを知って、黙って見ていることは悪い。効果をうまぬとわかっている善行をくわだてることは、なさねばならぬ正義か、なさねばならぬことではないが、しかし黙って見ていることは正義と言うべきものではない」［註◆10］。

鶴見俊輔は常にわたしをイライラさせる。ここにみられる葛藤は戦後もまた、さまざまな状況のなかで彼を悩まし続ける。それは簡単に解決されるものではない。もともと相対的な存在でしかない人間にとって、それの解決とは絶対的なものを求める以外に方法はないのだから。だが絶対的なものを求めることは何らそれらの揚棄ではない。鶴見はどのようなときにでも絶対的なものを認めない。この葛藤の境界線にたって、ぎりぎりのところで自己と状況とにむき合うことこそ知識人のとるべき道である。それは鶴見にとって「自覚したマッセ」として生きることでもあった。

「自分の意志でなし得ることとなし得ないことの区切り目は、ながく生きてみないとつきにくい。子供のころには、すべてが自分の意志一つでできることに思える時もあった。またがっかりするときには、すべて自分のすることは自分以外の意志でしむけられてしていることのように思えた。

自分の意志でしたことは、ほんとうに自分の意志でしたのか？　この疑問には、なお、こたえることができないのである。だが、どんなに自分の意志が、自分以外の集団の意志、国家の意志に曲げられてゆくか。そのさいの自分の意志のしないかたを通して何かそこに、（自分の意志と自分以外の意志との）弾力性ある区切り目地帯があることを感じた。この区切り目地帯は、自分にとって固定したものではない。そのつど与えられた地帯の中に、自分の意志と自分以外のものの意志との新しい区切り目がある」［註◆11］。

鶴見のこのような心情は、六〇年安保に際して東京工大を辞任したこと。七〇年には、同志社大が機動隊を導入したことに抗議して辞職したことにもあらわれている。

ここに、中江丑吉のいうマッセ＝大衆の抵抗の仕方をみるのは間違いだろうか。中江の若い友人加藤惟孝は、「或る個性の記録」のなかで次のようにいっている。

「空気が切迫してわれわれ大衆の日常にも圧力が加わって来た時、どう考えて暮らしたらいいか、それを私は質問したことがある。私は学校の教師をしていたが、朝礼というものを作って軍人勅諭を唱えたり国民服を着たりすることが強制される。経済原論は西洋の学問だから皇国経済学をやれと興亜院がいう。そういうものはすべてできるだけサボっていると私がいうと『だから日本のインテリみたいなのは沈痛悲壮になってくるんだ。マッセは二つか三つどうしても守ることを決めておいて、あとはできるだけ普通にやるんだ。そうしないと弱くなる。』といわれた。その『二つか三つ』とはその時の例では、戦地で捕虜を殺せと命じられたらことわれ、東亜新秩序のビラを城壁に貼れといわれたらことわれ、皇国経済学の講義などは絶対にやるな、個人的に自由な話をすることをはばかるな、等であった。そして朝礼にはキチンと出て題目も唱え国民服も着て、たいていのことはこっちから従ってしまえというのである。『二つか三つ』のことはだから人の内面と外面との自由の程度によって、その数がふえたり減ったりする。それは人によってそれぞれに決まる抵抗の一般的な形だ」〔註◆12〕。

そして中江自身は、公けの場には身をおかず、隣り組にも入らなかった。また、華北での日本時間の採用には従わず、蘆溝橋以来、町の料理屋で飲食することもしなかったという。だがそれを他人に決っして勧めようとはしなかった。ここには、生活者として生きることを決意した知識人の過酷なまでの自己規制がある。近代的な合理的思惟を「知識」としてだけでなく、「知識」プラス何ものかとして身につけた日本の知識人の不幸がここにある。だが、不幸を悲しんでいても仕方がない。このような不幸は、知識人の言葉が生活者の言葉と接触しえないときにすでに始まっていた。その言葉を天皇制超国家主義に奪いとられたとしても今さら「沈痛悲壮」になることもないではないか。最悪のときにも最悪のときに見合った抵抗の仕方はある［註◆13］。多くの知識人が絶望から転向へ至る過程は、吉本隆明がいうように大衆からの孤立感によるところが大きいかもしれない。だがかつて大衆と知識人が蜜月をおくった時期があっただろうか。近代日本に知識人が知識人としての役割を、大衆が大衆としての役割を担い、両者がそれぞれに自立するという構造はなかったといってよい。だからこそ、知識人は孤立し、近代合理主義と土着思想とのあいだをゆれ動き、大衆の共同体的生活意識はストレートに天皇制国家に吸引されていったのである。

ともあれ、鶴見の立場は、戦時下という緊迫した状況の下では無力なものでしかない。醒めた目をもつ彼は、それゆえ無駄と知りつつ、しかし他方、自分以外の意志に流されっぱなしになることは拒否しなければならない。かつて自分の意志で世界をかえることも可能だと考えた鶴見ではあるが［註◆14］、いま、自分の意志で選択できるものは消極的な死でしかない。

「逃亡ということを何度も私は考えて見たが、その行動計画を成功させるだけの実力を自分がもっていないとあきらめた。劇薬のかたまりを手に入れ、いつも、もって歩くことにした。どんな場合にも、人を殺さず、早目に自分が死ぬこと。これだけが自分にできることと思った」［註◆15］。

そのころ、鶴見は胸部カリエスを患っていた。だが黙って消極的な死を選んだわけではない。彼は麻酔ぬきで切開手術を受けた。おそらく彼は、観念の苦痛を肉体の苦痛に置き換えることによって救いを求めたのではあるまい。それは、肉体の苦痛という自己の意志ではどうしようもない状態のなかで、それに対してどれだけ意志的な努力が可能なのかという鶴見の賭けであった。それはまた、世界とか国家とかという本来相対的なものが絶対的な力をもって自己に向かってくることに対してとる最低限の抵抗であり、自己権力運動でもあった。

「多くの友人が戦死しているなかで自分が生きのびようと願うのは過度の要求であるが、病気による死を願うのは、自分にとって社会的にゆるされ、個人的にもうけいれやすい最も都合のよい妥協点であると思った」[註◆16]。

「もっとも都合のよい妥協点」というとき、一種の恥ずかしさが漂う。この恥ずかしさは、もちろん戦友たちに対してもっていると同時に、自己に対してのそれでもある。だが、当時の彼にとって、このように考えることは思想と心情と倫理のそれぞれの境界線であったはずである。

幸い、鶴見俊輔は生き残った。生き残ったことによる負い目はしかし彼につきまとう。またおのれが否定していた戦争に参加し、その上、自己がいかに状況のなかで無力かを知らされたという悔恨もある。たとえば、彼が同世代の学徒兵佐々木八郎を鋭く批判するのはその複雑な心情のあらわれにほかならない。

◆「知識人」鶴見のパトス

『きけわだつみのこえ』によると、佐々木八郎は、東大経済学部の学生で、昭和二〇年四月一四日、昭和特攻隊員として沖縄海上で戦死している。彼は、昭和一八年に『資本論』を読み、『列強現勢力ロシア』を読んで、「レーニン、スターリンの強引さに驚嘆する。日本にもああいう人が出てほしいものだ」［註◆17］といっている。また、彼は宮沢賢治を愛し、「世界がぜんたい幸福にならないうちは個人の幸福はあり得ない」という句を理想だともいう。さらに、「正直なところ、軍の指導者たちの言うことは単なる民衆煽動のための空念仏としか響かないのだ。そして正しいものには常に味方をしたい。そして不正なもの、心驕れるものに対しては、敵味方の差別なく憎みたい。好悪愛憎、すべて僕にとって純粋に人間的なものであって、国籍の異なるというだけで人を愛し、憎むことはできない」［註◆18］とまで言い切っている。

ここには、良かれ悪しかれ佐々木の奥深い心情が示されているのだが、それがあまりにもストレートであり、また純粋であることが知識人の在り方として気にかかる。知識人特有のかげりがないのだ。従って、彼の友人の大内力が手紙で自分の任務でないところで死ぬのは愚かしいことであり、反動的な任務に死ぬのは感心せぬと忠告した［註◆19］のに答えて佐々木は次のようにいう。

「戦の性格が反動であるか否かは知らぬ。ただ義務や責任は課せられるものであり、それを果たすことのみがわれわれの目標なのである。全力を尽くしたいと思う。反動であろうとなかろうと、人として最も美しく崇高な努力の中に死にたいと思う」［註◆20］。

鶴見は、久野収、藤田省三とのシンポジウム「戦争体験の思想的意味——知識人と大衆——」のなかで佐々木八郎を鋭く批判する。

「これは純正ファシズムのカテゴリーに入るかどうかわからないが、われわれをとらえた精神と非常に近いものがある。しかも私は、こういうのは、インテリとして非常によくないと思うんです。レーニンを読み、そこまで知的な特権を与えられている学生が、決断の時になると、それに全く無関係に情熱で動いてしまって、その情熱はつねに国家にうごかされる。戦前のインテリの一番いい部分が、やはりこんな程度だったんだなと思うんです」[註◆21]。

久野や藤田がかなり同情的な目で佐々木を見ているのに対して、ここでの鶴見はきわめて醒めた目で彼を見ている。それは、純粋な心情に同情しつつも、それを突き放し得る鶴見のもう一つの目であるといってもよい。もちろん、この背後には戦争体験を踏まえた知識人鶴見の屈折のかげりと誠実さがある。

知識人鶴見は、その知識ゆえに戦争のバカらしさを見抜いていた。だが彼は、不本意な軍隊生活のなかで良心さえも全うすることができなかった。他方、知識人佐々木もまた、その知識ゆえに戦争のバカらしさを見抜いていた。にもかかわらず、彼は特攻隊に入っていく。それは情熱にかられたというよりも、戦争を課せられた運命として受けとめ、そのなかで全力を尽くそうというものであった。鶴見と佐々木との相違を青年期の思想形成がおこなわれた精神風土の違いに求めることはたやすい。多かれ少なかれ、ひとが生きてきた精神風土というものは、その人間の思想と不可分の関係にあることはいうまでもないからである。

しかし、別の視点からみれば、彼らのあいだにどれほどの違いがあったのだろうか。彼らはともにインテリゲンツィア＝「自覚したマッセ」にはなり得なかったのである［註◆22］。生き残った鶴見にはその反省がある。同世代に対するうしろめたさと同時に、大衆に対する負い目がある。これは、大正デモクラシィーの時代に思想形成を遂げた羽仁五郎や林達夫などにはみられないものである。彼らには、レトリックや沈黙を駆使しつつも全力で権力にたち向かったという自負がある。三木清や中井正一［註◆23］の死に対して、権力への憎しみや大衆のバカさ加減への蔑視はあっても死んだ同世代や大衆に対する負い目などはないといってよい。

たしかに、鶴見のいうように、「知的特権」を与えられたものが自己が徹頭徹尾試される状況において、これまでの知的営為と無関係に情熱で動いたならばもはや知識人としての存在価値を失なうのである。知識とは明らかに武器である。そして、それはどのような意味においても大衆をとらえたときに力となる。近代日本が数多くの知識人の開き直りを生み、その後進性ゆえに、開き直りを必要とし、それによってついにひとつの活路も見い出さぬまま、何か得体の知れない「大勢」が綿々と続いてきたことは事実であった。近代日本の土壌で知識人が知識人としての生命を持ちつづけることは至難なことなのだ。この至難の避けがたさを深く自覚しているところに思想家鶴見俊輔の特異さがある。

彼は、開き直ることにきわめて用心深く、精神の二重構造をそのままにして状況を器用に泳ぐことを峻拒する。おそらく、彼の思想の根底には、真継伸彦《まつぎのぶひこ》も指摘しているように、深いペシミズムが秘められているのであろう［註◆24］。その上で、彼の言動や行動のオプティミズムが躍動する。とはいえ、根底にあるペシミズムは何らかの思想的挫折の結果生まれたものではない。もし、思想的挫折から生まれたペシミズムならば、そこにはニヒリズムの影が濃厚になければならない。だが鶴見の場合、そういうニヒリズムの影をみることはほとんどできないのである。ここに、鶴見のオプティミズムの特異さと射程の長さがあるように思われる。彼には、思想的な歯止めがかならず踏まえられているのである。いいかえれば、心情と理性の強靱なバランスがたもたれているといってもよい。鶴見には絶望も熱狂もない。あるのは醒めた意識とある種の倫理観なのだ［註◆25］。
しかし、鶴見俊輔には、中江丑吉のようにリゴリスティックな生活規範を自己に課すことによってあらわれてくるような倫理がその位置をしめているわけではない。中江のような求道者的な雰囲気やある種の神秘的なイメージは鶴見には無縁である。それは、ひとつには彼が青年期、日本の同世代の知識人と異なり、天皇制超国家主義とは全く異質な土壌で思想形成をおこなったことに一応の理由をもとめることができよう。鶴見俊輔は良くも悪しくもアメリカ民主主義の洗礼を深く受けているのである。と同時に、後藤新平、鶴見祐輔と続く家系と母の厳しい教育は、のちにみるように彼に一般の大衆へのあこがれともいえる一種の思い入れをもたらしている。彼の生活感覚は、少年時代、友人に僕には大和魂はみつからないといい、その友人も「君には、ないかもしれない」といったという興味深いエピソードがその質を象徴的に語っている［註◆26］。にもかかわらず、鶴見が自分の心情は日本的なものだというとき、それは生活としての生活感覚からではなく、観念としての生活からの告白であろう。

「思想の教区においては、自分はむしろアメリカにいるわけだが、感性の教区においては明らかに日本にぞくしていることを感じた。ここにわれわれの状況の原型があるように思う」［註◆27］。

これは、日本の母物映画や国家主義的映画について述べられたものだが、鶴見が、「感性の教区においては明らかに日本にぞくしていることを感じた」のは生活感覚によって大衆が感じるものではないはずである。従って、鶴見が「われわれの状況の原型があるように思う」というとき、鶴見自身はおそらく「われわれ」のなかに入っていないのである［註◆28］。ここには明らかに「ズレ」がある。一寸の間があるのだ。この「ズレ」にわたしは時々、イライラするのかもしれない。

「私は子供の頃から哲学が好きで、一五歳位までにスピノザ、カント、ヘーゲルのもの等を読んだ。しかし、海軍の軍属になって戦争の期間をすごしたとき、自分の精神の動力になっていたものは、スピノザでもカントでもヘーゲルでもなく「俺は河原の枯れスキ」という思想であった。しかし、私が貫いて来たことが一つある。それは、兵隊と巡査は大きらいだということだ。これは国定忠治や相馬大作の話を子供の頃に読んで、政府の手先きが人をつかまえたり、殺したりするのはけしからぬという考え方が私の中に、ラティスとしてすえられたことから来ている。まじめなものはよくないのだという信念がパトスとして持たれていた」［註◆29］。

「兵隊や巡査は大きらいだ」とか「まじめなものはよくないものだ」とかいうような発想は、即自的な大衆の心情とはかけ離れたものである。それは、知識人鶴見にとっての「信念」であり「パトス」なのだ。兵隊や巡査は正義の味方であり、まじめなものはよいものだということがエートスとしてしみとおっている近代日本の大衆に接するとき、この鶴見の「パトス」は貴重である。そして、この「パトス」の維持がいかに困難であるかということは、まえにも述べたように、近代日本における知識人の課題を背負うことの困難さに通じる。が、それが「パトス」であるかぎりにおいて、「スピノザ」や「カント」や「ヘーゲル」と「俺は河原の枯れスキ」が鶴見にとっては同じ位相として観念領域に属することを意味する。すなわち、両者からある程度「自由」であるということだ。このことはしかし、鶴見が戦後、「思想の科学研究会」を中心に大衆小説、流行歌、娯楽映画、生活綴り方などを扱い、従来と異なった視座から実り豊かな成果をあげたにもかかわらず、また行動面においては、

「声なき声の会」や「べ平連」などの新しい運動の中心的存在だったにもかかわらず、ついに大衆の日常性の暗部を照射することがなかったことをも意味する。彼がすくいとり、登場してくるのはいつも観念化された大衆＝「市民」なのである。わたしは、先を急ぎすぎたのかもしれない。鶴見の思想的課題の担い方は微妙な、だが貴重なものをもっている。特に、その方法の自由さと柔軟さは、硬直的なアカデミズムと歯止めのないジャーナリズムを思うとき、決して無視し得るものではないのである。

◆新鮮な思想家

鶴見俊輔は吉本隆明との対談「どこに思想の根拠をおくか」のなかで、万年二等兵で三〇歳ぐらいの兵隊の例をあげて自分の大衆のイメージについて語っている。その兵隊は、先にたってひとをなぐったりなどしない。若い兵隊がなぐるのを見たあとで、あんな子供ももったことのない連中がひとをなぐってたまるもんかなどとかげでぼそぼそいっている。鶴見は、先に述べたように、自分の信じていない戦争にイヤイヤ参加しているのだから、そんな兵隊に共感をもつ。

「私にとっては、何だあいつはわけもわからないくせにとぶつぶつ言いながら、半身の姿勢で戦争に協力していたような人たちが、大へん重要な大衆のイメージです」[註◆30]。

彼は、この大衆のあいまいさのなかに、ある種の可能性をみる。その可能性とは、人間としてのヒューマニティーであり、誤解をおそれずにいえば、民主主義的市民へと形成される核となるものである。

これに対して吉本隆明は、よく知られているように大衆のイメージをそのウルトラ性にもとめる。吉本によれば、大衆とは何よりもウルトラ化する存在である。

「ぼくのとらえている大衆というのは、まさにあなた（鶴見）がウルトラとして出されたものですよ。戦争をやれと国家からいわれれば、支配者の意図を越えてわっとやるわけです。たとえば、軍閥、軍指導部の意図を越えて、南京で大虐殺をやってしまう。こんどは、戦後の労働運動とか、反体制運動では、やれやれと言われるとわっとやるわけです。裏と表とがひっくり返ったって、それはちっとも自己矛盾ではない。大衆というのはそういうものだと思う。だから表返せば大衆というものはいいものだし、裏返せば悪い。まったくどうしようもないものだということになるわけです。こういう裏と表をもっているのが、ぼくに言わせれば大衆というもののイメージなのですね」［註◆31］。

吉本は、鶴見が嫌悪する「純粋な心理」、「ウルトラ」こそが大衆のイメージだという。そして、鶴見が提起した「ぼそぼそいっている老兵」のような大衆像を批判する。こういう大衆の意識は、ウルトラ化する大衆が内部にもっているものであり、ある極限にくれば、大衆はそんなものには固執しないでどこまでも突っ走ってしまうものである。

「だから、ぼそぼそは大衆というものの把握のなかで絶対化することはできないだろう。そういうものを取り出して、大衆自体を評価するのは、大衆のイメージをまちがえてしまうんじゃないかと思う」［註◆32］。

鶴見には、吉本のこのような原則論はよくわかっているはずである。にもかかわらず、鶴見が「ぼそぼそいっている老兵」のような大衆像に固執し、そこに可能性をみようとするのはなぜなのか。それは、ひとつには思想というものの両者のとらえ方の相違、また両者の思想のあり方の相違から来ていることはいうまでもない。だが、このことを踏まえてもまだ残るものがある。それは多分、鶴見が吉本と違って、大衆のウルトラ性というものを自身の骨身にしみる体験として刻印されていないところに求められるのではないだろうか。

「私は大衆の原像を、ぼそぼそいいあってきたことがつみかさねられて、それが顕在化して動きの根拠となるようなものとして考えているのです。ぼそぼそをちゃんととらえていく。それが私の原理なんだ。だからそれを全部落として直線的にウルトラとして大衆をとらえたところに、戦争体験をもつ前の私の考えのまずさにあったと思っています」〔註◆33〕。

鶴見は、戦争体験以前には大衆をウルトラなものだと考えていたという。明らかに彼は、観念において大衆をウルトラなものとしてとらえていたことを反省している。醒めた意識で戦争に参加した鶴見は、軍隊でたまたま「ぼそぼそいっている老兵」に出会う。そこで、思想によってイヤイヤ戦争に参加した彼は、生活によってイヤイヤ戦争に参加した老兵に共感するのである。この共感は鶴見の片思いにすぎないが、彼にはじめて生活の重みを感じさせたことは間違いない。戦争体験は、知識人にさまざまなかたちでその思想転換をもたらした。かつて吉本隆明が「丸山眞男論」で指摘したように、戦争中の知識人の二重性、すなわち、「戦争そのものにのめりこみもしないが、それに抵抗することもしないという二重性」〔註◆34〕を鶴見も担っていたことは確かである。だが、その戦争体験を原点とする戦後の丸山と鶴見の思想的営為は時間を経るにつれて隔たっていくように思われる〔註

◆35]。

ともあれ、鶴見は、「ぼそぼそいっている老兵」に大衆の原像をみた。それは、彼にとって原像というよりも理想像に近いものである。それはまた、中江丑吉のいう「自覚したマッセ」にあと一歩の地点にまできているといってもよい。だが、この「あと一歩」がどれほど大きな距離をもっているのか。この距離を埋めるためにいかに多くの知性が費やされ、そして挫折していったことか。吉本隆明は、この「あと一歩」の距離を鋭く突く。吉本の思想がこのどうしようもないはざまで右往左往している知識人の存在を射貫かぬはずはない。にもかかわらず、鶴見は、この「あと一歩」に賭ける。

さまざまな戦争体験のあとに、ひとは戦後の生き方をせまられた。生活を生活として生きたものも、思想によって生きたものも本質的にはかわりはない。それは一つの選択であり、その選択の幅は、戦後世界との関係を抜きにして考えることはできないのである。鶴見俊輔は、アメリカ体験と戦争体験によって、世界が相対的なものでしかないにもかかわらず、絶対的なものとして個に対立してくることを知った。そして、絶対的なものを覆す思想がそれ自体、相対性のなかでしか機能し得ないということを悟ったはずである。そうであるならば、大衆の原像が吉本のいうようなものであるとしても、今やそのような大衆はどこにも存在しない。思想が相対性のなかでしか機能し得ないと悟ったとき、鶴見は存在よりも運動を重視せざるを得なかったのである。たとえその運動が状況を的確に狙撃していないと彼自身はわかっていたとしても、なおかつ彼はその運動に可能性をみようとする。

大衆は多かれ少なかれ戦後民主主義のアカをつけている。そして水俣病闘争や三里塚闘争が象徴的にあらわしているように、共同体の分解は常に「不幸」を媒介にしなければならないのである。森崎和江や石牟礼道子や上野英信の作業がいかに共同体に根ざしていようとも、そして「幸福」な「市民」たちの郷愁的共感をよぼうとも、大衆は「不幸」を媒介として「市民」へと形成されていくのである。彼らはかつて「幸福」であり、今が「不幸」なのではない。同じように、彼らに同情する「市民」たちは、以前「不幸」であり、今は「幸福」なのでもない。状況は、むかしもいまも限りなく愚劣だということになんらかわりはない。鶴見の戦後の活動がこのような愚劣な状況を踏まえ、そこから形成されざるを得ない「市民」との関係のなかでしかあり得なかったのは当然である。

共同体が資本によって分解される過程で大衆は「市民」へと形成される。しかし、その「市民」とは、已れの意志で市民になったのではないという意味において無自覚な「市民」であり、共同体内意識をストレートに国家に結びつけるのである。吉本のいう大衆の原像とは、まさにこのような資本主義化の過程で無自覚なままで国家と結合した人びとのイメージと重なる。彼らにとっては、地域共同体と国家とが心情において無媒介的に結びつくことに何の矛盾もない。

鶴見は、軍隊のなかでこのような大衆を多くみた。しかし、たまたま「ぼそぼそいっている老兵」に出会ったことによって、共同体内意識がストレートに国家と結合しない大衆を知ったのである。彼の衝撃は、老兵が知識人ではなく生活者であったがゆえに大きかった。だがその老兵は市民ではない。そうであるならば、この老兵の「ぼそぼそ」の部分を意識化することによって、大衆が「自覚したマッセ」へ、市民として市民へと形成されることが必要である［註◆36］。共同体と国家とのあいだにワンクッションをおくことである。この道は自覚した道であらねばならない。なぜなら、資本は共同体を分解させはするが、自覚した市民を形成するわけではないし、ましてそれを必要ともしないのである。

鶴見の戦後の思想的営為はこのような状況を踏まえてなされたといってよい。それは、「市民」化されざるを得なかった無名の大衆の発掘へと向かい、そしてその無名の大衆の内部にある「自覚したマッセ」＝市民としての市民へと形成される部分に照明をあてることである。と同時に、みずからも行動者として状況に身をさらすのである。鶴見に思想家と行動者が並存しているのではない。彼にとっては思想家であることが一個の行動者であらねばならないのである。なぜなら、未だ「自覚したマッセ」に到達していないという意味において（小山俊一がいうように、それは原理的に到達できないものなのだ）［註◆37］、そして、「自覚したマッセ」への道とは、状況との不断の緊張関係のなかでしか確認されないという意味において、彼は思想家であり、行動者であらねばならないのだから。

鶴見俊輔は、行動者として大衆の同伴者であるかぎりにおいて思想家なのである。彼は、状況にかかわりなくいつも啓蒙者であった日本の多くの知識人と同類ではない。また、啓蒙者がそのまま行動の場で指導者となった知識人たちとも異なる。彼は、一個の行動者であり続けることによって新鮮な思想家なのである。

鶴見俊輔の戦後とは、このようなものとして、大衆の「ぼそぼそ」の側から日本近代に照明をあてるものであった。それは、国家の側からの近代化に対して、「あと一歩」の距離の大きさを知っているがゆえに、この「ぼそぼそ」の自覚化を通して国家の動向を大衆の側からチェックすることにもなるのである。が、この過程がひとつの賭けであることもまた、否定できないように思われる。

註1◆谷川雁「工作者の死体に萠えるもの」（『原点が存在する』現代思潮社、一九六九年、五六ページ）。
註2◆鶴見俊輔「日本の思想百年」（『著作集』第二巻、筑摩書房、一九七五年、三六四ページ）。
註3◆同右『北米体験再考』（岩波新書、一九七一年）一二、一三ページ。

註4◆一九四一年一二月、日米開戦直後、カリフォルニア、ワシントン、オレゴン、アリゾナ在住の日系人一一万三千人は、軍の命令により強制的に立ち退かされた。砂漠のなかのバラック建の隔離キャンプ（強制収容所）に移動させられたのである。しかも一一万三千人のうち、その三分の二は、二世、三世であり、彼らは純然たるアメリカ市民であった。強制立ち退きを直接指導した陸軍の司令官は次のようにいったという。

「一片の紙切れ（市民権）をもっていようといなかろうとジャップはジャップなのだ」。

第二次大戦中の日系二世の戦闘部隊四四二連隊の「活躍」は、差別された人びとの「血をもって」の星条旗への忠誠のあかしだったのである。若槻泰雄「日系人――このおだやかなアメリカ人――」（猿谷要編『総合研究アメリカ』第一巻、研究社、一九七六年）参照。

註5◆鶴見のナショナリズムについて渡辺一衛は、「〝具体的なものへの愛着〟がその一つの表われとして、〝日本的なものへの愛着〟となる」（「鶴見俊輔論」『思想の科学』一九六六年九月号、四〇ページ）といっているが、戦争体験以前の彼のナショナリズムは、明らかに観念的抽象的なものと思われる。

註6◆鮎川信夫との対談で鶴見は次のようにいっている。

「それは（日本に帰ったこと―筆者）いくらか状況判断をまちがっていたので、日本が敗ける時にそこにいたいと思ったのと、いても兵隊にとられない、戦闘員としては狩り出されないだろう、人を殺すことは義務づけられないだろう。しかし敗ける時は敗ける側の人間としていないと、やっぱりなんか自分は終りだという感じがして、そのところで客観主義的に割り切れなかった」（「戦争について」『鮎川信夫著作集』第九巻、思潮社、一九七五年、三三八ページ）。

註7◆谷川雁は、一九五九年に『婦人公論』に次のように書いた。（母親大会の）「第一回大会が『涙の大会』になったと聞いても、かくべつの失望や感動を起しはしませんでした。公然と泣きわめくことがすこしは抵抗の割合を果したかもしれないときに泣き方すら知らなかった彼女たちです。涙がむだな時期になってどっとあふれてきたのはあたりまえです。しかも奇妙なことですが、その出しおくれた涙ほど母親というものを浮きぼりにして見せるものはありません」（「母親運動への直言」『工作者宣言』潮出版社、一九七七年、一四七ページ）。二〇年近くたった今日、日本の母親の意識はどれほどかわったのだろうか。

註8◆鶴見俊輔『北米体験再考』八～一二ページ参照。

註9◆同右、「戦争のくれた字引」（『著作集』第五巻、四六四ページ）。

註10◆鶴見俊輔「戦争のくれた字引」（『著作集』第五巻、四七二ページ）。

註11◆同右、四七八ページ。

註12◆加藤惟孝「或る個性の記録」（阪谷芳直、鈴木正編『中江丑吉の人間像——兆民を継ぐもの——』風媒社、一九七〇年、八八ページ）。

註13◆このような意味で戦時下、沈黙を守った林達夫や石川三四郎の存在は貴重である。鶴見が彼らに共感し評価していることは、彼の『林達夫著作集』第五巻（平凡社、一九七一年）の解説や『近代日本思想体系一六、石川三四郎集』（筑摩書房、一九七六年）の解説にうかがえる。

註14◆村上一郎は、少年時代の鶴見が当時の名士の子弟を集めた座談会で「僕は総理大臣になるか乞食になる——」といった発言を聞いて、同じ少年時代、頭が上がらない思いをし、鶴見少年をうらやんだものだといっている。「他者への発言」（『イアリンの歌』国文社、一九七四年、二八一〜二八四ページ）。ここには、すでに世界を相対的なものとみる鶴見の醒めた目がうかがえる。

註15◆鶴見俊輔「戦争のくれた字引」（『著作集』第五巻、四七九ページ）。

註16◆同右、四七九ページ。

註17◆日本戦没学生記念会監修『新版きけわだつみのこえ——日本戦没学生の手記——』（光文社、一九六三年）八九ページ。

註18◆同右、九四ページ。

註19◆同右、八九、九〇ページ。

註20◆同右、九〇ページ。

註21◆久野収、鶴見俊輔、藤田省三『戦後日本の思想』（講談社文庫、一九七六年、二八〇、二八一ページ）。

註22◆野田茂徳は、日本ではインテリゲンツィアという語は「知識人」と混同され、不幸な紹介のされ方をしているとして次のようにいう。

「一個のインテリゲンツィアの存在は、その者の魂に発するものであるのだから、存在を圧迫するものが社会的事変のなかにあれば、即時的に己れの魂を圧迫している対象に向って、全的対応がなされるものである。このような対応は、頭の片隅にだけ『知識』をもっていることで対処する『知識人』とは対極をなしているのである」（『ロシア的情念とは何か』国書刊行会、一九七五年、一〇三、一〇四ページ）。

註23◆中井正一は直接国家権力に殺されたわけではないが、国立国会図書館副館長という激務のなかで一九五二年倒れた

のである。鶴見俊輔は「先祖さがし」のなかで、「私のめざしてきたことは、中井正一の構想のなかにほとんど入ってしまっていることを感じた」といっている。(『私の地平線の上に』潮出版社、一九七五年、一八一ページ)。わたしは中井正一の抵抗の仕方、とくにその「明るさ」にひかれる。

註24◆真継伸彦「解説」(『鶴見俊輔著作集』第五巻、五一一～五二〇ページ)参照。

註25◆谷川雁は、「工作者の論理」のなかで鶴見を批判して次のようにいう。

「つまりあなたがたが自分に課した機能の必然として、すべての他人の思想に対し、主観的におれは無縁だよと断言できないつらさはいかばかりであろうかと思うのです。私はあなたがたの仕事よりもモラルの方に一層興味をもちます。眼にふれるかぎりのすべての女と接吻せよ、というにひとしい命令を感じるとは、私のような独白のもつ対話としての意味を追求している者にとっては、なんてめざましい驚異でしょう。あなたが工作者について語り、私が思想の生態を論じた方が順路であるまいか、と」(『工作者宣言』七ページ)。

ここには、谷川雁特有の逆説とイロニーがみとめられるが、たしかに鶴見の弱点になりかねない特長を突いているように思われる。

註26◆鶴見俊輔「日本思想の可能性」(『著作集』第四巻、三ページ)。

註27◆同右「日本映画の涙と笑い」(『著作集』第四巻、二八八ページ)。

註28◆鶴見は、先に述べた佐々木八郎を批判したときも、佐々木の心情を「われわれをとらえた精神と非常に近いものがある」といっている。鶴見が「われわれ」というとき、いつもそこに「ズレ」を感じるのはわたしの偏見だろうか。

註29◆鶴見俊輔「大衆芸能論」(『著作集』第四巻、四一ページ)。

註30◆同右(『同時代――鶴見俊輔対話集――』合同出版社、一九七一年、二四三ページ)。

註31◆同右、二四三ページ。

註32◆同右、二四四ページ。

註33◆同右、二四五ページ。

註34◆吉本隆明「丸山眞男論」(『吉本隆明全著作集』第一二巻、勁草書房、一九六九年、一七ページ)。

註35◆かつて吉本は、「丸山眞男論」のなかで「丸山眞男を学者以外の何ものかたらしめたのは、戦争体験であった」(一三ページ)と書いた。だが、一九六八、六九年の東京大学教官丸山真男の姿勢は、彼から「学者以外の何ものか」をついに奪い去ったように思われる。

註36◆ここで、以前、平田清明が「フランス語版『資本論』の意義」としてマルクスの「個体的所有の再建」という概念の重要性を指摘したことを思いうかべてもよい。『市民社会と社会主義』（岩波書店、一九六九年）、『経済学と歴史認識』（岩波書店、一九七一年）参照。とはいえ、わたしは、市民社会の理想を理念として主張するわけではない。市民社会とはあくまでも国家に対するアンチとしての方法概念なのである。

註37◆小山俊一『EX・POST通信』（弓立社、一九七四年）一七二ページ参照。

◆附記

一九六七年四月に大学に入った私は、同じ大学の文学部に鶴見俊輔さんがいることを知った。ベ平連（ベトナムに平和を!市民連合）の世話人の一人だという以外、鶴見さんを知らなかった私はもちろん、書かれたものも読んだことがなかった。

その後、ベトナム反戦集会での講演を聴いたり、時論的な雑誌論文をいくつか読んだが、それほど魅力を感じなかった。当時の雰囲気では、鶴見さんよりも吉本隆明や谷川雁の文章の方がよほど刺激的で、魅力に富んでいた。そう感じたのはおそらく鶴見さんが当時ベ平連の運動に深くかかわっていた、ということが大きかった、ようにいまにして思う。

新左翼系の学生運動に参加していた私は、ベ平連の運動にはもう一つ馴染めなかった。「ベトナムに平和を!」は、その通りだとしても、その先はアメリカ帝国主義・日本帝国主義打倒ではないのか。『共産党宣言』に『帝国主義論』、『国家と革命』ぐらいしか読んでいなかった私は、機動隊とぶつかることが日本帝国主義打倒への一歩だ、と考えていた。

それにべ平連に集う作家や評論家、大学教授などがマスコミでもっともらしいことを書いたり、しゃべったりすることに違和感を抱いていた。そんな「啓蒙」をする暇があるなら、自分ほんらいの仕事をするか、運動に必然的にともなうこまごました手作業を黙ってしろ、と思っていた。じっさいは鶴見さんをはじめ、べ平連に集まった人たちは、そういう作業を熱心にしていたのだが、当時の私は、吉本隆明に倣って「進歩的文化人」はダメだと思っていた。

この単純な思いに、反省を迫ったのは、私自身がエスカレートする運動に付いて行けなくなったことと、もう一度初めから経済学の勉強をやり直そうと思ったこと、であった。そしてもう一つは、同じ頃、一九七〇年に大学に機動隊が導入されたその日、一人で機動隊の前に立っている鶴見さんの姿を見たからであった。小柄な鶴見さんが限りなく大きく見えた。まさに鶴見俊輔一人が屹立している。

経済学の修士論文はなんとか書き上げたが、関心は次第に人間の生き方や考え方、思想に向かっていった。運よく小さな大学図書館に職を得て、時間的余裕もあった。自由な大学で、教育職でなくても紀要に書く機会を与えられた。

現在では多くの「鶴見俊輔論」が書かれ、単行本も何冊も出版されている。だが当時は単行本は一冊もなく、雑誌論文も、そう多くはなかった。その点、吉本隆明とは対照的だった。私もこの論考で言及したが、鶴見さんは吉本さんの引き立て役を演じているように思えた。当時は、個性豊かな思想家というよりも、編集者、教育者という雰囲気が鶴見さんには多く感じられた。政治や思想が前面に出る時代には、いっぱんに刺激の強い思想家が好まれる。とくに若い頃はその傾向が強く、私も、吉本さんが批判している丸山眞男や花田清輝を読んだのは鶴見さんの本を読んでからであった。その後も鶴見さんが語り、書いたものによって興味をもった人物は多い。いま、鶴見俊輔論を書くとすれば、編集者、教育者としての面に視点を据えたいと思う。

いずれにしても、この論考は、はじめて活字になったものであり、直接の面識のなかった鶴見さんからはげましの礼状をいただき、感激した。菅孝行さんの『鶴見俊輔論』（第三文明社、一九八〇年）に好意的に取り上げられたのも嬉しかった。

実践家としての中井正一

◉——『四国学院大学　論集』44号、一九七九年七月

◆情熱的な実践の量

野間宏は、小説『暗い絵』において、日中戦争勃発前後の京都の学生生活をえがいている。友人たちが展望のない革命運動に携わり、非転向のうちに獄死していくなかで、三年余の軍隊生活を終えて内地に帰還した主人公深見進介は、「背教者にも殉教者にもならぬ新しい道」（本多秋五）を模索する。

「彼（深見）には彼等（友人たち）の行動が間違いであるとは考えられなかった。しかしまた彼は、彼等の行動に深い底から、心と体をゆすられるように感じながら彼自身が間違っていたとも考えなかった」「《やはり、仕方のない正しさではない。仕方のない正しさをもう一度真直ぐに、しゃんと直さなければならない。それが俺の役割だ。そしてこれは誰かがやらなければならないのだ》」（『暗い絵』新潮文庫）。

中井正一《なかいまさかず》の戦後の活動をつぶさにみると、この『暗い絵』の主人公と同じ道筋を模索しようとする低い旋律

をききとることができるように思われる。もちろん中井がこの主人公とは異なり、一九三五年から一九三七年にかけて、真下信一、和田洋一、久野収らとともに『世界文化』、『土曜日』によったこの国の反ファシズム人民戦線の中心的存在であったことはよく知られている［註◆1］。だが、この国の天皇制超国家主義はどのような運動をも見逃しはしなかったのであり、一九三七年一一月の検挙以後、彼は敗戦までおもてだった活動を禁止されたのである。

中井正一の戦後の軌跡をみるとき、わたしは、まずなによりもその情熱的な実践の量におどろかされるのであり、それを支えた奥深いところにあったものはいったい何なのか、と問わずにはおれない衝動をおぼえる。実践を支えるものがとおりいっぺんの決意であろうはずはない。が、決意のないところに持続的な実践が生まれようはずもないこともまた自明である。問題は、決意を持続させる思想であり、その思想が実践の場でいかに風化に耐えうるかであり、そこに思想の死活を決意する微妙な、だが、重要なカギがあるのではないだろうか。わたしたちは、本来実践の場で鍛えられるべきはずの思想がこの国においては、逆にその実践の場で風化させられる事実をしばしば経験している。思想とは、ついに「様々なる意匠」（小林秀雄）でしかありえないのだろうか。

もとよりわたしに中井正一の思想を総括的に論じる能力はない。また鈴木正の精力的な研究をはじめとして、わたしたちはすでに多くの中井論をもっている［註◆2］。にもかかわらず、わたしが中井を論じようとするのは、彼の実践に深いロマンともよぶべき魅力を感じるからであり、と同時に、彼の思想がその実践のなかに十二分に生かされたと思えないからでもある。そこに深く実践にかけた中井の悲哀があり、このことは、とりもなおさず彼がわたしたちに真に「人間として」生きる課題を与えたことにもなる。敗北した思想があとに残す確かな手ごたえかもしれない。以下、中井正一の実践家としての面を中心にその思想の一端をみてみたい。

◆最小単位の文化活動

中井正一の戦後の活動はおどろくほど早い。一九三七年一一月、治安維持法違反で検挙され、一九四〇年十二月、懲役二年、執行猶予二年の判決。一九四五年四月、母中井千代が栄養失調で倒れたのを機会に尾道に疎開し、六月に尾道市立図書館長に就任。一〇月、治安維持法の廃止とともに、市民、学生、農山漁村青年を対象とした啓蒙運動に立ち上がっている。そのきっかけは、疎開先の尾道市立図書館で、黙々と書架の整理をしているひとりの本好きの青年との出会いである。

「『ここに一人の青年が結集している。ここにすでに最小単位の文化運動が始まっている。』私は『ようし』と腹の底で呻ったのである。治安維持法は、一〇月四日に断ちきられた。私は、三日後、十月七日、そのスタートを切った」[註◆3]。

予算も電気もないうす暗い図書館で中井の悪戦苦闘は始まった。聴衆は常に五人から一〇人ぐらい。そのなかにはいつも七七歳の母千代がいた。ときには、その母と最初に出会った広島高生の青年との二人きりになることもあった。隣の映画館には、彼が最も啓蒙したいと考えていた帰還軍人、白いマフラーを巻いた特攻クズレの青年が群れをなしていた。このような状態が三ヶ月以上も続いた。「そして一度は、大衆が愚かであって、啓蒙の困難は何れの時代でも経験するところの、ヒロイックな悲劇性を帯びるものであると、いわゆる深刻型のセンチ性でもって片づける誘惑に惹かれた」[註◆4]こともあった。

しかし、みずからのポケットマネーで電気をつけ、希望音楽会を開いたのをエポックとして少しずつ聴衆はふえていった。一九四六年の春には、地域の青年達二〇〇名とともに、千光寺山で一週間ぶっとおしの「花のフェスティバル」を開き、四月からは「カント講座」を開始した。この講座は尾道で毎週七〇名、三原では一〇〇名もの聴衆をもち、七月には、青年講座を開くに至った。そのときの講師は次の人びとであった。

「資本主義批判」　青山秀夫
「新憲法論」　田畑忍
「労働組合論」　住谷悦治
「論理学における新しき展望」　中井正一
「芸術における東洋と西洋」　須田国太郎
「ソヴィエートの実情」　前芝確三

聴衆の申込みは前日に六五〇名にも達し、断らなければならないほどに膨張した[註◆5]。さらに、このような講座は広島県の島々や農村にも波及していったのである。中井はそのときの感動を次のように記している。

「農家の人々の講座に出て、講堂一杯の大衆がキーンと緊まって、少しだまってみてもシーッと全堂寂まりかえってくる。こんな時が、文化運動にたずさわっているものの、何というか、しびれるような喜びとでもいう時間である。腹の底を何かヒタヒタと流れる涙のようなものが走って行く。

何が楽しいといって、何か歴史を継いでいるというか三百年おくれているビッコになっている歴史のゆがみ、立ちおくれたルネッサンスを、今ここに農民と共に通過しているといったような壮大な時間を経過する」[註◆6]。

ここまでくるには、中井にそれ相当の努力と工夫があったことはいうまでもない。たとえば、少ない聴衆をふやすために、彼はまず話し方から注意した。それによると、（一）あまり片仮名（外国語）を用いないこと。（二）一度に三つより多くの主題を話の中に盛らないこと。（三）具体的な例を必ず理論の横に着けること。（四）話題は実践的であり、身近かであり、本質的であること等であった［註◆7］。

ここにみられるのは、知識人が知識人のままで大衆に接触＝啓蒙するときのひとつの方法である。啓蒙が啓蒙であるかぎりにおいて、これはテクニック＝技術を必要とする。だがある時点、そのテクニックが単なるテクニックではなく、それを越えることが要請されるはずである。そうでなければ、啓蒙から生まれるものはいわゆる「教養」というものでしかない。中井正一が模索したものは、もちろん単なる啓蒙を越える理論であったであろう。

大衆は「知識を求めているのではないのである。意識革命をしたいのである。……自分の意識の革命を志す農民の心根、これが、文化の大黒柱なのである」［註◆8］。

「誤りをふみしめて、誤りの中にかがやいてくる真実を、その中に生きて探りあてる。このふみしめる現実に、主体的なるものは横たわっているようである。大衆は歴史の線に副って傾斜している。それに歴史の真実を分析し、その位置を明確にする。この明確にすることの真実さは、その大衆が、いかにそれを自分のものとして、生きているか、それが判るかということによって検出すべきものを含んでいる」［註◆9］。

このような認識のもとに、中井は情熱的に啓蒙活動を展開したのである。しかしこの活動は長くは続かなかった。彼の真摯な啓蒙は、逆に彼を具体的な生《なま》の大衆から切り離していったのである。それは、大衆が中井により大きなものを期待したということと同時に、わたしには後でみるように、むしろ彼自身の思想のなかに具体的な大衆から遊離せざるを得ない部分があったように思えるのである。

ともあれ、中井正一は一九四六年に、二〇万人を組織した「広島労働文化協会」をつくり、広島県地方労働委員長の席についている。一九四七年には、広島県知事選挙に民主統一候補として出馬し、二九万票余りを獲得するが現職の保守系知事に四対三の比率で惜敗するのである。さらに、一九四八年、羽仁五郎参議院図書館運営委員長の強い要請に基き、国立国会図書館副館長に任命される。

だがそれ以前に、彼のこの困難な啓蒙活動を支えたものはいったい何なのか。

◆大衆をとらえる視座

治安維持法違反での検挙の後、尾道に疎開するまで七年余り、中井は権力の監視下という不自由の身で『資治通鑑』を読破し、日本精神史の「気―機」についての遠大な基礎的研究に沈潜している。このかんの中井の心境は微妙である。『世界文化』、『土曜日』を基盤とした反ファシズム人民戦線の敗北は彼に「アカデミズム」への全面的復帰をしいた。だがこのアカデミズムは自由がないということにおいて、明らかにカッコ付きのアカデミズムである。ことに、アカデミズムを越えることに真のアカデミズムの任務を置いていた中井にとって挫折感と抵抗感がなかったはずはない。とはいえ、どのような不自由な時代でも、それが永久に続くことはない。中国文学の専門家から中国の歴史を学ぶ近道としてすすめられた『資治通鑑』は、彼に精神のなぐさめ以上のものを与えた。

「殺されることが判っていて、次から次に六、七十人も発言しては殺され、殺されては発言する。それが中国の歴史なのである。私は途中で二ヶ月ばかり巻を閉じて読むのをやめた。肉体的に痛くなったからである。自分が二年位の判決でビクつきながら自由を求めているのに、このインテリ達は、黙っていれば最高の官職で帝王の近側《（ママ）》にいられるものを、一言ずつ言って何の効果もないことが判っていて、尚も死んでゆくのである」［註◆10］。

「中国の『資治通鑑』の中では、かかる死（ソクラテス型＝捨身的遊離―筆者）を遂げた知識人（諫官）が、数十名、世界の文化史に、燦爛とかがやいている。それは宦官政治の重圧にもよる事ながら、それに対して、知識の掘り起した法則の深さに心うたれ、死を賭け、冠を白階に置いて言うことだけは言って、承知の上で煮られ、炙かれ、裂かれ、腰斬された知識人達は、何と孤独で戦わねばならなかった事だろう。それよりほかすべがないほど、大衆はおくれ、啓蒙の手段もなかったのであろうか」［註◆11］。

かなり長い引用をしたのは、ここに良かれ悪しかれ中井の戦後の実践活動を方向付けた意識が凝縮されていると思われるからである。彼は、知識人が知識人としてそのまま存在することが不可能な現代において［註◆12］、なお、みずからはルネサンス的知識人たらんと欲したのであり、その知識人としての任務を徹底して全うしようとしたのである。このことは逆に、後にみるように大衆をとらえる視座に反映する。それは、大衆を「おくれた」もの、したがってあくまで啓蒙の対象として把握する視座なのだ。中井のこのような視座は、彼の歴史認識からくる当然の帰結だということもできる。たとえば、市民講座のテーマにカントを選んだことにそれは象徴的にあらわれている。「啓蒙とは何か」の冒頭でカントは次のようにいっている。

「啓蒙とは、人間が自分の未成年状態から抜けでることである、ところでこの状態は、人間がみずから招いたものであるから、彼自身にその責めがある。未成年とは、他人の指導がなければ、自分自身の悟性を使用し得ない状態である。ところでかかる未成年状態にとどまっているのは彼自身に責めがある、というのは、この状態にある原因は、悟性が欠けているためではなくて、むしろ他人の指導がなくても自分自身の悟性を敢えて使用しようとする決意と勇気とを欠くところにあるからである。それだから『敢えて賢こかれ！(Sapere aude)』、『自分自身の悟性を使用する勇気をもて！』——これがすなわち啓蒙の標語である」[註◆12]。

そしてこの啓蒙の前提になるのは、カントによれば自由である。個人にではなく、民衆に自由を与えるならば、彼らは己れみずからを啓蒙していくのである。

一五〇年以上も以前に主として宗教をテーマとして書かれたカントの小論に、中井は日本の敗戦後の状況を重ねたのであろうか。カントが当時をまさに「啓蒙の時代、フリードリッヒの時代」と考えたのと同じように、中井は、一九四〇年代半ばの日本を「啓蒙の時代、マッカーサーの世紀」と考えたのであろうか。事実、中井は「カント講座」を計画した意図についてそのようにいっているのである。

「百五十年の立後れをもったドイツのこの啓蒙学者の理論は、三百年の立後れをもち、しかも封建残滓を急速に脱落しなければならない日本に一つの一階程となるのではないかと私には思われた」[註◆14]。

戦時下の憂鬱な「暗い時代」を孤独に耐えてきたものにとって、中井のように考えたとしても決して不思議ではない。彼らにしてみれば、マッカーサーは「自由」と「民主主義」を与えた既に啓蒙された君主だったはずである。そうであるならば、あとは民衆が己れみずからを啓蒙しなければならない。中井はその先頭に立ったのである。カント流にいうならば、それは「理性の公的使用」、すなわち、自由に「或る人が学者として、一般の読者全体の前で彼自身の理性を使用する」[註◆15]ことである。

このような考えは当時の知識人たちのあいだでは別に珍しいものではない。戦後改革がアメリカ占領軍の主導の下に、「外からと上からとの改革」として不十分性を備えていたとしても、軍部は解散させられ、戦争責任者は天皇を除いて追放された。婦人に参政権が与えられ、政治機構は民主化の方向に進んだ。経済的には、財閥は解体され、農地解放、労働革新等、民主的な経済機構がそれにとってかわりつつあった。たとえ、この占領政策が戦勝国アメリカ合州国を盟主とする戦後世界支配の一環であり、日本支配層のより高度な民衆支配の要求と見合っていたとしても、やはりそれはひとつの大きな改革であった[註◆16]。

たとえば大塚久雄は、一九四六年から四七年にかけて発表した諸論稿のなかで、主にマックス・ウェーバーの概念を駆使しつつ、なによりも近代的民主的な人間類型形成の必要性を熱っぽく説いている[註◆17]。『世界』に集まった知識人や初期『思想の科学』の同人たちも多かれ少なかれ同じような問題意識をもっていたといってよい。

とりわけ、中井正一を新しく開設される国立国会図書館長に強く推した羽仁五郎の流儀は典型的である。戦時下の「暗い時代」を孤立した抵抗でしのんできた啓蒙的知識人羽仁にとって、その最大の苦痛は言論の自由がなかったことであった。言論の自由がないということは、政治、経済などの資料が、すなわちあらゆる情報が大衆に開放されていないということなのだ。情報が軍部、官僚、政府に独占されていたことが、単に表現者としての知識人のみならず、多くの生活者をも不幸におとしいれたひとつの原因である。だが、新しい憲法は人民主権を高らかにうたっているではないか。そうであるならば、すべての資料と情報は人民に開放されねばならぬ。知る権利とは一〇〇パーセント開放されねば意味がない。それこそが民主主義なのである。そのためには、まずあらゆる資料が官僚の手から人民の代表である国会議員の手にわたらなければならない。

「国立国会図書館は第二次世界大戦における日本の敗戦の灰のなかから立ちあがった日本の民主主義革命の結果として生まれた」[註◆18]。

敗戦の日、獄中にあって自分の若い弟子たちが迎えにくるのを期待していた羽仁は、誰も迎えにこないことを知ったとき、日本革命の唯一のチャンスが失なわれたと感じ、淋しい思いをしたという[註◆19]。しかしまた、「極限状態というのは、ほんとうにものを考えたり、体験したりする立場でのことではない」と考え、何事も「極限状態にいく前に防がなければダメなのだ」[註◆20]と主張する羽仁は、革命にかわるものとして日本国憲法に期待を寄せたのである。

ラディカル（根底的）な思想はいつもラディカル（急進的）である。だが、ラディカルということは必ずしも過激であるとはかぎらない。羽仁が八月一五日の日本人民にとっての二重の意味での敗北の総括から参議院議員に立候補し、当選後、図書館運営委員長の席を望んだことは当時としては自然な過程といわなければならない。その羽仁が国立国会図書館長に中井正一を推薦したことも的を射ていることはいうまでもない。彼らはともに「暗い時代」に最もラディカルに闘った知識人であった。

わたしは、ここで戦後知識人のさまざまな啓蒙運動を三〇年以上たった現在からあげつらおうとしているのではない。ただ当時ほど近代日本の歴史のなかで知識人が大衆に情熱的にコミットしたときはなく、また方法によればかなりの成果を上げることのできる可能性をもっていた時期はなかったと思えるのである。ある意味で幸福な時代であった。知識人が正論を正論として、何の気恥ずかしさもなく大衆に吐くことができたのである。民主主義の理念は絶対であり、彼らは自信に満ちみちていた。

とはいえ、中井に近代そのものに対する疑問がなかったわけではない。彼は早くも一九三二年に、「思想的危機における芸術ならびにその動向」のなかで、カントの時代とは異なる資本主義の独占段階にみられる文化の機械化と大衆化が孕む誤謬《ごびゅう》を正しく指摘しているのである。

「純粋哲学、純粋科学、純粋文学、純粋絵画等々の今意味するものはすべて神への反逆の負い目をになっている。しかるに今や、すべて孤立せる単純化をもって、そのそしりを受くるにいたったのである。思想的危機の罪は物質的機械および大衆にあるというよりも、むしろかかる精神的機械化としての科学のおのおのの孤立、ひいては時代相への孤立にあるのであって、おたがいに俗衆であることをもたらした専門化にあるといえるであろう。換言すればおたがいに大衆となっていることを気づかない精神的貴族化にあるといえよう」[註◆21]。

この指摘にひとは、マックス・ウェーバーの「精神なき専門人、愛情なき享楽人」を思いうかべるかもしれない。だが、中井がウェーバーと異なるのは、ここから現代文化の機械化と大衆化をのり越える、すなわち個人主義機構にかわる集団主義機構を提起したことである。

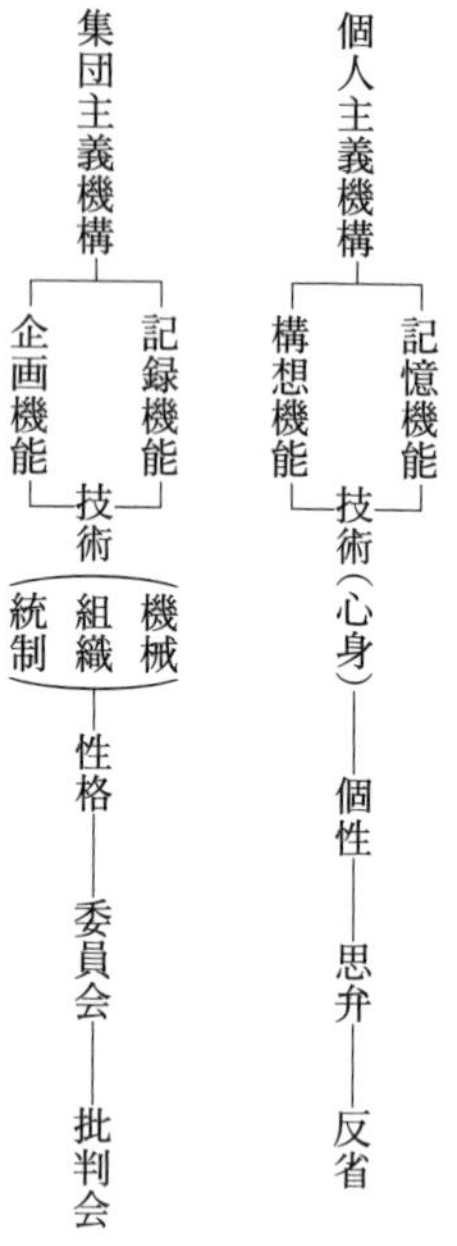

いうまでもなく、この中井の構想はのちに集団的主体性を軸とする「委員会の論理」として結実するのであった［註◆22］。彼は、一九三〇年代という独占資本主義の時代に思想的危機が奈辺にあり、それをいかに克服するかを真剣に考えていたのである。もちろん、当時近代の危機を感じていた知識人は少なからずいた。一方に、日本革命の戦略を位置付けようとする「日本資本主義論争」があり、他方、日本の伝統にすがって「近代の超克」を叫ぶ「日本浪曼派」の運動があった。また戸坂潤は『日本イデオロギー』を書き、三木清は「構想力の論理」を書き始めていた。まさに「様々なる意匠」であり、「暗い花ざかり」であったのかもしれない。わたしは、ここで今、これら当時の知識人の思想営為を検討するつもりはないし、その能力もない。ただ、中井正一もこれらの知識人のうちのひとりであり、近代の危機をひしひしと如実に感じていたということはいえるのである。

にもかかわらず、彼が戦後の実践活動で己れの指針にしたものはまぎれもなく近代合理主義であったといわねばならない。それは、理念としての近代から現実としての近代を撃つ方法だといってもよい。だがこの方法は、この国においては実践に際して、遅れた封建遺制への攻撃として表現されるのであり、それゆえ、上からの啓蒙主義としてあらわれざるを得ないのである。あえていえば、ここに中井の不幸があり、ひいては戦後日本市民社会の「不幸」があるのだ。

◆真摯な楽観者

「平和」と「民主主義」に象徴される戦後日本の市民社会が擬制であり、幻想であるといわれて久しい。そしてその指摘が的を射ていることも事実である。だがむしろ、そうであるがゆえに戦後日本の市民社会は繁栄し、大衆の八割以上が中流意識をもつようになったのである。理念を限りなく空洞化することによって現実の市民社会は「豊か」になったのである。古いものがそのまま残ったのではない。もちろん中井や羽仁らが考えていたように、古いものが新しいものに揚棄されたのでもない。しいていうなら古いものが古いままで新しくなったのである。人びとは最も安易な道を選んだ（選ばされた）のかもしれない。この国においては理念とはついに幻なのか。

このことは、最近の知識人が今度は理念としての共同体に思いを寄せることとあたかも表裏の関係にある。幻の市民社会と幻の共同体。だが大衆の生活は、このふたつが共に幻であることを知識人よりもリアルにとらえることにおいて勝っている。それは昔も今もたいしてかわることはない。だからこそ、中井の啓蒙家としての努力が実を結んだと思われた瞬間に、それは脆くも崩れたといわなければならない。すなわち、啓蒙されたはずの若者の民主主義意識は、共同体内の生活利害と直接対置されたとき、その若者の多くは生活共同体の方を選択したのである。一九四六年一一月に中井は次のように書いている。

「地方選挙を眼前にして、青年を把握していることへの嫉視は当然予想されるところである。この大きい動きが、それ等の人々を父兄とするところの青年に一つの分解作用を及ぼすことはその第一の原因と見るべきであろう。また青年自身が、自ら立候補または運動にまき込まれるにあたって、安易なる、利己的な道へ誘惑されるのもまた、当然な経路である。この青年自らの自己崩壊はその第二の原因となるであろう。第三は、全体に反民主主義的な土用浪のような潮の高まりが、田舎の第一線で孤独に戦っている自分には切々と感ぜられるのである。商業資本機構の中にしみ込んだボス的封建制は民主的再建設に対しては、そのスタートを明らかに拒否しはじめている。また教育界が同じ反動の徴候を示しはじめている。去年の今頃の暗澹たる思いは、しかし、攻勢における手不足の暗さであるが、今は何か守勢的なるものすら感ぜしめる。手塩にかけた好青年が一人、一人去りゆくのをじっと見つむることは言いようもなく寂しい思いである」［註◆23］。

中井正一はストレートな思想家である。ストレートだということは、己れに対しても他人に対しても徹頭徹尾真摯であるということだ。どこまでも理念を理念として大切にするのである。このことは、戦前の『世界文化』、『土曜日』を通しての啓蒙運動をみれば明らかである。だがこの戦前の運動は、主に文化的芸術的領域におけるそれであり、たとえ『土曜日』のように「読者が書き手となる新聞」とうたっていても、直接生《なま》の大衆と接触することはなかったのである。その意味では中井のストレートさは一種の清涼剤としての効果をもつ。しかし戦後の彼の活動は、具体的な生活の場での大衆との直接的な接触から出発したのである。ストレートな思想家がストレートなままで実践家になったのである。彼がいかに困難な啓蒙運動をしなければならなかったか想像に難くない［註◆24］。

思うに、この国の近代はストレートなものを認めたがらない精神風土をもっている。知識人であろうと大衆であろうと、このことにかわりはない。屈折した近代は屈折した心情を生むのであろうか。

ともあれ、中井は、羽仁五郎の熱心な要請を受けて、一九四八年に東京に出た。議会内の各党派のかけひきやいきさつで、当初の館長候補から結局は副館長の任務につくことになったが、そのことにたいした問題はない［註◆25］。問題なのは中井が東京に出たという事実である。そしてその伏線は既に、広島県知事選に立候補したときに敷かれていたといってよい。さらにいえば、啓蒙主義の当然の帰結ということもできる。尾道での農村青年との交流が、むら的共同体を基盤とする極めて血縁地縁的な次元に遭遇したとき、青年たちの多くは中井から離れたのである［註◆26］。広島県知事選の出馬が組合や農村の青年たちに支持されたとはいえ、ついに中井から地方で生活者として封建遺制と闘う場を奪ったのである。知事選での善戦はまさに、戦闘的知識人羽仁五郎が参議院議員に当選した位相と同じものなのだ。このことは、当時においては少なくとも民主主義が民主主義として新鮮な魅力を備えていたことの証明である。が、同時に、その民主主義が真に大衆の生活に根ざした民主主義でなかったこともまた事実である。

思えば、中井はみずから進んで尾道に来たのではなかった。彼にとって尾道＝地方とはたまたま生まれ故郷であり、治安維持法によって京都＝中央での活動を禁止されたための疎開先にすぎなかった。わたしは、このことからただちに中井の限界を指摘しようとは思わない。ひとは、大なり小なり自己の意志に反してある土地に住み、また同じようにそこを離れることがあるのだ。どのような土地に住もうとも、知識人としての思想の普遍性にかかわりはない。だが、知識人が知識人としてではなく、生活者としてある土地＝地域に積極的に関係するとき、自己の思想の普遍性は泥にまみれるのではないだろうか。そもそも中央志向の顕著な近代日本において、知識人とは中央＝都市と同義語として語られるのである。そのような知識人が地方と接触する方法は、この国においては極く一部の人びとを除いて外部からの一時的な啓蒙であった。知識人が自己の思想の普遍性を貫きつつ、かつヴィヴィドな生活者としてくらしていくということは至難の技なのだ。中井正一もやはりこのアポリアにつまずいたのかもしれない。

◆封建遺制との闘い

中井正一は確かに徹底した啓蒙家であった。だが、徹底した啓蒙家であればあるほど、地方ではもどかしさを感じたはずである。なぜなら、啓蒙とはついに量を問題にするからだ。その意味では、羽仁五郎は最も徹底した啓蒙家である。彼の啓蒙の対象は常に具体的な個人ひとりひとりではなく、抽象的な日本の「人民」なのだ。彼がテレビや週刊誌を積極的に利用するのは当然といえよう。利用できるものは何でも利用する。情報化社会における啓蒙とはそのようなものなのだ。どのような媒体を武器にしようと啓蒙の質にかわりはない。ただ、啓蒙が量を問題にする以上、同じ媒体を利用することは、権力の「啓蒙」に所詮立ち打ちできないこともまた確かである。

羽仁に比べれば、中井はむしろ具体的な個人の顔を知りすぎていたのかもしれない。このことが知事選への立候補や国立国会図書館への要請をためらわせたのではないだろうか。中井が個別具体的な人びとといかに親密に交流したかということは、山代巴が「農民運動期の中井先生」のなかで、木島始が「中井さんのトレーニング」で感動的に語っている〔註◆27〕。また、中井自身の文章のなかに農村青年や組合の若者たちとの交りを見つけることもたやすい。中井は、尾道で地道な運動を続けるべきであったのだろうか。鶴見俊輔が座談会「中井正一とわれわれの時代」のなかで次のようにいうとき、この視点に基づいていることは明らかである。

「中井正一と結びつけていえば、彼が国会図書館にでてきたことを非常に大業績であったようにこの本

（『美と集団の論理』中央公論社―筆者）にも書いてあるふしがあるんですが、あれは中井正一にとっての才能の濫費であった。むしろ尾道にいて、彼の力をもってすればもっとあざやかになね《ママ》、戦後十八年間全部を見返し批判し得るような別の集団を組みえたのではないか。彼は国会議事のためにエネルギーを使うべきではなかったという感じがするんですがね」［註◆28］。

尾道での啓蒙方法の工夫や「委員会の論理」の構想を考えれば、鶴見がいうような可能性はあったかもしれない。だがむしろ、先にも少し触れたように、中井が何故、尾道を去り、知事選に立候補し、そして東京に出たのかということが問題なのではないだろうか。このことは、戦後自覚的に地方に赴いた、むのたけじやきだみのるの思想的位相と対峙させるべきであり、同じように何かをするために地方へ行き、何もしないために東京に出た谷川雁の思想的位相とも対峙させるべきである。彼らは明らかに近代を相対化する目をもっていた。彼らの地方での活動を啓蒙運動とよぶこともできないことはない。が、しかし少なくともきだみのるが農民の希望について語るとき、中井や羽仁の啓蒙主義とは異なった素朴な、だからこそ根源的な視座がうかがえるのである。

「なあよ、百姓は生まれ、育ち、自分で労働し暮しを立て、生殖し、子を残して死ぬことしか願わない一番平和的なそして誰にも構ってもらえない人間よ。ストもできなければ、デモもできず進歩団体にも救ってもらえないしな。願うところは物資が豊富でそれを買う銭こが稼げ、それから法の末端の現場の駐在が部落が犯罪と思わないことにうるさく干渉しないで、それからサツより怖い税務の現場が権力を濫用しないこと、短くいえば、〝物豊かで、それを買う銭こが稼げ、駐在がうるさ過ぎず、税の安い世の中〟じゃあるめえか」［註◆29］。

そして「いまいった部落の願いに合ったのが進歩で、合わないのが封建的」なのである。さらに入れかわり立ちかわり村に入ってくる中央の文化人に対する批判は痛烈である。

「言葉を撒き散らしただけでは部落を啓蒙する力はない。あると思うのは文化人の錯覚だ。また東京からの思想に次々と同調していては、部落では生活出来なくなるだろう。

むしろ部落そのものががっちりとしていて、村に入ってくる知識人やその卵を試練と、その考え方に生命があるかどうか試金石にかけているのだと考えたほうが正しいのではあるまいか」[註◆30]。

ここにみられるきだの視座は、生活を生活として営む人びとへの愛情と民主主義の本質ともよべるものへ向けられている。と同時に、人びとの生活史は「ダイナミックないわゆる歴史よりも、むしろスタティックな広義の人類学やフォークロアに似通っていく」[註◆31]ということを的確にとらえているのである。民主主義とは生きとし生けるものの生活が何よりも優先されなければならない。そして生活とはどのようなかたちをとろうとも、一見単調なくり返しにすぎないのである。が、一見単調であればあるほどその内部はドロドロしたものであり、一朝一夕にはとらえることなど不可能なのだ。そこには、義理があり、欲望があり、名誉心、情実、因縁、見栄、嫉妬、無知があり、それらが分かち難く結びついている。

わたしは、ここできだの言葉を借りて全てを大衆の生活に還元する生活第一主義を主張しているわけではない[註◆32]。このような考えは、大衆はいつも正しいという大衆追随主義に墜ちる危険性を孕《はら》んでいる。わたしがいいたいのは、ひとはだれでも生活という一定の枠のなかでしか観念との関係をもち得ないということなのである。そしてこの現実の中途半端さこそが合理主義者中井正一には我慢がならなかったのではないだろうか。

彼の周囲はあまりにも「おくれた」人びとで満ちていた。近代合理主義の、しかもその純粋な目から見れば、敗戦国日本の現実は非合理と矛盾が渦巻き、いたるところに封建残滓が満ちている。もちろん「委員会の論理」の構想を具体化するどころのはなしではない。

「会議で発言する毎に、各県毎に、協力よりも反発を経験するのである。県ブロックのセクト性が封建的な臭いをもって、撲ってくるのである。もうここまで来ると、単なる文化啓蒙では達せられない問題である。政治が、権力が、更に一つの組織として、機構として、啓蒙の役割をもたなくてはならなくなる。国会の啓蒙、官吏の啓蒙、これが機関と組織を調べて、十年、二十年の覚悟をもって、これにぶつかって行かなければなるまい」[註◆33]。

中井は地方文化運動での啓蒙の限界を悟ったとき、国家、政治の啓蒙のために中央を目指したのである。たとえ羽仁五郎の誘いがなく、国立国会図書館という場が与えられなかったとしても同じことであったであろう。彼は急ぎすぎたのかもしれない。

中井正一はついに最良の教師であったというべきであろうか。彼が大衆から学ぶことは、いかにうまく大衆を啓蒙するかということ、すなわち大衆を啓蒙の対象として分析することであった。どんなに大衆と接触し、彼らの生活を見たとしても、それが彼の価値観に影響を与えることはない。中井には既に、確固とした価値観があり、それは戦前戦後を通じても基本的にかわることはなかったのである。

とはいえ、実践家としての中井が大衆に影響を与えなかったといえばウソになる。彼の情熱は本物であった。現実のあいまいさのなかでも、真剣で情熱的な誠意が誠意としてひとの魂を揺り動かさぬはずはない。というよりむしろ、現実があいまいで中途半端であればこそ、ひとは他人の超人的でひたむきな誠実さや努力に感動と共感の声を上げるのである。ましてそれが中央から来た「エライ先生」であればなおさらそうなのだ。このような関係が当事者たちにとって幸いであったのかどうかわからない。ただ中井についていえば、戦前に構想していた「委員会の論理」の具体化の場は与えられなかったことは確かである。だが少なくとも、彼が必死になって封建遺制と闘った軌跡は、彼の後継者ともよぶべき無名の人びとの運動のなかに残したことも間違いない。

今日、地域住民によるさまざまな市民運動が国家と資本に対して、まさに「人間として」の存在から発せられているのをみるならば、かつて中井正一が目指したものが決して的を射てなかったということはできない。とはいえ、現在の運動が真にわたしたちを「人間として」解放する道だと決めつけるのは早計である。わたしたちは、試行錯誤のくり返しのなかに第二、第三の中井正一を必要としているのかもしれない。が、この道がいかに困難であるかということもまた中井の運動が証明しているのである。

註1◆平林一「『美・批評』『世界文化』と『土曜日』——知識人と庶民の抵抗——」(同志社大学人文科学研究所編『戦時下抵抗の研究——キリスト者・自由主義者の場合——』I、みすず書房、一九六八年)、参照。同時代人たちの回想については和田洋一『私の昭和史——『世界文化』のころ——』(小学館、一九七六年)、真下信一『思想の現代的条件』(岩波新書、一九七二年)、新村猛「『世界文化』のこと」(『展望』一九七四年一〇、一一、一二月、一九七五年一、四、五、一〇、一二月号)を参照。

註2◆鈴木正『日本の合理論』(ミネルヴァ書房、一九七〇年)、『近代日本のパトス』(勁草書房、一九七七年)所収の諸論稿参照。なおその他の研究については鈴木正編「中井正一文献誌」(中井正一『増補美学的空間』新泉社、

一九七七年）を参照。

註3◆中井正一「地方文化運動報告――尾道市図書館より――」（中井浩編『論理とその実践――組織論から図書館像へ――』てんびん社、一九七二年、二九ページ）。

註4◆同右「聴衆0の講演会」（中井浩編、前掲書、五八ページ）。

註5◆同右「地方文化運動報告――尾道市図書館より――」（中井浩編、前掲書）参照。

註6◆同右「聴衆0の講演会」（中井浩編、前掲書、六一ページ）。

註7◆同右「地方の青年についての報告」（中井浩編、前掲書、四〇、四一ページ）。

註8◆同右「聴衆0の講演会」（中井浩編、前掲書、六二ページ）。

註9◆同右「地方文化の問題」（中井浩編、前掲書、四五ページ）。

註10◆同右「組織への再編成」（中井浩編、前掲書、二二ページ）。

註11◆同右「知識と政治との遊離」（中井浩編、前掲書、一五ページ）。

註12◆同右「思想的危機における芸術ならびにその動向」（『中井正一全集』第二巻、美術出版社、一九六五年）参照。

註13◆カント、篠田英雄訳『啓蒙とは何か』（岩波文庫、七ページ）。なお、中井のカント研究については、杉山光信「中井正一試論――その言語・映画の理論と弁証法の問題について――」（『東京大学新聞研究所紀要』第二三号）に詳しい。

註14◆中井正一「地方文化報告」（中井浩編、前掲書、三二ページ）。

註15◆カント『啓蒙とは何か』十一ページ。

註16◆大内力は「戦後改革と国家独占資本主義」において、戦後改革の歴史的意義は、「国家独占資本主義の発展が改革の内容をなすような事態を用意しており、改革はそれを一挙に前方におしすすめる役割を果すことによって、国家独占資本主義にいっそう適合的な制度・体制がつくられた」と主張している（「課題と視座」東京大学社会科学研究所戦後改革研究会編『戦後改革』第一巻東京大学出版会、一九七四年、六一ページ）。わたしは、この分析はあまりにも客観的すぎるように思える。これでは戦後改革における知識人や大衆が下からはたした役割はほとんど無視されるのではなかろうか。

註17◆「近代化の人間的基礎」『大塚久雄著作集』第八巻（岩波書店、一九六九年）所収の諸論稿参照。

註18◆羽仁五郎「国立国会図書館の創立」（『図書館雑誌』一九六五年八月号、三〇三ページ）。

註19◆同右『自伝的戦後史』（講談社、一九七六年）参照。羽仁を牢獄から救い出したのがH・ノーマンであり、戦後最初

にストライキを打ったのが在日朝鮮人労働者であったという事実は戦後日本を象徴しているように思われる。同じ事実は山辺健太郎も『社会主義運動半生記』（岩波新書、一九七六年）のなかでのべている。

註20◆同右『自伝的戦後史』一〇五～一〇六ページ。

註21◆中井正一「思想的危機における芸術ならびにその動向」（『全集』第二巻、四六、四七ページ）。

註22◆「委員会の論理」について多くの研究があるが、竹内成明「『委員会の論理』再考」（『展望』一九七八年二月号）が示唆的である。竹内論文はかなり難解であるが、わたしの問題意識に引きよせれば、「委員会の論理」それ自体のなかに中井の実践家としてのアポリアがあるように読みとれる。同じく竹内成明「集団的主体性と疎外」（『展望』一九七八年四月号）、「批判的相互行為の可能性」（『展望』一九七八年五月号）もあわせて参照。また、佐藤晋一「中井正一論――『委員会の倫理』の原構造について――」（『足利工業大学研究集録』二号、四号）が「委員会の論理」執筆までの中井の研究活動を詳細に検討している。

註23◆中井正一「地方文化運動報告」（中井浩編、前掲書、三六ページ）。

註24◆『土曜日』の中井の筆による巻頭言はいまでもわたしたちの心をうつ。ただ、きれいごとすぎるように感じるのは中井独特の美文調のせいだけではないように思える。『土曜日』は松竹の無名の俳優斎藤雷太郎が個人で発行していた『京都スタヂオ通信』を一九三六年七月から中井らが受け継いだものである。このことは、現場の生活者の新聞が知識人の啓蒙新聞へ変質したことを意味する。ここでは斎藤の目指した「読者が書き手となる新聞」という意味もおのずから変化せざるを得ない。とはいえ、当時（権力）も今（研究者）もいわゆる知識人でなかった故に無視されがちであった斎藤の『土曜日』における思想的位置は高く評価されねばならない。伊藤俊也『幻の「スタヂオ通信」へ』（れんが書房新社、一九七八年）参照。

註25◆中井の国立国会図書館での活動については、稲葉誠也「中井正一の文化機構論」（『思想の科学』別冊九号）参照。また国会図書館の現場からの声として『広場』（国立国会図書館広場の会）二四～二七号の中井正一特集を参照。『広場』の同人たちがみずからの反省のなかで苦渋に満ちて中井を語るとき、国会図書館という官僚機構の現場の困難さがひしひしと感じられる。

註26◆このことは戦後三十年以上たった現在でもほとんどかわっていないといってよい。太田忠久『むらの選挙』（三一書房、一九七五年）は、むらの現場からの体験に基づいてそれを端的に証明している。

註27◆山代巴「農民運動期の中井先生」（中井正一『美と集団の論理』中央公論社、一九六二年）。木島始「中井さんのト

レーニング」（『中井正一全集』第三巻付録、『中井正一』Ｉ）参照。

註28◆鶴見俊輔他「中井正一とわれわれの時代――座談会」（『思想の科学』一九六三年五月号、八七ページ）。

註29◆きだみのる『にっぽん部落』（岩波新書、一九六七年、一四六ページ）。松本健一も「地方・地域・共同体」のなかで、きだのこの部分を引用して「人間の根源的な欲求に即した概念規定」だといっている。もちろん松本は、このような部落が同時にかつて日本ファシズムをその底で支えたという指摘もわすれない。『共同体の論理』（第三文明社、一九七八年）所収。この著書はいろいろな面でわたしに示唆的であった。

註30◆きだみのる「気遣い部落から日本を見れば」（『きだみのる自選集』第四巻、読売新聞社、一九七一年、九七、九八ページ）。

註31◆林達夫「無人境のコスモポリタン」（『林達夫著作集』第五巻、平凡社、一九七一年、二三二ページ）。

註32◆もちろんきだみのるが大衆追随主義だというのではない。彼は林達夫とともにこの国では数少ない徹底して自覚した知識人なのだ。わたしには、林達夫が次のようにいうとき、自己や親友きだみのるのことを語っているように思えてならない。

「『私は決して俗衆の気に入ろうと思ったことはない。けだし俗衆の気に入ったことは私は知らぬのだし、私の知っていることは、俗衆の理解を遙かに越えているから。』――このエピクロスの言葉は、精神的貴族主義の単なる傲慢の表白にすぎぬでありましょうか。私はそこに、ほんとうは民衆をこの上なく愛した一箇の謙虚な人間の知恵の悲しみの如きものの逆説的告白が感じられてならないのです」（前掲「無人境のコスモポリタン」二五〇ページ）。

註33◆中井正一「地方文化の問題」（中井浩編、前掲書、四九ページ）。

◆附記

中井正一の名を知ったのもおそらく、鶴見俊輔さんの書かれたものからだったと思う。

戦時下、京都の地で『世界文化』、『土曜日』に拠った抵抗運動の中心人物の一人に中井正

―という美学者がいた。

美学という学問はよくわからないが、集団的主体性を軸にした「委員会の論理」は面白いと思った。それ以上に『土曜日』の巻頭言の美文は魅力的だった。

「生きて今ここにいることを手離すまい」。「虚しいという感じだけに立ち止まるまい」。「真理は見ることよりも、支えることを求めている」。「平凡な人間の声、人民の声の中に真実はある」等々。

一九三六年、三七年という時代に、こんなにみずみずしい文章が書けるのはよほどしなやかな精神の持ち主に違いない。戦後、新しく創設された国立国会図書館の館長に羽仁五郎が強く推したのも十分頷ける。

そんな思いから、中井正一を少し本気で調べてみようと思った。当時、美術出版社版の『中井正一全集』全四巻の内、第二巻「転換期の美学的課題」（一九六五年）と第三巻「現代芸術の空間」（一九六四年）しか出版されていなく、一〇年以上も経ているのにと、不思議に思っていた。

だが、この全集とは別に、てんびん社版で『生きている空間――主体的映画芸術論――』（一九七一年）、『論理とその実践――組織論から図書館像へ――』（一九七二年）、『アフォリズム』（一九七三年）が出ていて専門の美学関係以外の著作もかんたんに読めるようになっていた。

「真理がわれらを自由にする」という国立国会図書館の前文を起草し、その創設に力を尽くした羽仁五郎がなぜ、中井正一を初代図書館長に強く推したのか。『論理とその実践』に収められた中井の図書館論や尾道での啓蒙活動の報告のなかに、その鍵があるように思えた。私はしかし、必ずしも中井の実践に共感したわけではない。敗戦直後の一九四〇年代後半から一九五〇年代にかけて、中井や羽仁の啓蒙的実践活動が一定の意味と価値を持ち、だが敗北せざるを得なかったという思想的意味を考えてみたかったのである。

その後、美術出版社の全集第一巻と第四巻（一九八一年）が出た。その第四巻に「われらが信念」と「橋頭堡」という戦時下に書かれた翼賛的文章も収められていた。私は、全集の二巻、三巻が出た後、一〇年以上も跡絶えている大きな原因の一つがこの文章を全集にいれるか否かで編集者のあいだで議論が続いているらしいということをある方から聞いていた。だから、無事収められたことを図書館員のはしくれとして嬉しく思ったが、それほど衝撃は受けなかった。

この二論文については、第四巻の解説で鶴見俊輔さんは「中井の哲学思想を支える心情の糸が、誠意と正義感（それにおそらくは日常の幸福感）であった」といい、「義の人であり、情の人である中井正一」の「内部にはついに悪人はいない」と評している。

私は鶴見さんの中井の思想と実践に対する温かいまなざしに共感する。戦時下の「書かずもがな」の文章も含めて、中井正一は、大衆とともにあろうとした最良の啓蒙者、教育者だった、といまも思う。

松田道雄論のための走り書

●——『風跡』第5号、一九八一年六月

◆やさしさの奥にあるきびしさ

ぼくは松田道雄さんのファンである。ファンになったのは、岩波新書で『私の読んだ本』というのを読んだときからで、世の中にこんなに自由によく勉強している人がいるのかと思っておどろいた。それから、松田さんが書いたものを単行本や雑誌で読みはじめたが、そんなに熱心な読者にはならなかった。そのころぼくはマルクス主義に疑問をもちはじめていたが、まだ難しい本の方が有難いような気がしていた。松田さんの書いたものは、わかりやす過ぎるように思えたのである。

マルクス主義のこと、レーニン主義のこと、スターリン主義のこと、ロシア革命のこと、日本の社会制度のこと、仕事のこと、学問のこと、恋愛のこと、医療制度のこと、人生のこと、どれを読んでもなるほどと納得できるように思えた。だがぼくには、簡単に納得できることが、逆に気にいらなかった。

松田さんは、小児科医として、むかし診た子供が学生運動の闘士になって困っているというはなしをその母親から聞いて、是非会いたいと思ったが、訪ねてきた学生はひとりもいなかったということをどこかで書いていた。

ぼくには、その学生の気持がわかるような気がする。たぶん、松田さんの博識とそれに裏付けられた人間性でやさしく包み込まれる危険性を感じたのであろう。あのころ、味方よりも敵が必要だったのだ。松田さんを味方にするだけの度胸はなかったが、断じて敵とは思わなかった。敵にするには都合が悪すぎた。

松田さんは、知識以外の何の特権もない市民の立場を堅持し、それを貫いている。それを貫くための誠実な努力が並大抵のものではないことは、書いたものを少し読めばわかるのである。だから、啓蒙的な本でも啓蒙書特有の嫌味がないのだ。もともと、松田さんの本は、その性質上、すべて啓蒙書とよんでもよいのだが、一冊一冊に、松田さんの存在が見えてくるように思えるのである。存在そのものが思想であるといってよいのかもしれない。等身大の思想と言うべきか。

このことは、松田さんがずっと在野にいることと大いに関係がある。松田さんは、長く、京都の町中で開業医という、誰にも命令されず、誰をも命令しない仕事をしていた。いわば、手に職を持っているのだ。それも、たゆまぬ努力に支えられた超一流のプロとしての技能を、である。ちょっと、松田さんの書いた育児書を読めば、そのことがすぐわかる。医学の新しい知識が入るたびに、そのつど改訂を重ねているからだ。そして、なぜ改訂したかという理由をはっきりのべているのである。読者にとっては、どんなにありがたいかはいうまでもない。わけもいわずに、注射をしたり薬ばかり買わされる不親切な医者にかかるより、松田さんの本を読んでいる方が正確な判断ができるのだ。

もちろん、松田さんはこの仕事に誇りと自負を持っているのであろう。だからこそ、松田さんの書くものには、気負いもなければ、読者への媚もない。あるのは、自立した生活に根ざした確かな手ごたえである。これでは、敵にしたくても、敵になりようがない。

だが、わかりやすい思想で包み込まれてしまうのは危険だ。松田さんのやさしさの奥にあるきびしさを読み取れなかったぼくは、権力や権威に対する反発力がなくなってしまうような気がしていたのだ。松田さんの行儀のよいファンとして、半ばヘッピリ腰でチラッチラッと眺めていたのも、そんな危機感をもっていたからであった。

◆二四時間自立した市民であること

ところで、ファンであるぼくが松田道雄さんについて、何か書きたいと思ったのは、『女と自由と愛』(岩波新書)を読んだときからである。この本は、手っ取りばやくいえば、いわゆるキャリアウーマンに対する手紙のかたちをとって、結局は、ものわかりのいい男を見つけて結婚しなさいということを説いているのである。もちろん、単純にそういっているのではなく、現在の日本の社会制度や世間の「常識」などを踏まえて、なるほどと納得のいくように説明していることは、松田さんのいままでの本とかわりはない。ここには、日常性を最も重んじ、かつその日常性からの変革しか信用できないという松田さんの「市民」の立場が貫かれていることはいうまでもない。

しかし、ぼくは、この「市民」の立場に少し疑問をもったのだ。松田さんのいう市民とは、西欧近代が生んだ理念としての市民ではない。むしろ、柳田國男の「常民」や吉本隆明の「大衆の原像」が「市民」として自覚化したものに近い概念であろう。自覚化とはどういうことか。日々の生活のなかに創造のよろこびと合理の精神を培い、他者へのおもいやりとやさしさとをもつことだ。これは、憲法で保障されている基本的人権をだれもがほんとうに自分のものにすることである。松田さんはこれを「匹夫《ひっぷ》の自覚」という。中江丑吉流にいうなら、それは「自覚したマッセ」であろう。

だが、それがどれほど困難なことであるのか、少し実行しはじめるとすぐわかる。それを完全に実行するためには、二四時間、松田さんのように自立した市民でなければ不可能なのだ。

　ところが、二四時間、自立した市民という存在は、この管理された世の中で、どれだけいるのであろうか。松田さんが、いつもいっている三〇年間以上住んでいる京都の「室町筋からすこしはずれた、繊維商品の加工する職方の町」の市民というのは、例外中の例外ではなかろうか。ぼくたちのまわりの人びとのほとんどは、午後五時ないしは六時から朝の八時か九時頃まで市民であるために、朝から夕方までは、市民を放棄しなければならない人びとが大多数なのである。喜んでか心ならずもか、それはわからない。が、わが国では、このような人びとが九割も中流意識をもっているのだ。そして、この中流意識を根拠として、松田さんは市民を語っているような気がするのである。

　夜の一二時間の市民が現実的に二四時間の市民になることは、むかし流にいえば手に職をもっていないかぎり不可能にちかい。そうだとするなら、一二時間の市民が一二時間のなかだけで「市民」であろうとするのか、それとも観念のうえでそれを二四時間に延長し、市民として現実化するために努力するのかが問題になる。その場合の市民化の実現は、たぶん中流意識など消しとんでしまうほどの苦難に遭遇してしまうであろう。なぜなら、大部分の「市民」たちがひたすら非市民として労働することによって、かろうじて現在の中流幻想を保っているからである。そして、それを敢えて否定しようとは思わないからである。

　ぼくは、日本帝国主義本国の労働者の「市民化」が第三世界の非抑圧人民の搾取のうえに成りたち云々と、むかしのようにストレートにアジテートしようとは思わない。同じように、わが国においても中流幻想すらもてない一割の人びと（単純に計算しても一千万人以上もいる）の存在を声高に強調しようとも思わない。だから、市民運動ではなくて、生産点での労働運動をと叫ぼうとも思わない。が、しかし、そういう現実が、世界にある、ということだけは決して忘れないでおこう。そのことが、ぼくが、もし市民化するならば、その度合いに応じて、ひょっとしたら彼らと連帯できるかもしれない唯一の回路であると思うからである。

それは、自分のあしもとからひとつひとつ納得して、生活とその意識とをかえながら、同時に、情況をもかえてゆこうとすることであり、それを夜だけでなく、昼の仕事という場所でもやろうということである。

もし、そうでなくて、夕方から朝の一二時間の市民性を、昼の一二時間をひたすら非市民化することによって守ろうとするなら、この市民性は夜だけにとどまるどころか、むしろ逆に、昼の非市民化を助長するような働きをするようになる。それは、自己の生活を守ろうというだけの閉じられた円環運動のくり返しにすぎないからである。この閉じられた円環運動においては、自分の生活を大事にするということが他人の生活をも大事にするということに通じる回路は見い出しえないような気がする。

松田さんもおそらく、このことは感じているのだと思う。だから、男よりも女に、そして男のように働く女よりも専業主婦に未来への期待をかけられるのであろう。管理された社会のなかで、自分の責任や裁量で自由に生活を賄えるのは主婦の仕事のほかにあまりないのだ。その主婦が解放区としての家庭から地に足が着いた運動を日常的なかたちで社会に広めていくことがほんとうの二四時間の市民運動だといえる。

しかし、それにしても疑問がないわけではない。その主婦の二四時間の市民運動を経済的に支えているのが家庭という解放区ではものわかりのよい男の昼の非市民的な労働であるならば、この主婦の運動もまた不確かなもののように思える。つまり、自立した運動にはなり切れぬような気がするのだ。

思うに、松田さんが市民というとき、どうも政治やイデオロギイへの失望のあまり、状況へのあきらめからか、それを支えている「市民」のア・プリオリな肯定へと横すべりする危険性を感じるのである。この方法では、人びとのくらしをよくするという『暮しの手帖』的合理主義の精神がいつしか国家総動員のための合理主義にからめとられるという逆説をチェックできないのである。ようするに、自己否定の契機がないのだ。だから、このような市民化では、自分と自分をも含めた情況とをともに対象化することはむずかしいといえる。問題は、市民化することが自己否定になり、自己否定することが、市民化になるような方法を模索することである。もし、そのような方法の糸口が見つかり、かつそれを人びとが実行しはじめるならば（現在ある無数の市民運動のなかのいくつかにそれは見い出される）、そのとき、はじめて、わが国の一千万人以上もいる中流幻想すらもてない人々や今日の食事にもこと欠く第三世界の人びとのくらしがかすかに見えてくるとともに、くらしを守る運動が世界に開かれるような気がするのである。

◆一貫するふつうへの愛

こんなことを考えながら、最近出た『松田道雄の本』全一六巻（筑摩書房）をあちこち拾い読みしていたら、やっぱりどれを読んでもなるほどと思えてきた。とくに『いいたいこと・いいたかったこと』のなかにある「私の歩み」には感心した。今まで松田さんが書いた五四の本の「あとがき」がおさめられているのである。これを読んでいくと、松田さんの思想の変遷過程を論理的に辿ることができる。

それは、心やさしいマルクス主義者として出発した松田さんが、そのやさしさゆえに、代々木的マルクス主義者になり切れず、かつ、そのことに負い目を感じながら、それをバネとして第一級の医者になり、「人民に奉仕」するに至った経過が読みとれる。そして戦後は、若き日に魅せられたマルクス主義をソ連の文献をていねいに読むことによって検証していきながら、しだいにマルクス主義から離れていき、市民の立場を確立するに至る過程がよくわかる。

これを読んでいくと、松田さんの思想の根底にあるものは、ふつうにくらしている人びとへの愛であるということがよく理解できる。その愛を一貫として持続させているのは、松田さんの唯一の特権であるインテリゲンチャという自負であり、その任務ということであろう。ただ、年を経るにつれて、愛の対象は、抽象的な人民から具体的な市民へとかわっていったのである。

だからこそ、松田さんは、一生懸命啓蒙書を書くのであろうが、ぼくには、松田さんの生き方それ自体が最も有効な啓蒙のように思えてならない。松田さんの書いたものを読んでいるといつも励まされるからである。こんなことを書いていると、当分松田道雄論なんて書けないかもしれない。だが、ファンとしては、松田さんへのまとまりのない思いを書いただけでも満足せねばなるまい。なぜなら、松田さんがいちばん嫌う権威を、松田道雄という権威をチェックするためにも、ぼくは何か書いておかなければならないとファンになってからずっと思っていたからである。

◆附記

これを書いたのは現在も続いている、『風跡』という小さな同人誌である。同じ職場の教員と卒業生など数人で、「『どんなに貧弱なものでもいいから、自分のもの』が気軽に書けるようなものでありたい」（創刊号編集後記、一九七九年）という思いで発足した。

「自分のもの」が「気軽に」ということが気に入って会費一〇〇〇円を払って仲間に加えてもらった。いまは会費（二〇〇〇円）だけの会員になってしまったが、合評会で何度か熱い議論もした。リベラルアーツを教育の理念に掲げた田舎の小さなキリスト教主義の大学の知的で楽しい雰囲気は、私にははじめての経験だった。

しばらく後、そのなかの私を含めて五人の仲間と戦後思想研究会もつくった。丸山眞男、鶴見俊輔、竹内好、橋川文三、神島二郎らの著作をじっくり読んだ。数年続けたが、一冊の本にはならなかった。だが、大学のゼミとは違って、専門の異なる仲間たちとの勉強会は十分刺激的で面白かった。

松田道雄さんについて何か書きたいと思ったのも、「自分のもの」が「気軽に」という先の「編集後記」の誘いに乗ったからで、主宰者の八木洋一さんをはじめ当時の『風跡』の仲間に感謝している。

ちょうどその頃、長男が生まれ、なんとか生活者としてくらしを立てられる目途がついてきたように思えた。子どもは放っておいても自然に育つとは思いながら、目の前の小さな生き物はそうはいかない。何か気にくわないことがあればすぐに存在を主張しはじめる。だが、経験のないこちらは、何が気にくわないのかわからない。小さな風呂に入れるだけでも最初は、妻と二人で大騒動だった。

そんなとき、松田さんの『育児の百科』（岩波書店）はほんとうに役に立った。

「この本では、できるかぎり子どもの立場に身をおいて、育児をかんがえようとした。子どもの成長は、ひとつの自然の過程である。自然には自然の摂理がある。風土に密着した民族のながい生活は、たえまのない試行錯誤によって、この自然の摂理に適応していった。日本の風土にふさわしい育児は、こうして民族の風習として形づくられた」（あとがき）。

「民族」とか「風習」とか、どちらかといえば負のイメージで考えていたものが、松田さんの書くもので、新しい価値に甦ったように感じた。なによりも「子どもの成長は、ひとつの自然過程である」というあたり前のことを松田さんが「宣言」（私にはそう感じた）していることに共感し、安心した。

安心したというのは、私の子どもの頃の病弱だった記憶に遡る。その原因が祖父と父による「育て急ぎ」（乳児期の私に牛肉スープを飲ませたらしい）によると信じていた祖母は二言目には、「あんたは身体が丈夫じゃないさかい、無理したらあきまへんで」といっていた。祖母の口ぐせと松田さんの『育児の百科』が深いところで響き合っているように感じたのかもしれない。

その後、子どもの具合が悪くなっても「大丈夫、大丈夫、松田道雄さんがいうてる」と私がいうので、妻には「キミは松田道雄権威主義者だ」と批判された。が。息子はなんとか「自然」に育った。ご健在であった松田さんから、「医者はどうしても啓蒙家であることを免れません」という丁重なおはがきを頂いたときは嬉しかった。

上野英信論のための走り書き

●――『風跡』第13号、一九八七年三月

◆ヤマ、そして上野英信との出会い

筑豊に上野英信がいる。かつて筑豊八百八炭坑といわれたヤマが次々と消えてゆくなかで、一九七三年、貝島大之浦炭坑が最後の坑口を閉じてから、すでに一四年。上野英信は、あたかも修羅のごとく筑豊に立っている。

もとより、ぼくと筑豊とは直接的な何のかかわりもない。一五年近く前の夏、ぼくは遠賀川の川べりで、まだいくつか残っていたボタ山の異様な風景をはじめて見た。草がほとんど生えていないボタ山は左右対称ではなく、一方が急な坂になっており、片一方はなだらかだった。石炭ガラを積んだトロッコがゆるやかな坂を登り、頂上で捨てるからである。そんなことも知らなかったぼくは、そのボタ山の一つに登り、閉山で人がいなくなった炭住地帯の通称ハーモニカ長屋を見て歩いたに過ぎない。

そのころ、ぼくが読んでいた上野英信の本は、岩波新書の『追われゆく坑夫たち』と『地の底の笑い話』の二冊だけだった。けれども、この二冊の本はぼくを深く捉えた。それは、まったく知らない世界だった。つい二、三年前、アメリカ帝国主義のベトナム侵略に憤り、それに荷担する日本帝国主義粉砕を叫びながら、なまかじりのマルクスとレーニンで世界経済を論じ、一方で、気の弱い大学知識人たちをつるし上げていた。つるし上げの武器は、それもなまかじりの吉本隆明であり、谷川雁だった。なかでも、当時、東京で小さな語学関係の会社の重役におさまり、沈黙を守っていた谷川雁の詩やエッセイの才気走ったレトリックと意表をつく言葉の乱舞、そのアフォリズム的で幾分調子のよい文体は、ぼくを魅了した。その谷川雁がかつて、筑豊で上野英信らとともに、九州サークル研究会を組織し、「東京へゆくな」という詩を書いていたことも知ってはいた。しかし、そのころ、ぼくの視野に上野英信は見えなかった。いま、現代思潮社版『原点が存在する』などの一連の著作を読みかえしてみると、鋭利な刃物で切りさくような文章のなかに、たしかに上野英信との友情が谷川雁特有の華麗な毒舌で語られているにもかかわらず、である。

ぼくが上野英信に興味をいだいたのは、実は、森崎和江の『闘いとエロス』（三一書房）によってである。「大正行動隊の闘いと痛苦をエロスの原点から透視する」と帯に書かれたこの本は、森崎が谷川雁らとともに、既成の労働組合の枠を突き破り、もっともラディカルに大正炭鉱闘争を担った大正行動隊の記録をフィクションを織りまぜて語ったものである。それは、「連帯を求めて孤立をおそれず」とうたった工作者谷川の壮絶な討ち死の証言であり、森崎の谷川への訣別宣言でもある。おそらく、そのころ、ぼくは、この大正行動隊の尖鋭な闘争に不遜にも大学闘争を重ね合わせていたのかもしれない。

◆筑豊の一隅で日本資本主義の暗部を照らす

さて、上野英信である。『闘いとエロス』のなかに、たとえばこういう箇所がある。〈谷川と森崎とが上野英信夫妻のとなりで共同生活をはじめ、上野が「サークル村」の事務的な仕事を一切引きうけていたときのことだ。

谷川が例のごとく悪態をつきながら挑発する。

『耐えるってことはね、上野さん、悪徳ですよ。被害の域を一歩も出られないじゃないですか。わめきなさいよ。大声でわめきなさいよ。状況を変革させるエネルギーは棺桶のふたを閉じて耐えたって湧いてくるもんじゃないですばい。あなたの発想はまちがってる』

と肩で息をしている上野へいうのを常とした。

『だから表現が古色蒼然となるんですよ。いつでも芯が残るでしょう。表現ってのはね、その残った部分だけとりあげりゃいいんだ』

『……しかし、原爆ってものは、これは耐えるなどというしろものじゃありませんねえ。ええ、そんな……わめく、などとも違う……』

彼は医者へかからず売薬も用いなかった。

『しかしね上野さん、あなたの「炭鉱」もそれに一脈通じてますでしょう。炭坑夫はね、耐える姿勢のやつは駄目なんですよ。耐えるなんてことで拮抗できる世界じゃないんだ。あくまで拒否しなけりゃ、むこうに捕えられてしまう。あれへむかってわめき得るかどうか、たったそれだけなんだから。炭坑が状況変革の契機となり得るかどうかは。

そのわめきをいかにして引き出すかなんですからね』

『しかしそれでもなお残るものがありますよね。が、これは自分の生きざまへ対する未練かもしれません』

上野は常に第三者について語るように静かに発言した」。

上野英信が自分の「生きざまへ対する未練」と静かに語ることばは、かぎりなく重い。

広島で原爆の地獄に遭遇した上野は、一九四八年一月、京都帝国大学支那文学科を中退し、筑豊の海老津炭坑に入る。学歴詐称で馘首された後、日炭高松炭鉱で二年、三菱崎戸炭鉱で二年、堀進夫や炭坑夫として過ごす。再び日炭高松炭鉱に戻った上野は、一九五三年、身元保証人になったある作家が日本共産党の秘密党員であったことがわかり、解雇処分を受ける。以後、現在まで、筑豊の一隅で日本資本主義の暗部を照らし続ける。一九七四年には、この国の近代の棄民政策のいけにえとなった炭鉱労働者を追って、遠く南米大陸にまで足をはこんでいる。一九七八年春には、今世紀初頭に多くの炭坑夫がメキシコの地底に送り込まれたことを知り、そのあとを追っている。それらの記録は、『出ニッポン記』、『眉屋私記』（ともに潮出版社）として結実している。去年完結した第一期『上野英信集』（径書房）全五巻には、一九五四年の「せんぶりせんじが笑った！」からの主要作品が網羅されている。その他新人物往来社版の『近代民衆の記録二——鉱夫』の編集、それにこれも昨年末完結した趙根在との監修になる『写真万葉録・筑豊』全一〇巻（葦書房）も貴重な記録である。

いま、これらの作品を読み返していくと、ぼくが上野英信の仕事にどれだけ励まされたかということがわかるような気がする。それは、上野のどの作品にもある「人間性の可憐さへのとらわれ」（石牟礼道子）だといえる。

「——文学のしごとは、ぼくにとっては、はたらくなかまたちに対する、つきることない献身のちかい以外のなにものでもありません」（一九五五年『せんぶりせんじが笑った』柏林書房、一九五五年）。

『漫画読本』のつもりで読んでくだされば、それでよい。『大衆迎合主義』と呼ばれようと、『素朴リアリズム』と嘲られようと、『地方主義』と罵られようと、更に痛痒は感じない。もともとそれら悪名たかき主義をどこまでおし進めることができるか、それこそぼくたちの目ざしたものであるから」（『親と子の夜』あとがき、未来社、一九五九年)。

この一九五九年未来社版の『親と子の夜』には、五篇の版画物語が収録されている。これら五篇はいずれも、地底を追われた上野がヤマの仲間の、ただそれだけの励ましによって、一九五四年と一九五五年の二年間に五百冊のガリ版手製本にまとめたものである。版画は採炭夫であった千田梅二が担当した。当時、テレビなどはもちろんなく、新聞、雑誌を買う金もない坑夫長屋で、日々貧しさと疲れのために阿鼻叫喚が渦まくなかで、上野は千田と二人、三万枚の版画を刷り続けたのである。それは、筑豊の坑夫たちの闘う姿であり、生きる心であった。それはまた、「ひとくわぼり」のように、当地の農民に語り伝えられた祖先の英雄伝説であった。

◆すさまじい決意表明

この国の石炭産業は、一九四〇年、五六三一万トンと、史上最高にのぼった。一九四四年、全国の炭鉱労働者は四〇万人を超えたが、兵役による熟練労働者の減少、資材不足、食糧不足等で減産を余儀なくされる。この年、常備労働者数は二三万人余、短期徴用者三万人余、朝鮮人一二万八千人余、連合軍俘虜六千人余、中国人三千人余、福岡鉱山監督局管内で炭坑夫として働く女性の数だけでも二七五八人にのぼったという。福岡刑務所に服役中の囚人まで炭鉱部隊として入坑させられた。

戦後、祖国再建の原動力として復興した石炭産業も、労働強化と坑内災害はやむことがなかった。記録にあらわれた一度に三〇名以上の死者を出した炭鉱災害だけでも九〇年間に七九回。日本の炭鉱では五万トンの石炭を掘るごとに一名の労働者が死亡しているといわれ、過去百年間に、筑豊だけでも約六万名の労働者の生命が断たれた。上野はいう。

「日本の石炭産業こそは、第二の戦争であったと言ってもよかろう。これほど多くの人命を奪った産業を、『産業』という名で呼ぶことは不遜であろう。そんな実感のみ強い」（『上野英信集』第三巻「燃やしつくす日日」あとがき）。

上野をして「第二の戦争」といわしめた石炭産業の中心地筑豊が閉山してすでに一四年。上野の執念ともよべる持続する志に支えられて生みだされる作品とはいったい何なのか。それは、とうてい「大衆迎合主義」とか「素朴リアリズム」とか、まして「地方主義」とかよばれるものではない。そしてまた、抽象的な労働者との連帯というものでもないだろう。上野の作品が凡百のルポルタージュから大きく隔てて、ぼく（たち）の心を打つのは、そこに、ともに働き、怒り、笑い、泣き、ときには罵りあい、やがて倒れていった数知れない無名の坑夫たち一人ひとりの肉声が刻みつけられているからである。だから、ちょっとしたエピソードにも上野の存在感の重みが伝わってくるのだ。水俣病患者の川本輝夫ら「自主交渉派」がチッソ東京本社前で行ったハンストに、上野は、石牟礼道子、原田奈翁雄とともに加わった。

「『上野がハンスト？　バカな！　おおかた銀座あたりで飲みすぎて、腰が立たなくなったにちがわん』と笑った人もいるそうだが、じっさい、五十歩百歩の違いにすぎない。思想堅固な旧友の一人に至っては、『おまえもついにトロツキストになりさがったな！』と面罵した。私は前者のユーモアを愛する。しかし、後者の批判ばかりは、到底聴きのがすわけにはいかなかった。私は次のように言い返した。

『言葉は厳密に使ってほしいものだ。お気の毒だが、おれはトロツキストなどという、なまやさしい人種ではないぞ。よく覚えておいてくれ。おれはドロッキストというんだ！』

むろん、これは、売り言葉に買い言葉の語呂あわせにすぎない。しかし、ふり返ってみれば、ひたすら泥まみれの生き恥をさらしてきた私にふさわしい醜名《しこな》であるような気がしないでもない」。

そして、二五年前の鉱員寮の炊事婦であった人や当時二〇歳前後の若い労働者であった人たちがハンスト現場にかけつけてきてくれたことに、上野は奇遇の喜び以上の、深い、もっと熱いものを感じるのだ。

もう一つ引用しておこう。一九六四年の春、三年後の『地の底の笑い話』の聞き書きの舞台になる筑豊の廃坑部落に引っ越したときのことだ。友人の一人は、上野の子どもの将来を心配して、あんなひどいところに住むべきではないと忠告した。それに対する上野の反論は痛烈である。

「もしそれで駄目になるような子なら、いっそのこと早く駄目になったほうがよいではないか。いつまでも子どもの将来に幻想をもたずにすむ。親子ともに気楽ではないか。それになにより、あんな所で成長すれば、少なくとも日本の未来に対してだけは、決して幻想を持たない人間になるだろう。子どもの成長を考えないからではない。誰よりも真剣に考えればこそ、決心したことだ」。

「とにもかくにも二十五年間、私は日本資本主義の生みだした最大の生き地獄ともいうべき、筑豊の地にしがみついて生きてきた。その私が、もしわが子に残してやれる遺産があるとすれば、それは、この悲惨をわが子の魂に焼きつけておいてやることであり、それ以外になに一つありはしないのだ」（いずれも「わがドロッキストへの道」『骨を噛む』、大和書房）。

ここまで言い切れる上野に、ぼくは恐れにも似た畏敬の気持ちをいだく。どこの親が自分の子どもにあえて地獄を見せようとするだろうか。これは「かわいい子には旅をさせよ」というような通り一遍のことわざに還元できる次元のことではない。失業した元坑夫たちが労働者としての矜持も奪われ、それだけでは暮らしていけないような額の生活保護を守ることに半狂乱になり、互いに監視し合い、福祉事務所に密告するという、おぞましい行為が日常茶飯に起こっているのである。つい最近まで親兄弟以上に熱い連帯で包まれた坑夫たちがいまは、その生死を共にした仲間たちを、おのれの身を守るために官憲に売り渡すようなことまでしなければならないほど追いつめられているのだ。上野は、収奪され尽くされ、恥部として沈黙の淵に葬り去られようとしている筑豊から決して離れようとはしないのである。

しかし、上野には、普通に考えれば、この廃坑に住みつく必然性はない。もっといえば、上野ほどの力量があれば、廃坑に住みつかなくても、筑豊のことは書けるだろう。にもかかわらず、彼は筑豊に固執する。それは、先にも引用したように、上野の「自分の生きざまに対する未練」としかいいようのないものである。そのことによって、上野英信が筑豊に居すわり続ける必然性がある。

「なんの役にたとうがたつまいが、なんの意味があろうがあるまいが、そんなことはどうでもいい。書きとめておく――ただその一事のなかにわたしは、暗黒の地底に奪われた死者たちの呪いをやきつけておきたかった」(『日本陥没記』未来社)。

たしかに、上野の仕事はかつて谷川雁がいみじくもいったように「鬼ゴッコみたいな」ものかもしれない。「いつもきみが鬼だ。鬼サン、コチラ、手ノ鳴るホウへ! 目隠しされた鬼は、あっちのほうへうろうろ、こっちへうろうろ、そのうしろから、鬼サン、コチラ、手ノ鳴るホウへ！　これが上野のルポルタージュだよ」。上野は、しかしこの谷川の「やさしい毒舌が的を射ていること」を認めたうえで、なおかつ次のように反論する。

「これからさきもやはり、私は目隠しの鬼のまま、ますます深まる日本の恥部の闇路をさまよいつづけるほかあるまい。鬼サン、コチラ、手拍子に踊らされるままに。ただ、血のにおう方向だけは見失わないように努めて」（『上野英信集』第四巻「闇を砦として」あとがき）。

すさまじい決意表明というほかあるまい。たしかにここには、筑豊に四〇年近くへばりつき、憑かれたように日本資本主義の恥部を抉り出し続ける上野の思想の真骨頂がある。それは、彼がはじめて地底にもぐった日の凍てつくような夜、綿のはみ出したフトンで、裸で抱き合って寝た先輩坑夫の肌の暖かさを決して忘れまいと誓った思いに通底するものである。

それにしても、ぼくは上野の作品から醸し出されるある種の暖かみに感動するとともに、一方でかぎりない不安に陥る。それは、ともすれば、上野が筑豊に居すわり、作品を発表しつづけていることに、励まされるよりも、安心感を読みとろうとするぼくの怠惰な精神に由来するのかもしれない。けれども、上野英信は、「鬼」となって、日本近代を告発し続けているのだ。その作品に、日本資本主義の絶望は見ても、決して、ぼくたちの精神の安定を求めてはいけないのだ。それが数え切れない死者たちに対するせめてもの礼儀であるだろうし、もしあるとすれば、かすかな希望の回路につながる道である。上野英信の作品は、この国のふやけた日常性に安住しようとするぼくたちを告発し続けているのである。

◆附記

これも『風跡』に書いた。いま読み返してみると、他のものに比べ、この文章はかなり勇ましい。

勇ましい文章を書くのは恥ずかしい。そう思いはじめてから一〇年近く経っていた。思えば学生時代、ほとんど内容のないアジビラを書き散らしていた。少しまじめに勉強しようと思い、入った経済学の大学院で、指導教授の入江節次郎先生から、私の軽薄な文章は徹底的に直された。

あたり前のことだが、主語、述語をはっきりと、形容詞や形容動詞などの修飾語はできるだけ使わず、簡潔に、そしてなにより事実に基いて実証的に書くこと。入江先生は、マルクス派の経済学者だったけれども、資料に沿うということをもっとも大切にされていた。横文字を縦文字に直しただけの修士論文をなんとか書き上げた私は図書館に職を得たこともあって経済学の勉強からは遠ざかった。

だが、実証的に事実に基いて「書く」という姿勢はいつも心掛けるようにしてきた。

その意味では上野さんのルポルタージュも徹底して事実に基き、実証的であり、資料に忠実である。ただ、資料が紙に書かれたものではなく、生《な》ま身の人間だ、という違いはあるけれども。

だが、生ま身の人間の、それも無名の人びとの営みを記録することがどれほど困難な作業なのか。

若き日、一度は中国文学者を志した上野さんは、その伝統である記録することの重要性を最後まで貫かれた。同じ中国文学を専攻した武田泰淳は、書いている。

「史官は記録者である。唯一の記録者である。彼が筆を取らねば、この世の記録は残らない。そのかわり、書けば、万代までも、事実として、残るのである。書くべきことと、書かなくても良いことを、定めるのが、彼の役目である。書くべしと思い定めたことは、如何なる事が有ろうとも、書かねばならぬ。天に代り、人間を代表して記録するのであるから、なまやさしい業ではない」（『司馬遷――史記の世界――』講談社文庫）。

そして上野さんは断じて官ではないけれども書く。

「私以外にだれひとりとして書く者がいなかったからだ、というほかはない。だれも書きとめず、したがってだれにも知られないままに消えさってゆく坑夫たちの血痕を、せめて一日なりとも一年なりとも長く保存しておきたいというひそかな願いからであり、そうせずにはおられなかったからである。ただそのひとすじの執念――妄執といってもよい――にかられて、私は仕事をつづけてきた」（『追われゆく坑夫たち』岩波新書）。

一九八七年一一月二一日、上野さんは亡くなられた。享年六四歳。

私がこの文章を上野さんにお送りしたとき、食道ガンで九州大学病院に入院されていた。奥様の晴子さんから、「上野は喜んでいる。いまは入院しているが、また書く意欲を持っている」という丁重なはがきをいただいた。その晴子さんも一九九七年八月に亡くなられた。享年七〇歳。死後出版された『キジバトの記』（裏山書房、一九九八年）は、一人息子の朱さんの『蕨《わらび》の家――上野英信と晴子――』（海鳥社、二〇〇〇年）とともに、上野英信の全体像を照らし出している。

菊池寛と図書館と佐野文夫

●――『香川県図書館学会会報』No.19.20合併号、一九九五年七月

◆菊池の図書館体験

菊池寛が青春時代から図書館のよき利用者であったことはよく知られている。上野図書館の無口な下足番が閲覧券売場の窓口係に「出世」して愛想がよくなったという短篇「出世」は、菊池の図書館体験が下敷きになっている。そのなかで菊池は、主人公に「東京に於けるいろいろな設備の中では、図書館の有難さ丈が一番身に沁みて感ぜられた」といわせている。「半自叙伝」では、図書館への讃辞はより詳細に書かれている。

「私の中学時代に、もっとも有がたい事は高松に図書館が出来たことである。これは実に嬉しいことである。多分明治卅九年の二月の開館だったと思ふから、私が三年生の二月である。私は四年生五年生と図書館に通ふことが出来たのである。この図書館の一ヶ月券の第一号は私が買ったのであるが、そのとき月五銭だった。丁度中学と私の家との途中に在ったのだから、私は一日として図書館に通はないことはなかった。蔵書は二万余冊だったが、その中で少しでも興味のあるものはみんな借りたと云ってもよかった。私

は半生を学校へ通ふよりはもっと熱心に図書館へ通った男であるが、その最初の習慣は郷里の図書館から始まったわけである」。

この図書館は、明治三八（一九〇五）年開館の香川県教育会図書館のことで、「征露記念図書館」と銘うたれていた。当時全国的に盛んであった教育会系の図書館で、名前が示すように開館日は、日露戦争の宣戦詔勅が発せられた二月一〇日であった。その後、この図書館は、香川県立図書館として発展していくのであるが、菊池は、その一般閲覧開始の初日（二月一二日）の利用者八五名のなかの一人だったのである。

菊池が開館を明治三九年と記しているのは明らかに記憶違いであるが、蔵書数二万余冊、一ヶ月閲覧券五銭というのは正しい。開館時の公式の蔵書数は、一万八八四六冊であった（熊野勝祥『香川県図書館史』四国新聞社、一九九四年）。

高松中学卒業後、菊池は高等学校に行きたかったのだが、学費がないため不本意ながら授業料のいらない東京高等師範に入る。が、当然のように図書館に通う。

「私は、卒業後東京へ出て来ると、着京の翌日直ぐ上野図書館へ行った。そして、その無尽蔵な蔵書を見て、大歓喜の情を感じたものである。私は東京の何物にも感心しなかったが、図書館にだけは、十分驚きまた十分満足し、これさへあればと思った」（「半自叙伝」）。

菊池が東京に出たのは明治四一（一九〇八）年、当時上野図書館は、帝国図書館として新館設立後三年目、蔵書数は五〇万冊を数えていた。蔵書約二万冊の郷里の図書館しか知らなかった菊池が、東京の五〇万冊の図書館を見て、「大歓喜の情を感じた」としても不思議ではない。以後菊池の図書館通いは、上野図書館を中心に、博文館の私立大橋図書館、早稲田大学の図書館、日比谷図書館、さらに京都大学の図書館と続けられる。「半自叙伝」そして「出世」には、それぞれの図書館体験が記されている［註◆1］。

◆一高退学事件

さて、この小論のテーマは、菊池の直接的な図書館体験ではない。菊池の友人の少し奇妙な図書館体験ともよべるものである。「半自叙伝」に、菊池は、その友人のことを次のように書く。

「落ち着いた頭のいい男であるが、どこか狂的な火のようなものを持ってゐた。彼は、あるとき上野図書館へはいらうとして、インキ壺を持ってゐるのを咎められた。上野の図書館は、携帯のインキを許さなかった。彼は、イキナリ持ってゐたインキを足下へ投げつけた。インキ壺は壊はれて、インキは、そのあたりに散乱した。そこは、図書館の玄関である。門衛は、彼を建造物毀損だと云って、危く登館禁止にしようとしたことなどがあった」。

その友人の名前は佐野文夫。後の再建日本共産党（大正一五＝一九二六年）の中央委員長である。

ところで、菊池と佐野とはたんなる友人ではなかった。苦労して入った一高を菊池が途中で退学せざるを得なくなった原因をつくったのが佐野だったのである。有名なマント事件である。事情はこうだ。

菊池の入った一高のクラス（明治四三＝一九一〇年）には、芥川龍之介、久米正雄、松岡譲、成瀬正一、井川（恒藤）恭、土屋文明、山本有三など、その後それぞれの分野で活躍したそうそうたる秀才たちがいた。佐野もその一人だった。菊池は、佐野の哲学的で高慢、周囲を見おろすような態度に魅かれた。その上佐野は、広い額で色白の美青年であった。

あるとき、独法の倉田百三（後に『出家とその弟子』や『愛と認識との出発』で有名になる）が佐野に女子大生の妹を紹介した。佐野は、倉田の妹とのデートに、一高生のシンボルであるマントを着て行こうと思った。だが自分のは質に入っている。佐野は一年生の部屋から勝手に人のマントを持ち出した。

二日後、菊池も佐野も金がなかった。佐野は、このマントを質に入れようといった。菊池には、このマントは無断で持ち出したものではなくて、自分の同郷の大学生から借りたものだといっていた。菊池は、軽い気持ちで自分がそのマントを着て、白昼堂々校門を出て質屋に行った。金が出来れば出して返せばよいと思っていた。一高生のあいだでは、こんなでたらめは珍しいことではなかった。

ところが、そのマントは北寮で紛失したものとわかった。菊池はただちに寮務室に呼び出された。事情を聞くと、佐野が盗んできたものらしい。以前にも同じようなことがあった。同級生が紛失した辞書を佐野が持っていたのである。そのときも、佐野は古本屋で買ったといい張った。

佐野に友情以上のものを感じていた菊池は、とりあえず自分が盗んだと認めた。後で佐野を問い質し、二人で謝ったらうまく二人ともゆるしてもらえるかもしれないと考えたからである。だが、佐野は、蒼白になって泣き出してしまった。菊池は、泣きしきる佐野を見て、冤罪をそそいでくれとはいえなかった。大学に行くための学資の当てもなく、やや自棄的な気持ちになっていた菊池は、佐野の罪をかぶって放校になったのである。事情を知り菊池に同情した友人たちが、菊池の復学運動をしたが、菊池が当局に前言を翻さなかったので、それは認められなかった。

その後、菊池は京都大学の選科に入り、高等学校卒業検定試験に合格して、東京大学に入ろうとしたが、当時の上田萬年学長は認めなかった。仕方なく菊池は、友人たちと離れ、一人本意でない京都大学に入ったのである。以上が、「マント事件」といわれる菊池の一高放校の真相であるが、小説「青木の出京」には、マントを小切手に、佐野を青木という名前に変えて、菊池の佐野に対するアンビバレンツな心情が記されている。「半自叙伝」でも、この部分だけは、佐野を青木という名前に変えてある。

ところで、この事件は、従来、旧制高等学校生のすばらしい友情の発露である（衛藤瀋吉『学長の鈴』読売新聞社、一九八八年）と語られたり、まったくそのような事実はなく、外国人教師の講義に菊池と久米正雄が互いに代返をくり返し、それがばれて、久米は進級したが、なぜか菊池は進級出来なかった。それで嫌気がさして菊池は京都に行った（「一高文芸部の回顧」『向陵』一九七四年一〇月号、杉森久英『小説菊池寛』中央公論社、一九八七年）という話しもある。

だが、このようなうわさは、最近出版された関口安義『評伝成瀬正一』（日本エディタースクール出版部、一九九四）が当時の友人たちの日記や手紙を詳細に分析して否定している。真相は、ほぼ「半自叙伝」のとおりなのであった。

ただその裏には、杉森が『小説菊池寛』で詳しく述べているような、菊池の中学校当時からの同性愛的嗜好が強く働いたのは事実であったようだ［註◆2］。

「彼の中に、西鶴の『男色大鑑』の精神が目を覚ました。兄弟の契りは、こういう時のために結ぶものではないのか。こういう時に、そ知らぬ顔をして、念者の面目がどこに立つか」。

さらに、杉森は次のようにも書く。

「彼は後年、通俗小説の大家として、また、大出版社の経営者として、文壇に君臨したため、天才気取りの不遇な文学者から、営利だけを目的とする俗物根性の権化のように言われたが、その心の内奥には、男の意地をつらぬくためには、身命を惜しまぬ武士道の精神が潜んでいたことを忘れてはなるまい」。

じっさい、菊池の佐野に対する思い入れは、通常の友情をはるかに越えるものである。小説「青木の出京」で、菊池は、「青木と交渉した事に依って、自分の人生を棒に振ってしまふ程の、打撃を受けて居た」と書きながら、六年振りに会った青木（佐野）を自分から喫茶店に誘ってしまうのである。そして一高当時の佐野を菊池は次のように書く。

「彼の白晳な額と、その澄み切った眼とは青木を見る誰人にも、天才的な感銘を、与へずには居なかった。彼の態度は、極度に高慢であった。が、級《クラス》の何人もが、意識的に、彼の高慢を許して居た。青木は傲然として、知識的に級《クラス》全体を睥睨していたのだ」。

それにしても、一高当局の処分は不公平といわなければならない。盗癖や借金踏み倒しの常習である佐野をそのまま見逃しているのである。佐野は、半年遅れて一高を卒業しているので、何らかの処分はあったのかもしれないが、無実の菊池を放校にし、その上東京大学への入学をも拒否したのに比べると、佐野の処分は甘すぎるように感じる。

じつは、それには別の要素が関係していたのだ。「半自叙伝」はそのあたりのことをこう書いている。「彼の父は、文教と関係のある職業に在り、上田萬年博士と同期の古い文科の出身で、彼は四人兄弟の長男であり、郷党の模範学生であり、彼が萬一のことがあっては彼の父も晏如として、その職にゐられないのだった」。

上田萬年は当時東大の学長、佐野の保証人であった［註◆3］。菊池の同級の友人成瀬正一は、日記で佐野の父に対する憤りを隠さない。

「彼（佐野）のVaterは自分の息子がこんな事件（註 盗みの常習をさす）をしてゐるとは思はない。みな菊池が佐野を誘惑したのだと云はれて、そうかと思ってゐる。何でもかでも自分の息子がよくて、菊池が悪い様に考へてゐる。だから上田さんにもそう云ふ様に話したらしい。長崎ではないがあまりに佐野と佐野のVaterの仕打が憎らしい」（『評伝成瀬正一』）。

長崎（太郎）とは、菊池が事件の真相を打ちあけた唯一の友人で、熱心なクリスチャン、後年京都市立美術大学の学長になった。そして成瀬は、十五銀行頭取の父に頼み、事件後、菊池を家に住まわせ、学資の世話をした人物。九州帝大のフランス文学の教授になるが、昭和一一（一九三六）年、四四歳で死去。菊池はずっと成瀬家の恩情に感謝していた。小説「大島の出来る話」は、成瀬の母への感謝をあらわしたものである。

さて、その成瀬が「憎らしい」と日記に書いた佐野の「Vater」（父）とは、当時山口県立山口図書館長の佐野友三郎である。ここにも、図書館との奇妙なつながりがある。

◆満鉄図書館と佐野文夫

佐野友三郎は、元治元（一八六四）年、武蔵国生まれ、帝国大学文科大学を卒業直前に、一外国人教師を不信任して退学。以後、米沢、大分、広島で中学校の教師、台湾総督府に勤め、明治三三（一九〇〇）年秋田図書館長嘱託、米国の巡回書庫を参考にして、秋田にも巡回書庫を実施、明治三六（一九〇三）年には請われて山口県立山口図書館長に就任、山口でも、巡回書庫の普及、児童奉仕、夜間開館、山口式十進法分類法など図書館界での佐野友三郎の名は全国に鳴り響いていた。文部大臣小松原英太郎も、わざわざ山口図書館を視察に来る（明治四二＝一九〇九年）ほどであり、文部省の『図書館書籍標準目録』の編纂委員（明治四三＝一九一〇年）にもなっている［註4］。

じっさい、佐野友三郎はその立場上、息子の罪が明るみに出れば、菊池がいうように、その地位に留まっていることは出来なかったであろう。佐野本人よりも父親の方が必死になっても不思議ではない。文夫はとりあえず、父友三郎に同道され、山口に一時連れ戻された。おそらくそのため佐野の卒業は、同級生に半年遅れたのであろう。

佐野文夫はその後、東大の独文科に入ったが素行は収まらず、結局中途退学してしまう。この間の事件を、芥川龍之介は井川（恒藤）恭宛の書簡（大正三＝一九一四年四月二一日）で次のように書いている。

「佐野はほんとうに退学になった　何でも哲学科の研究室の本か何かもち出したのを見つかって誰かになぐられてそれから退校されたと云ふ事だ　卒業の時のいろんな事に裏書きをするやうな事をしたから上田さんも出したのだろ　其後おとうさんがつれに来たのを途中までまいてしまって姿か《ママ》かくしたそうだが

又浅草でつかまって東北のおぢさんの所へおくられたさうだ　かはいさうだけど仕方がなかろ　あんまり思ひきった事をしすぎるやうだ」（『芥川龍之介全集』第一〇巻、岩波書店、一九七八年）［註◆5］。

ところで、佐野と図書館との奇妙な関係はまだ続く。二年ほど山口の感化院に入り、『昼は青空の下で大理石をみがき、夜はろうそくの光でバイブルを読んでは、自分のおかした罪のつぐないのために、ひたすら神に祈りをささげる』というような『懺悔』の生活」（江口渙『わが文学半世紀』）を送る。一時山口県の私立国学院の教員になり、大正七（一九一八）年、満鉄調査課図書館に勤務するのである。

菊池が「青木の出京」を『中央公論』に発表したのが大正七（一九一八）年一一月号で、そのなかで青木に「今度僕は北海道の方へ行く事になってね」と語らせている。事実は「満洲」に行くということであろう。佐野の「満洲」行きは、父友三郎の世話だと思われるが、佐野が大連の満鉄図書館でどのような仕事をしていたのか一端を窺える記録が当時の『図書館雑誌』に載っている。「満鉄図書館に於ける戦時巡廻書庫活動の概況」（第三七号、一九一九年二月）と「満鉄図書館に於ける戦時巡廻書庫の成蹟」（第四〇号、一九一九年一二月）で、佐野文夫が執筆している。大正七（一九一八）年八月、日本はシベリア出兵を宣言し、九月には三個師団、最高時六個師団（約七万五〇〇〇人）の兵士を極寒のシベリアに派兵した。満鉄図書館はただちに、戦時巡回書庫を編成して、シベリア、北満洲出征軍に本を送る計画をたてた。佐野の論文はその報告である。

この計画の動機は、第一次世界大戦下の米国図書館協会の戦時運動の刺激と満鉄図書館が従来から実施していた鉄道旅客の慰安のための列車書庫を出征地まで延長しようというものであった。

米国図書館協会の戦時運動は大規模なもので、“A million dollers for a million men”というスローガンの下、大々的に行われた。それは、図書館というものの必要性、重要性をいっぱんのアメリカ国民に印象づけるために、図書館界が率先して国家の政策に迎合、便乗したものであった［註◆6］。日本図書館協会もまた、アメリカのこの運動を手本として、戦時運動を実施するのであるが［註◆7］、満鉄図書館の計画は、日本図書館協会の出征兵士慰問図書雑誌寄贈運動に先立って行われたものであった。

佐野の報告によれば、一〇月に第一回を送り、大正八（一九一九）年三月までに一万冊を送付する予定。絵入りポスターをつくり、『満洲日々』『遼東』の二大新聞も協力、全満洲に書籍狩出運動（ブックキャンペーン）を行っている。書籍は弾薬箱の形で堅牢なものにし、送付後は他の用途に当てるようにした。書庫は浦塩、満洲里、チタの三方面に送られる。そして戦後は、シベリアの重要都市の一つの図書館に集め、この事件を記念し、シベリアの思想的日本化の一助となれば理想的だという。

さらに、『図書館雑誌』四〇号の報告では、大正七（一九一八）年一〇月から大正八（一九一九）年五月までに一〇回、一万一〇六六冊の図書を送付したと報告されている。内四六四六冊は寄附金で満鉄図書館が買ったもの。六四二〇冊は寄贈図書であった。図書はすべて目録をつくり、その目録を陸軍省に送り、許可を得てから各地に送られた。

兵士たちは、一片の新聞、一冊の古雑誌をも奪い合うように読みふけり、この事業にたいへん感謝している。一般には慰安的な通俗読物が好まれているが、なかには参考書類をノートをとって研究している篤志家も少なからずいる。いずれにしても予想以上に歓迎されているので、今後もこの運動を続けたい。図書の種類は慰安的読物が主になるが、日本内地に帰還する兵士に、「植民思想を鼓吹し併せて満蒙を紹介するために、特に植民及満蒙に関する図書を多くする計画である」という。

そして佐野は、この報告の最後にドイツ国民に対して戦線兵士への図書寄贈を訴えたヒンデンブルヒ元帥の言葉を引く。

「此の長期に渉る疲れたる戦争に従事してゐる我が軍隊の精神を清新ならしむるため力を尽すは後方にある国民の義務である。図書は軍隊の友であり且つ清新の力を意味する。……図書は清新の強むる武器であり、そしてその精神こそは勝利である」。

佐野は、大正八（一九一九）年三月に、日本図書館協会にも入会している。父友三郎が情熱を傾けて実施した巡回書庫を、満洲の地で発展させた満鉄図書館の活動に息子文夫も参画していたのである。このままいけば、佐野も、その優秀な頭脳と秀いでた語学力で柿沼介（満鉄大連図書館長）や衛藤利夫（満鉄奉天図書館長）とともに、満鉄の図書館を担う幹部に成長していたかもしれない。

◆父の自殺と社会主義運動への傾倒

だが、佐野文夫の一高生以来の素行の悪さと盗癖は収まらなかったらしい。大正一〇（一九二一）年には満鉄を退社、大正一一（一九二二）年に外務省情報部に勤務の後、大正一三（一九二四）年、肺結核で退職する。

ところで、佐野の父友三郎は、大正九（一九二〇）年五月一三日、山口の自宅で自殺している。米国図書館視察（大正四年〜五年）から帰国後、精力を傾けた著書『米国図書館事情』（文部省、一九二〇年）を書き上げた直後であった。

従来、この自殺の原因にもいろんな憶測が流れたらしい。それらを踏まえて、石井敦は、山口県の官僚統制と近代的な図書館奉仕の矛盾のなかで苦しみ、精神衰弱になって自死したと述べている（石井敦編『佐野友三郎——個人別図書館論選集』（日本図書館協会、一九八一年）。

だが、先の『評伝成瀬正一』の著者関口安義は、「厳格な明治的クリスチャンの父友三郎は、息子の非行問題から神経に異常をきたし、一九二〇（大正九）年五月一三日、山口の自宅で自殺してしまう」と書いている。関口は、当時の新聞を引用して、「新聞報道は『病気を苦にして』とあるが、事実は息子の行跡に悩まされ、神経を痛めての自殺であった」といい切っているのである。

前警視総監岡田文次、帝国教育会会長沢柳政太郎、帝国図書館長田中稲城らに宛てた遺書計七通があったという。

そもそも自殺の原因が必ずしもただ一つとは限らない。いろんな要素が絡み合うということもある。佐野友三郎の自殺もまた石井のいうように、官僚機構と自らの図書館理論との矛盾、その板挟みも原因の一つであったかもしれない。しかし、長男文夫の行状に悩んでいたことも間違いない。関口は、友三郎を「厳格な明治的クリスチャン」と記しているけれども、友三郎が受洗したのは大正三（一九一四）年の一二月、五一歳のときである。ちょうど文夫の素行が収まらず、東京帝大を退学させられた時期と符合する。いっぱんに功成り名を遂げた人物が晩年になって受洗するにはよほどの決意がいるはずである。友三郎の受洗には、長男文夫の行状の悪さが原因していたと考えるのが自然であろう。とすれば、自殺というキリスト教では禁止されている行為にあえて踏み切ったのも、たんに官僚統制と図書館奉仕の矛盾に悩んだというだけのものではなかったはずである。

いずれにしても、父友三郎の自殺後、佐野文夫は、外務省情報部に勤務するが、次第に労働組合運動、社会主義運動に接近していく。

大正一一（一九二二）年、市川正一、青野季吉、平林初之輔らと雑誌『無産階級』を創刊、『共産党宣言』や『国家と革命』を読み、「極めて深い感動を受け」翌大正一二（一九二三）年四、五月頃日本共産党に入党する。大正一三（一九二四）年三月解党後、残務整理委員会（ビューロー）の一員になり、大正一四（一九二五）年一月、コミンテルン極東ビューローの招集した上海会議に荒畑寒村、徳田球一らと参加。一時ビューローを脱退して、合法の政治研究会に参加するが、大正一五（一九二六）年一二月四日、山形県五色温泉で開かれた再建党大会では議長をつとめ、中央委員長に選出された。昭和二（一九二七）年、モスクワに行き、「二七年テーゼ」作成のコミンテルンの討議にも参加した。

だが、翌昭和三（一九二八）年三月一五日の共産党弾圧（三・一五事件）で検挙され、昭和四（一九二九）年獄中で水野成夫らと共産党を批判し転向、昭和五（一九三〇）年保釈後、持病の肺結核のため死亡した。年齢はまだ三八歳の若さであった。

以上は、佐野の共産党時代の活動歴であるが、当時の仲間の評判も決して芳しいものではない［註◆8］。たとえば荒畑寒村は、「かってはあんな不信義の態度でビューローを脱退した彼が、今は新党の幹部となっているのに驚かされた」（『寒村自伝』下、岩波文庫、一九七五年）と書いているし、当時アナキストであった江口も、佐野を「完全な二重人格の所有者」といい、「七重の膝を八重に折って、手もなく敵階級におじぎをした」と批判する。そして「ぬすみやうそつきや女道楽の常習者であった前歴をろくろく調べもしないで、たんなる頭のよさや闘争力のさかんな点にだけ眼をつけて、彼のような男に党内での重要な地位をあたえたことそのことにまちがいがあったのだ」（『わが文学半生記』）と、その批判は日本共産党にまで及んでいる。

山辺健太郎も佐野の「予審訊問調書」を載せている『現代史資料』二〇（みすず書房、一九六八年）の解説のなかで次のように批判している。

「彼はもともと文筆家であって大衆闘争の指導などしたことのない男で、いわば福本主義の時代の典型的な党員であった」。

「元来こんな性格上欠陥のある男を、たとえ一時たりとも党グループの指導的地位につけたのがそもそもまちがいであった」。

「佐野文夫がどうして『無産階級』発刊に参加したのかよくわからない。佐野はおもに翻訳、たとえばマルクスの『フランスの階級闘争』などを連載しているが論文は書いていないようだ」等々。

じっさい佐野は、その抜きんでた頭脳とドイツ語の語学力で多くの翻訳書を出している。岩波文庫だけでもマルクス・エンゲルス『フォイエルバッハ論』（一九二九年）、レーニン『唯物論と経験批判論』上中下（一九三〇〜三一年）、ローザ・ルクセンブルグ『経済学入門』（一九三三年）、フォイエルバッハ『ヘーゲル哲学の批判』（一九三三年）がある。

非合法活動をしながら次々に翻訳書を出していたのは、やはり菊池がいうように、佐野文夫は一種の「天才」ではあった。だがその人格的な欠陥は、友人たちを離れさせ、ついには父までも死に追いやってしまったといえる。それにしても、菊池と佐野、両者に図書館が奇妙なかたちで関係しているのも不思議な巡り合わせのように思われる。

註1◆菊池の図書館体験については、高橋和子「菊池寛の図書館体験」『相模国文』第一八号（一九九一年三月）にも詳しい。

註2◆菊池の同性愛的嗜好は、杉森よりも前に、松本清張『形影――菊池寛と佐佐木茂索――』（文藝春秋、一九八二年）が

書評から

土着「思想」の陥穽

伊藤貞彦『どこに生きる根をおくか』によせて◉――『風跡』第3号、一九八〇年三月

生活者がそれ自体で意味があり、あたかも価値であるかのように語られたことがあった。ある時期、生活者ということばは、吉本隆明の「大衆の原像を己れの思想にくり込む」という発想とともに、新鮮なひびきをわたしたちに与えた。それは、労働者ということばに付与された幻想が幻想として誰の目にも明らかになった時期と丁度見合っていた。

かつて、マルクス主義者のあいだでは、労働者ということばは一種の畏敬をもって語られた。とくに、マルクス主義者の学生＝インテリが労働者になるということは、ひとつの使命を帯びた努力目標であった。たとえば、京都大生上野英信が戦後九州の中小炭鉱の坑夫になることによって、己れの文学をも鍛えようとしたのはその典型であった。三〇年以上もむかしのはなしである。

だが今日、労働者ということばにどのような畏敬の念をもつこともないし、そのことばすら語られることは少

なくなったのである。高度経済成長による大衆化社会の創出は、労働者という概念をも消し去りつつあるといってもよい。従来の正統マルクス主義が色褪せて見えるのは当然なのだ。

それでは、生活者という概念はどうなのか。普通それは、知識人との対立概念としての大衆であると考えられるはずである。たしかに、気の弱い知識人を撃つとき、生活者ということばは、その重みということばとともにひとつの武器にはなる。全共闘運動の高揚期、マルクス主義のマの字も知らぬ学生がマルクス主義の高踏的なスコラ学を開陳する知識人に対して、バリケードのなかから己れは「生活」に根ざしているかのように批判したことがあった。その当時、それは明らかに有効な武器であった。知識がないことが現実的な価値であったのだ。

しかし、労働者という概念が色褪せるぐらいの大衆化社会なのだ。知識人が生活者でなかろうはずはない。彼らもまた、資本主義的分業体制のなかで生活者として日々の糧を汲々としてあさっているのだ。もちろん、このことでそのときの特権的知識人が免罪されはしない。それはいうまでもないことである。ただ、このことを知ったとき、批判者は「生活」という武器が失われたことを悟らなければならない。そして始末の悪いことに、生活者という概念は以前の労働者のようになるべき努力目標には決してならないのだということも、である。

生活者とは、もともと誰にとっても前提なのである。前提であるからこそ人びとは必死で闘うのだ。生活とはあらゆる観念を払拭してもなおかつ残るものである。労働者がアプリオリに価値がないのと同様、むしろそれ以上に生活者それ自体に価値などありはしない。歴史をみるがよい。生活を価値化する暇などどこにもなかったのだ。価値があると思うのは、失われた武器にいつまでもしがみつくのと同じく、自己肯定による開き直り以外の何物でもない。そうであるならば、己れの生活がいかにみすぼらしいものであるとしても、それを鍛える以外に方法はないではないか。

こんなことを書いたのは、最近、伊藤貞彦『どこに生きる根をおくか』（大和書房、一九七九年）を読んだからである。この著書は、伊藤が一〇年余りの東京での政治運動、学生運動、大学闘争、出版活動など一切から身を引いて、故郷の長野県茅野市の〈ムラ〉へ帰ることを決意した思いとその後の〈ムラ〉での生活者としての二年余りの記録からなっている。

わたしが興味をもつのは、伊藤が「言葉をもつ自立的生活者たらん」と決意し、その足場を故郷の〈ムラ〉に置くことを選択したということである。そしてその選択を〈土着〉という概念に結びつけて意味付けているからである。

「ここに妻と二人の子供を連れて帰る。年間一家が食えるだけの量の野菜がとれる小作畑と、崩れそうな老屋《ママ》だけがさしあたってわたしたちの新しい生活の足場である。ともかくこれを足場にして、餌ひろいを考え、〈ムラ〉づきあいをしていくしかないのである。勇ましいとか悲壮とかいった問題ではない。ただ、もしここで、わたしが自力で生き通すことが出来、〈ムラ〉びとに同化せず、言葉を失うことがなければ、わたしの復讐は成就するとも言える」。

十数年前、〈ムラ〉での共産党活動に敗北し、すべてからそっぽをむかれた状態で東京へ脱出した伊藤にとって、〈ムラ〉は単なる生まれ故郷ではない。それは、片親であり、貧乏であるが故に、幼児から冷笑、差別されてきたものの「復讐」の場なのである。

わたしには、はっきりいって伊藤の個人的な「復讐」が成就するかどうかにはたいして興味はない。ただ、伊藤に「復讐」ということばを吐かせるほどの〈ムラ〉に興味があり、なおかつ、そのようなところで生活していこうとする伊藤の思想に興味があるのだ。いいかえれば、伊藤がこんなに執着するほど〈ムラ〉とは魅力的なのかということだ。というのは、近代化の弊害があらゆる面にあらわれ出した今日、またしても共同体再評価論が復活してきたからである。と同時に、中央から「地方の時代」とかいわれて、現実に若者の「Uターン現象」が多くみられるようになったからでもある。ひとは、どのような意味でも何らかの共同性を必要とするのであろうか。

伊藤は、吉本隆明への手紙のなかで、故郷の〈ムラ〉へ帰ってみれば、同じような東京での生活も「軽い」ものであったと感じるようになったといい、故郷での生活は、「家族的共生の形態としてはより一般的な形態（親―子―孫の同居共存）に近づき、家族的共生の負う対他関係において、〈土着〉的生活により直接的に対峙するようになったといえるかも知れない」と書いている。

そして、〈ムラ〉生活には、いわば土のにおい、つまり、人間の原型的な生活の残渣があるとして次のように結論づける。

「わたしにとって〈土着〉とは、現実生活においてそのより原型的なものをさぐりそれに着くことであり、〈土着〉の目的は、原型的な生活形態を生活者に必然化した人間の存在性を踏まえ、自らの生活を創るために、そこから生活的自由の方向を現実に向って問いつづけていく事であると、大まかに言う事もできます」。

伊藤は、ここで己れが「生活」することと〈土着〉という概念とを結びつけている。その環は、〈土着〉こそが人間の「生活」において原型的なものだということである。このような発想は、人間の原基的な生活、すなわち自然との物質代謝過程が土地を生産手段とする農業を軸に営まれていたという前提に立っている。古くは安藤昌益から橘孝三郎、権藤成卿《ごんどうせいきょう》、石川三四郎、そして最近の共同体再評価論者まで、連綿と続いている思想の延長線上にみられる発想である。

だが、必ずしも〈土着〉ということが伊藤のいうように人間生活の原型的な形だとは限らない。狩猟民族や遊牧民族を出すまでもなく「生活」にはむかしからさまざまな形態があったのだ。どのような形をとろうとも生活にかわりはない。〈土着〉にこだわる必要などどこにもないのだ。

とはいえ、この国においては、つい最近までは農業社会であり、ほとんどの人びとが農民のシッポを着けている。だから、伊藤が「生活」と〈土着〉とを結びつけたのだといえば、〈土着〉とか〈ムラ〉とかも少しは意味をもってくる。しかし〈土着〉とはまさに土に着くことであるならば、最近の土離れした〈ムラ〉に何があるというのだろう。〈ムラ〉とは、何よりも生産の場であったはずである。第一に生産の場であり、そして生活の場であった。

もともと〈ムラ〉には、農業という極めて共同性を必要とする共通の生産基盤があるため、不可避的に〈ムラ〉びとたちは結ばれていなければならなかった。この共同性を拒否することは、生産の場を拒否することであり、〈ムラ〉の外へ出るか死しかない。〈ムラ〉とは生産を基盤とした自然必然的な共同体なのだ。そこでは、その上部構造である掟やさまざまな行事、祭など、いわゆる「つきあい」はいやおうなく引き受けざるを得ないものなのである。このような場合、〈ムラ〉びとは、共同体の外には幻想をもつかもしれないが、共同体内には幻想をもちようがない。だからこそ、かげ口や足の引張り合いや嫉妬などが日常的に起こるのだ。ここでは〈ムラ〉は外に向っては自然必然的に一枚岩的組織である。それ故、たとえ国家権力といえども容易には滲透できない強さをもっているといえる。

ところが、今日、農業が資本の支配下に置かれ、農民が兼業化や離農していくなかで、〈ムラ〉は生産の場を〈ムラ〉の外へ求めるようになる。生活は未だ〈ムラ〉内にある。要するに商品経済に特有なことなのだが、生産と消費とが分離したのだ。下部構造の変化がすぐに上部構造の変化をよばないことは自明である。むしろ、土台が脆弱になり、崩壊の兆しが見えはじめれば、上部構造は強化される場合がある。〈ムラ〉びとたちは生産においては明らかに分離している。だが上部構造は、むかしからのしきたりや慣習という形で存続する。つまり生活必然性はないのに生活共同体はあるのだ。そのような共同性は形骸化されない方がおかしいのだ。たまたまその一部が商品化する価値があれば、郷土芸能や伝統芸能、ふるさとまつりなどとして以前とは異なった意味を付与されて生き残るのである。

ともあれ、〈ムラ〉は解体しているのである。たとえ、伊藤がいうように〈土着〉が人間の生活に原型的なものだとしても、いま生産の基盤に〈土着〉がないのだ。現実的な基盤のないところで〈土着〉に固執するとき、残るのは観念としての〈土着〉である。そして〈土着〉という観念は、以前の〈ムラ〉への郷愁として人びとの共同性をくすぐるのだ。

最近、出身地も職業も異なる人びとからなる都市のニュータウンなどで新しい共同性を求める運動が起こっている。生産の基盤のないところで起るこのような運動は、しかし共同性を求める観念だけの運動ではない。生産=消費としての生活の基盤をもたないという意味では解体されつつある〈ムラ〉とはほとんどかわりはない。消費としての生活だけを基盤としているからである。いわば擬似共同体なのだ。このことは、六〇年代の高度成長期、生産としての生活だけを基盤とした擬似共同体=会社が人びとの共同性を刺激したのと同じことだといえる。

わたしには、六〇年代の擬似共同体が人びとをしあわせにしなかったように、今度の疑似共同体も人びとをしあわせにするとは思えない。ひとは、伊藤がいうように「生活的に全的自由を得たいにもかかわらず、どこまでいっても何らかの生活共同性を負わざるを得ない」のであろうか。伊藤はその原型を〈ムラ〉にみた。だからこそ、解体されつつある〈ムラ〉に彼は固執しようとしているのである。

わたしはといえば、むしろ共同体を相対化することを考えている。生産＝消費としての全生活を包摂した共同体が崩壊したことはすでに述べた。にもかかわらず、ひとは何らかの共同性を求めているとすれば、生活の部分的基盤を観念で全面的に覆うことだけは避けねばならない。観念の一枚岩的共同性がいかなる結果を生むかは連合赤軍や人民寺院をあげるまでもない。〈ムラ〉的意識を利用した天皇制ファシズムがそうなのである。結果は悲しすぎるではないか。

それでは共同体を相対化するとは何か。伊藤貞彦とは逆に、すなわち〈土着〉とは逆に、「流民」の視点を共同体に持ち込むことだとだけいっておこう。〈ムラ〉を実質的に離れたこの国の人びとにとって「流民」こそが現実なのだ。現実に着くとき、観念のひとり歩きはなくなるはずである。そして伊藤のいう「〈ムラ〉びとに同化せず、言葉を失」なわないという決意にそれは通じるのではなかろうか。

幸か不幸か伊藤は吉本隆明への第二信で次のようにいう。「今年一杯（一九七九年）で、農業をやめる事になるかも知れません。わたしの家程度の農業では、かえって生活を圧迫するものにしかならぬからです」。

伊藤の「生活」に着いた思想営為はいま、ほんとうに始まったのかもしれない。

図書館と自由

『図書館の自由と検閲――あなたはどう考えるか――』（A・J・アンダーソン著、藤野幸雄監訳）に寄せて

◉――『同志社大学図書館学年報』第7号、一九八一年五月

近年、わが国においても「図書館の自由」ということがよくいわれるようになった。それは、図書館が市民の生活の場になにほどか滲透してきた証明になるのかもしれない。実際、この一〇年間の図書館の発展はめざましい。

市区町村立のいわゆる公共図書館をみてみると、図書館総数は、一九七〇年に七六四館であったのが、一九八〇年には一二一八館に、専任職員は、三四六四人であったのが約二倍の七〇二一人になっている。公共図書館の利用度の基準になる個人貸出数は、一九六九年の一五一一万冊が一九七九年には一億二一二五万冊にもなっている。これは約八倍の増加であり、資料費の八倍の増加額とちょうど、見合っている（『日本の図書館』一九八〇年版、日本図書館協会）。

このような図書館の量的な発展は、利用者のさまざまな要求と相俟って、いままで図書館内部に潜在していた問題を刺激するようになる。「図書館の自由」という問題もそういった、しかしもっとも重要なテーマのひとつである。

私たちは、すでに、一九五四年、全国図書館大会で採択された「図書館の自由に関する宣言」をもっている。一九七九年に改訂された主文には次のように記されている。

図書館は、基本的人権のひとつとして知る自由をもつ国民に、資料と施設を提供することを、もっとも重要な任務とする。
この任務を果たすため、図書館は次のことを確認し実践する。
第一　図書館は資料収集の自由を有する。
第二　図書館は資料提供の自由を有する。
第三　図書館は利用者の秘密を守る。
第四　図書館はすべての検閲に反対する。
図書館の自由が侵されるとき、われわれは団結して、あくまで自由を守る。

しかし、この宣言はいわば図書館の憲法なのである。現場の図書館員が日々の図書館活動のなかで出くわすできごとの指針にはなっても、具体的な問題解決の手引きにはならないのである。まさか、複雑な状況のなかで、この宣言をお題目のように唱えているわけにはいくまい。

A・J・アンダーソン著、藤野幸雄監訳『図書館の自由と検閲——あなたはどう考えるか——』(日本図書館協会、一九八〇年)は、アメリカで「実際に起こったことに基づい」た図書館の自由をめぐる現場での事例研究である。事例は全部で二九例。「公共、大学、学校、専門といぅあらゆるタイプの図書館」でのさまざまな事例が「できるだけ多様な形で示」されている。それは、わが国の「図書館の自由に関する宣言」のいずれかの項目に対応するものともうひとつ、それらの仕事に携わる図書館員の身分保障に関するものである。
とはいえ、日本でふつう考えられるような警察や政府などの公権力からの圧力よりも、むしろ市民社会内部の各種の団体や組織の意見の衝突を多く扱っているのが特徴的である。直接公権力が図書館に圧力をかけてきたという事例は三例にすぎない。このことから、アメリカの図書館界が国家権力の圧力からよりも、保守的極右団体からの圧力に抗して自由を守らなければならなかった歴史の一端を垣間見ることも不可能ではない。

と同時に、多くの市民やいろいろな組織から苦情や意見がでることは、アメリカにおいては、図書館が市民社会内部に深く根差していることの証明だともいえる。わが国ならば未だほとんど素通りされるような問題でもさまざまな議論をひき起こす。アメリカにおいては、図書館の存在は決して無視できないのである。その場合、図書館の対応は敵が国家権力であるよりもむしろ難しくなる。なぜなら、事は、市民社会内部の思想や意見、好み、偏見などが複雑に絡み合った問題であり、まさに民主主義そのものの質の問題だからである。もちろん本書に出てくる事例には、意見の相違は相違として話し合いで解決を、というようなきれいごとですまされる問題はひとつもない。

たとえば、娘を殺害された両親が大図書館の館長に対し、暴力を扱った資料を図書館から追放せよと要求してきた（事例一）。年上の子にいためつけられた小学生の母親は、図書館がカラテ、ジュードーの本を貸出すからいけないのだと、一時的な貸出禁止を要求してきた（事例三）。これらの要求が、たとえ要求者の偏見や狭小に基づく一方的な憶測や独断であったとしても、当事者にとっては極めて深刻な問題にちがいない。ここで、図書館員が図書館には資料提供の自由があると主張したところで、何ら問題の解決にはならない。図書館員の判断は決まっていたとしても、対応の仕方には多くの方法がある。相手を論破することが目的ではなく、説得して理解してもらうことが目的だからである。このとき、図書館員の専門的知識に裏付けられた深い人間性がためされることはいうまでもない。

同じことは資料収集の自由を取扱った次のような事例でもいえる。図書館の購入資料が気に入らないからと、公共図書館の館長とその家族が地域の住民から圧力をかけられた（事例一五）。公共図書館館長と館員は地域社会を調査し、住民の大多数がある種の図書館資料の購入に反対なのを知った（事例二六）。これらの事例もまた、図書館の発達につれてわが国でも当然起こる可能性のある問題である。

本書の事例を読んでいくと、どれも複雑で微妙な要素を孕んでおり、一筋縄ではいかないものばかりである。とはいえ、アメリカの図書館がアメリカ型・草の根民主主義を原点にしつつ、なによりも市民一人ひとりの基本的人権としての自由を図書館活動の根底に据えていることがよくわかる。なかでも、『ちびくろサンボ』についての事例は、図書館員が自らの存在との関係のなかで、どんなに細やかに利用者のことを考えなければならないかということを教えてくれる。普段、簡単に語られている「資料提供の自由」ということが、現実の状況のなかでは、どれほど複雑で錯綜した様相を呈しているのかということを、それは示している。

事例二七の舞台は小学校のメディア・センターである。内容は、古くから子供たちに親しまれている『ちびくろサンボ』が黒人蔑視の本であるとして廃棄処分を主張する黒人の副主任と、それは内部検閲であるからよくないという白人の主任との討論からなっている。事例二八では、同じ内容の討論を、今度は副主任も白人に設定して論じられているのである。そして、両方の場合とも「問」として次のように質問している。

すなわち、（一）主任と副主任の両者の論点についてどう思うか。（二）あるグループのためや進歩のために何らかの検閲が正当化できるときがあるか。（三）学校が黒人地区にあるときにも、あなたの対応は同じか。（四）時代遅れになった本を取除くのと同じように、議論のある本を検閲の疑いなしに蔵書から除籍できるか。（五）主任はこの時点で副主任をどう説得すべきなのか。（六）『ちびくろサンボ』は、あなたの意見では有害な本かどうか。（七）図書館にこの本がなかった場合、あなたなら購入するか。

これらの質問に、何の躊躇もなく明確に答えられる図書館員はおそらくいないであろう。理念とか理性とかの領域だけでは、とうてい解決できない歴史的に形成された意識や情念をも包摂したきわめて情況的な問題だからである。安易には比較できないが、たとえばわが国における被差別部落問題を想起すればよいかもしれない。

幸い、この事例には分析例がついている。それによれば、まず分析者は、教育上の関心事として「検閲の問題」と「黒人に対する差別意識」とを上げて、各々についての過去の資料、研究を紹介し、自由社会における図書館の検閲がたとえ保護的検閲であったとしても、いかに不当なものであるかということを説いている。次に、いろいろな版のある『ちびくろサンボ』を実際に分析し、ある版だけを図書館におくのは害があるという。そして「いかに苦痛であろうとも読者に問題を直視させ、類型的な表現がまかり通っていることを知らせることが重要である。禁止された思想はもはや存在しえないと考える点で善意の検閲者は教育的に誤ちを犯している」と主張して、『ちびくろサンボ』についてのこのような討論が、もっともっと多くの人びとのあいだでおこなわれるべきだと結論づける。それこそが「過去の風習や類型を反映している本を保存することの歴史的な使命を理解する」重要な第一歩であり、このような「協力と努力だけが、『ちびくろサンボ』がもっとも恐ろしいトラ、すなわち検閲に追求されていることを教え、この事態を改善するものとなるであろう」というのである。

ここに見られる見事な分析は、しかし唯一の処方箋ではない。むしろ具体的な状況のなかではたいへん難しい方法である。もっと手っ取り早い方法が他にあるかもしれない。だが、このような理念的な方法を、しかも具体的に提起するところにアメリカにおいては図書館がいかにかけがいのない貴重なものであるかが理解できる。自由を守る闘いは、困難な苦痛に満ちたものであり、ねばり強い努力が必要なことをこの分析例は物語っているのである。

ところで、本書は「二〇年以上ものあいだ、図書館職員の養成と現職教育において、現実の問題に密着した教材によって教授する方法を実験し、開発してきた指導的なセンターである」シモンズ大学図書館学部の、A・J・アンダーソン教授によって書かれたものである。シモンズ大学の大学院図書館学部の知的自由と検閲のコースでは、本書のような事例を一二例割り当てられて分析例のような解答をしなければならない。

このコースの目的は、「(一)抑圧、無知、既得権侵害に対する自由に関して、多年にわたる絶え間ない闘いが行われていることを説明する。(二)図書館と図書館員に関わりを持つ、憲法上の規定についての裁判所による各種の判例や解釈をはっきりと示す。(三)民主主義の理想と知的自由の概念の意味を学生たちに注意深く理解させる」ことにある。そして、これらを現実的に理解させるために、抽象的で一般的な問題を提出するのではなく、特定地域の特定図書館という具体的な場所での事例を提供することにより、問題の焦点を鮮明にするのである。この事例研究の特長を生かすことによって「学生たちはこの決定にまつわるすべての細部までも考えることができる」ようになるのである。

未来の図書館員や現場の図書館員が、実際に職場で起こる可能性のある問題について教室であらかじめ解決のための訓練をしておくことはきわめて重要である。このような事例をできるだけ多く経験しておくことが、やがて現実の図書館活動での誤りを少なくすることに役立つことはいうまでもないからである。彼らは、本書のような事例を使い、個人やグループで分析することにより、「自らの行動だけでなく、相手にして仕事を進めなければならない他人の行動をも支配している憶測、態度、意見、偏見を深く理解」していくのである。だから、当然にも本書の事例には処方箋のようなものは一行も書かれていない。問題の解決は、「多くの討論と実験と可能性の追求を経た後に」はじめてもたらされるからである。「あなたはどう考えるか」という副題の所以も、ここにある。

それにしても、本書を読み通すと、アメリカの図書館学教育が、わが国のそれに比べて、いかに進んでいるかということが理解できる。ここに、アメリカの教育におけるプラグマティズムの最良の成果を読みとることも不可能ではない。図書館の充実がその国の文化水準をいかほどか反映しているとすれば、図書館学教育の水準もまたその国の文化への期待度を反映しているはずである。さきにも述べたように、七〇年代になって、わが国でも図書館の自由をめぐる問題がしばしば論議されるようになった。図書館の自由に関する調査委員会編『図書館と自由』第一～第三集（日本図書館協会）をみればそのことがよくわかる。それには、図書館の自由に関する文献目録が網羅されているし、第二集の「図書館と自由をめぐる事例研究その一」には、最近起こった三つの事例の紹介もある。

今後、図書館の発展につれて、このような問題がますます多くなることはまちがいない。そのとき、図書館が自由をめぐって、利用者とどのように関係していくかは、つとに現場図書館員の能力にかかっている。私たちは、すでに戦前、図書館が自ら軍部ファシズムに迎合、協力していったという苦い歴史をもっている（たとえば、清水正三編『戦争と図書館』白石書店、一九七七年、参照）。必ずしも公権力が無理やり自由を奪ったのではない。また、ある日、突然、図書館の自由が奪われたのでもない。気がついてみたら、取り返しのつかない事態になっていたということである。

このような反省にたつならば、現場の図書館員の日々の努力こそが、図書館の自由のためにもっとも重要であるということが理解できるはずである。そのためにも、本書のような事例研究の必要性は一層増してくるのである。

それでは、はたしてわが国の図書館学教育で、本書にみられるような図書館の自由をめぐる事例研究は行われているのであろうか。筑波に移転し、四年制になった図書館情報大学のカリキュラムをみれば、コンピュータのプログラマー養成所のような感じだという話も聞く（関千枝子「図書館短期大学――三〇〇万人の大学六――」『朝日ジャーナル』一九七九年四月二七日号所収）。

たしかに、学術分野が高度に専門化し、複雑になった現在、図書館は、資料や情報を速やかに整理し、的確に利用者に供しなければならない。そのためには、コンピュータ利用技術の習得も必要であろう。がしかし、図書館員が単なる技術的な整理屋になることの危険性は、学者が専門バカになる危険性よりもより重大だと言わなければならない。なぜなら、自由の剥奪は、まず何の特権もない一般市民から始められるからであり、その一般市民の知の源泉は、大学ではなく、図書館だからである。

再び、ファシズムの足音が、しかし前よりもスマートに聞こえてくる。いま、わが国の図書館こそは、本書のような図書館の自由をめぐる事例研究をもっとも必要としているように思えるのである。

「変貌する大学」を読む本

谷沢永一『あぶくだま遊戯』（文藝春秋、一九八二年）より

●――『変貌する大学2　国際化と「大学立国」』一九九五年五月

「紀要」という言葉がある。一般にはあまり見慣れない日本語で、おそらく大学関係者ぐらいしか知らない。ひょっとして大学関係者でも、知っているのは教員と図書館職員だけかもしれない。大学で主に教員が書く論文

を集めてまとめたものなのだが、その紀要が現在、全国の大学から約三五〇〇種も発行され、大学間で交換されている。

ぼくの勤務する小さな大学でも年三回発行され、その都度一〇〇〇部ほどを他の大学に送付する。大きな大学になると、学部毎や大学院生だけのものもある。お返しがあって、毎日届く郵便物のなかに、その紀要はいつも四、五冊は入っている。一〇年ほど前から、各大学の紀要だけを集めて、それをまとめ別の大学に発送するのを仕事にしている会社もできている。当然、図書館の書棚はいっぱいになって、夏休みや春休みには、少しのスペースを求めて、エッチラオッチラ移動するのが恒例になってくる。

大学のエライ先生方が最新の研究成果を論文にまとめたものなので、この国の学問水準の最先端が詰まっている貴重なものなのだ。だいじに図書館に保存し、利用者がいつでも使えるようにしておかねばならない。コンピュータの端末キーをたたくと、あるテーマの論文のタイトルが次々に出てくる。次に、その論文が載っている紀要がどこの大学図書館にあるのかを調べて、コピー依頼する。同じ仕事をしている他の大学図書館からの依頼があれば、書庫に行って、該当の紀要を取り出し、コピーをしてできるだけ早く送付する。コピー料金を計算し、お金のやりとりもしなければならない。

コンピュータのおかげで、文献検索もかんたんになって、学生からの依頼もうなぎ登り。研究の自由、資源共有、わが国の学問振興のために、どんな依頼でも図書館は応えなければならない。というわけで、全国の大学図書館の相互協力係は、毎日毎日、コンピュータと書庫と複写機のあいだを走り廻っているのである。もちろん、紀要の中身の論文が、どんな内容なのか知る由もない。

でも、最新成果とは、いったい何が書いてあるのか、少しは興味がある。コピーの合い間にちょっと覗いてみると……。

こんな興味に見事に応えてくれたのが本書所収の「アホばかまぬけ大学紀要」(『諸君!』一九八〇年六月号)と「アホ馬鹿まぬけ大学教授」(同、七月号)。著者谷沢永一は、青春時代からの親友開高健が「書鬼」と名づけた「徹底的な考証家で完璧魔」(開高健『耳の物語』)。

「たまたま本稿で触れたのは、私の勤務校である関西大学の受贈刊行物のうち、何かの機縁でふと眼にふれた諸篇ですが」(附記)と、谷沢は断っているが、これが『諸君!』に載ったとき、じっさいぼくはドキドキしていたのだ。というのも、関西大学には、ぼくの勤務する大学の紀要を定期的に送っていたし、まずいことに、その頃ぼくも二篇ほど、下手な人物論をそれに書いていたからであった。

幸い?わが勤務校の紀要は、谷沢書鬼のエジキにならなかったけれども、俎上にのせられた論文は名指しで批判されている。批判などという生易しいものではなくて、それこそ罵倒。逃げ道一切なし、鎧袖一触、徹底的に完膚なきまで叩きのめす。まさに紙の弾丸、紙つぶて。たとえばかくのごとし。

「この馬鹿馬鹿しい噴飯ものの〝論文〟をこれでも研究なりと認めて掲載しているのが、『日本大学人文科学研究所研究紀要』第二十二号(五四年三月二五日)、大学の公式の〝学問〟成果発表機関誌である」。

「すなわち一篇の〝論文〟すべてナンセンス、なんの役にも立たぬ駄弁が、『構造的意味分析』の美名にかくれて続く」。

「それ(同人雑誌——引用者)にひきかえ大学の学会誌は、書きたい放題のフリーパス、無学が大手をふってまかり通る、それこそ愚者の楽園である」。

この調子の文章が原文を引用しながら、まるで狙撃手の弾丸のように炸裂する。「たまたま」谷沢の「眼にふれた」紀要とその書き手が運が悪かったのだ、とあきらめるほかあるまい。「研究」義務のない図書館員としてはご同情申し上げるしかない。

で、谷沢書鬼は何をいいたいのかといえば、業績の点数ばかりを期待する「タテマエ」をやめて、本当に書きたい者だけが書くようにすればよい、という一点。すると、大多数の紀要は、総目次を出して自然と有終美を飾るだろうというもの。

もし、これが実現すれば、図書館職員としては、それこそ涙が出るほどありがたい。感謝感激なのである。とはいえ、谷沢書鬼がこのまったき正論を吐いた当時、『文献ジャーナル』（富士短期大学出版部、一九八〇年一二月）が紹介している紀要は一七一五種。それが現在（一九九五年一月）三四一六種。もう、こうなれば、故紙の値上がりを期待するしかないのかもしれない。

「変貌する大学」を読む本

白井厚編『大学とアジア太平洋戦争』（日本経済評論社、一九九六年）

●――『変貌する大学4 〈知〉の植民地支配』一九九八年九月

もう三〇年も前になる。全共闘運動が燃え上がり始めた頃、ぼくは、丸山眞男『日本政治思想史研究』（東京大学出版会、一九五二年）［註◆1］に出会った。

東大のエライ先生、という程度しか知らなかった丸山の研究書を読みこなす能力などなかったぼくは案の定、途中で投げ出してしまったが、「あとがき」だけは妙に心に残った。

それは、戦時下という「狂熱的な『非常時』のなかで」丸山を「暖かく包んでくれた東大法学部研究室のリベラルな雰囲気であ」り、そしてまた、応召のその日の朝まで机に向かって論文の仕上げを急いでいる丸山の姿であった。

「窓の向うには国旗をもって続々集って来る隣組や町会の人々に亡母と妻が赤飯の握りを作ってもてなしている」。

出来上がった論文は、新宿駅に見送りに来た同僚の辻清明に手渡される。

のっぴきならない状況のなかで、それでも精一杯真摯に自分の仕事を遂行し続ける学究の存在とそれを許した「象牙の塔」に、ぼくは感動したのかもしれない。

それから間もなく、丸山は、全共闘運動の矢面に立たされ、「暖かく包んでくれた東大法学部研究室」を定年を待たずに去って行く。

さて、ぼくが本書と直接かかわりのない丸山の「あとがき」に触れたのは、まさに本書のテーマが、丸山がいう「狂熱的な『非常時』のなかで」、にもかかわらず、丸山を「暖かく包んでくれた東大法学部研究室のリベラルな雰囲気」に深く関係していると思うからである。

本書は、一九九六年三月、四〇年間勤務した慶応義塾大学を定年退職した白井厚の退職記念論文集である。

けれども、一般の退職記念論文集のように、同僚や弟子筋にあたる研究者が関連分野の論文を寄稿するという類のものではない。編者の白井が一九九一年度から自分のゼミで共同研究を試みてきた「太平洋戦争と慶応義塾」というテーマを大学一般にまで拡げた論考が集められている。執筆者の多くは慶応出身だが、いわゆる研究者だけでなく、ビジネスマン、それも海外で活躍している人たち、新婚四か月で夫が応召し、そのまま死別した女性、外国人など多岐に渡り、年齢も白井より上の「学徒出陣」体験者から三〇代の若者まで幅広い。

したがって、中身も「戦争と大学」をめぐるさまざまな論点をいろんな角度から追求し、総合的なものになっている。この幅広さは、白井が最終講義「戦争体験から何を学ぶか」で語った「戦争体験は歴史化されなければならない。そして同時に国際化されなければならない。それによって二一世紀の世代に理解されなければ、歴史を学ばなかった日本人の悲劇は再び繰り返される事になるだろう」という問題意識から導かれている。

さて、本書の内容は大きく二つに分かれている。

第一部「戦争中の大学」では、白井をはじめ一二人が戦時中のそれぞれの大学の戦争とのかかわり方を事実に基いて実証的に明らかにしている。

白井は母校慶応を中心に、当時の教授の論文や「学徒出陣」に際しての発言をも調べて言及し、とくに小泉信三塾長が積極的に戦争に協力していった姿を明らかにする。慶応だけでなく、関西学院、同志社、上智といった配属将校にターゲットにされたキリスト教系大学や仏教系の大正大学を取り上げることによって、設立の理念を宗教に置いている大学が、その生き残りのために、理念を曲げていった経過が考察されている。

さらに、植民地朝鮮、台湾出身学生への志願強制に大学が関与した経過、上海にあった東亜同文書院、そしてハーヴァード、ハイデルベルグ、モスクワといった外国の大学の戦争協力をも考察の対象にしている。

ところで、日本の大学の戦時下における国家への協力、迎合は、じつは白井が「大学――風にそよぐ葦の歴史」で述べているように、大学令（一九一八年）によって、大学は国の目的に奉仕するものと定められていることからくる当然の帰結ということもできる。慶応、同志社、早稲田など、ユニークな設立理念をもつ私立大学も、この大学令で「大学」に昇格させられることによって、帝国大学と同じように、国家目的に従属せざるを得なくなったのである。

だからといって、大学に責任がないわけではない。「学徒出陣」に学生を「激励して送り出した責任」。「政治に対する批判とか、真理の探究とか国際情勢の分析とか、そういう本来大学がやるべき使命を完全に放棄してしまった責任、そういうものをいったいどう考えるのであろうか。このことが戦後行うべき大学の一つの仕事ではなかったか」。

白井のこの問題提起を受けたかたちで、より幅広く、具体的に個々の問題に言及したのが、第二部「戦争史研究と体験の歴史化」である。

ここでは、「アメリカ民衆の太平洋戦争観」、「大学教員と『戦争責任』——慶大における教員適格審査と教職追放の概要」、「『従軍慰安婦』問題から『戦後補償』へ——高校『現代社会』での授業実践の概要と考察——」など、戦後の人びとが、英米など戦勝国も含めて、先の戦争をどのように総括したのか、もしくはしなかったのかが考察されている。

そして、より重要なことは、アメリカ人女性留学生の「元特攻隊員の話を聞いて」が明らかにしているように、戦争で対峙した世代間のみならず、その後の世代にもずっと相互理解がなされていないという事実である。まして、日本が侵略したアジアの人びととの相互理解はより困難である。その原因は、「四つの中国論」のなかで野上卓がいう「蔑視・無視・投資」という現在でも継続している日本人のアジア観に基いていることはいうまでもない。

それにしても、大学が大学としての戦争責任を徹底して追及するという作業を怠ってきた責任は大きい。

白井もいうように、当時の大学生は同年輩の青年の三パーセント。極めて特権的な身分であった。教授たちは社会のオピニオン・リーダーであったし、卒業生は社会の特権層を形成する。彼らを教育する大学は戦争に対して何をやったのか。

まさにこれこそが本書のテーマなのであるが、白井によれば、外国でも不思議なことにほとんど問題にされていなかったという。白井にしても、本人がいうように、このテーマを考えたのは「偶然的な要因が結び付いたに過ぎない」。

このような大学人の鈍感さは、それ自身責められるけれども、必ずしも大学人だけの責任ではない。ぼくが冒頭で触れた丸山眞男の「あとがき」に象徴される大学のイメージは、ある種の憧憬と羨望をもって、広く一般に容認されてきたのである。

三〇年前、全共闘運動は、その最良の部分で「大学とは何か」、「学問とは何か」を鋭く問いかけた。しかし、問われた大学も、そして問いかけた側も、「大学と戦争」について、具体的、実証的に追究する作業を怠った。

もちろん、この「変貌する大学」シリーズII『国際化と「大学立国」』で何人かの論者が明らかにしているように、個々の貴重な成果はいくつも出ている。

だが、大学自身が編集、発行している正史ともいえる数多くの「大学史」のなかに、戦時下の被害は多く記されていても、加害者としての側面はほとんど記されていない。「軍部の圧力に屈したことを客観的に書いた」『同志社百年史』全四巻（同志社、一九七九年）でさえ、「一部の関係者からかなり憎まれた」という。

今年（一九九八年）になって、東京大学史史料室編集で『東京大学の学徒動員・学徒出陣』（東京大学出版会）という本が出た。まえがき「歴史的事実として記憶するために」で前総長吉川弘之は、「必要な事実に関する歴史を提供することはできる。その事実について、歴史科学的方法で、限りなく真実に近いものを研究成果として提供することができるはずである。そしてそれをする責任を持つのが大学である。／その果たすべき責任の最大のものの一つが、今まで放置されていた」と書いた。

戦後五〇年以上が経過した。全共闘運動が「大学とは何か」を問うてからでも三〇年が過ぎた。本書の編者白井がいうように、「戦後二、三十年ぐらいで、落ち着いたところで大学は大学としての戦争責任というものを自分で整理する作業をやるべき」だったのである。「しかし今からでも、やらないよりはましかもしれ」ないどころか、徹底してやるべきなのである。

その意味で、本書は、慶応を中心とした私立大学の戦争協力に重点が置かれ、より深く国家の政策に関係していた帝国大学は対象になっていないけれども、貴重な記録であることに変りはない。

戦艦大和から奇跡的に生還し、戦後の出発に際し、名著『戦艦大和ノ最期』〔註◆2〕を書いた元学徒兵吉田満は、一九七九年、死の床で次のように記した。

「沈黙は許されない。戦中派世代のあとを引き継ぐべきジェネレーションにある息子たちに向って、自らのよりどころとする信条、確かな罪責の自覚とを、ぶつけるべきではないか」（『戦中派の死生観』文藝春秋、一九八〇年）〔註◆3〕。

吉田のこの悲痛な呼びかけに、戦中派世代が十分に応えていないとすれば、その息子の世代がそして孫の世代が応えるのは最低限の誠意というものである。

註1◆現在は、一九八三年新装版として出版されている。「あとがき」は『丸山眞男集』第五巻（岩波書店、一九九五年）

に所収。

註2◆現在、角川文庫、講談社、講談社文芸文庫。『吉田満著作集』上（文藝春秋、一九八六年）にも所収。

註3◆現在、『吉田満著作集』下（文藝春秋、一九八六年）に所収。

◆附記

半分は図書館勤務という仕事上の必要もあるが、書評を読むのは楽しい。書評を参考に選書することも多い。

というのも、勤務先が大学図書館なので、公共のようにできるだけ早く利用者に新刊本を提供することを至上目標にしていないからで、新聞や週刊誌の書評もだが書評誌や出版社のPR誌を参考にすることもある。

当然、利用者への提供は遅れるが、大学図書館の蔵書構成上、備えておきたいと思うからで、しっかりした書評はありがたい。

読むのは好きだが、さて自分で書評のようなものを書くとなると、そうかんたんではない。専門の書評家でもないし、著者との面識もないので、自由に書けるのだが、書く以上は対象の図書を一人でも多くの人に読んで欲しいとも思う。と同時に、紹介だけではなく、なぜ、この本について書くのか、を、読者にわかるようにしたい。

ここに載せた四本の書評のようなものは、いずれも、このような問題意識で書いたものである。

最初の「土着の「思想」の陥穽」は、いま読み返せば、消化しきれてない言葉で御託を並べている。が、要するに私自身が大阪から一人も知り合いのいない香川県善通寺市に来て五年。一種の「流民」のつもりだったが、じゃまくさがりの性分と善通寺〈ムラ〉の居心地のよさで、〈ムラ〉に定着して「生活」するのも悪くないと思い始めた時期に重なる。伊藤さんのその後の〈土着〉のくらしは知らないが、今も年賀状の交流だけはある。

「図書館と自由――『図書館の自由と検閲――あなたはどう考えるか――』」は、私が「図書館の自由」について考える基礎になった本を紹介した。現在も日本図書館協会から出ている。この本が米国で出版されたのは一九七四年。翻訳されたのが一九八〇年。以降、現在まで「図書館の自由」にかかわる問題は数え切れないほど発生した。その何件かに私もかかわったが、議論が、この本の事例のような豊富な内容になったものはまずなかったといってよい。今も、現場の図書館員にぜひ読んで欲しい本である。

私は、鶴見俊輔さんと谷沢永一さんのお仕事はもっとも広い意味で、書評家のそれだとずっと思っている。その一人、谷沢永一さんの『完本・紙つぶて』(文藝春秋、一九七八年)にはびっくりした。すでにそのなかに「くたばれ!大学紀要」という一篇があった。最近は『紀要』も電子ジャーナル化されたものがだいぶん増えたが、相変らず、わが勤務校の図書館には毎日のように寄贈されてくる。図書館屋として律儀な私は廃棄処分を検討することもせず、若い同僚は律儀に毎日受け入れ作業をこなし、かつ他大学からの文献複写に親切に応えてくれている。

戦後六三年も経てば、兵士としての戦争体験者の多くの方は亡くなっている。まして学徒出陣を体験したいわゆる元学徒兵はさらに少ない。直接、この人たちから戦争体験を聞く機会はもうないけれども、書かれたものはいくらでもある。大学内から「大学とは何か」、「学問とは何か」という問いが発せられなくなって久しいが、戦争のための学問は現在も大学で続けられていることを忘れないようにしたい。

「ブックストリート」から

響き合った吉本のタンカと『図書館の発見』

――『出版ニュース』No.1608、一九九二年九月中旬号

小さな大学図書館に勤めて一七年になる。はじめから大学図書館を希望したわけではなかった。というより、図書館を知らなかった。ぼくの育ったまちに図書館はなかった。高校生になって、中之島の大阪府立図書館に通う友人もいたが、いかにも受験生ですという姿で並ぶのが嫌だった。

大学は、半分学生運動をするつもりで行った。アジビラのタネ本は、ほとんど喫茶店で読んだ。覚えたての煙草とミルクティーがいっぱしの活動家になった気分だった。やがて運動は思ってもみなかったほど盛り上がった。たいした理由もなかったのに、ぼくの大学でもバリケードが築かれた。デモや集会には出たが、バリケード空間を楽しむ雰囲気にはなじめなかった。古本屋を飽きずに巡り、喫茶店にノートを持ち込む日が続いた。

そのうち運動は下火になり、予定?どおり機動隊が入り、大学は再開された。最低限の単位を取り、卒業はしたがすることがなかった。友人たちは、より過激な闘争に入って行ったり、不本意な職に就いたりした。精神に

異常がきたしたり、自殺したといううわさを聞いたこともあった。

決断が出来なかったぼくは、半ば友人たちに対する見栄と勉強しなかった大学への未練とで一年後、大学院に入った。幸い、指導教授はかわいがってくれ、学問も悪くはないと思った。だが、もともとたいした才能もないし、大学院の空気には違和感もあった。それに先生と警察官だけにはなりたくなかった。

文学部の司書課程を聴講した。図書館なら、なんとか折り合いがつけられると思ったからで、別に積極的な意味はなかった。割り切って講義には出たが、そんなに興味はもてなかった。必要上何度か図書館に通ったが、職員の対応も好ましいものではなかった。ただ、研究室の書庫に自由に入れ、欲しい図書を買ってもらうことも出来た。その本には、事実上貸出期限はなかった。その頃出始めたきれいな複写機も、ある限度額まで無料で使えた。学部生にはない、大学院生の特権だった。

あるとき、欲しい本が近くの国立大学の図書館にあることを聞いてそのまま出掛けた。その場で一時間ほど見ればことは足りるはずだった。ところが紹介状がないからいけないという。ちょっとこの場で見せてもらえれば済むことだからといってもきかない。たまたま近くにいた、その大学の大学院生が気の毒に思ったのか、執り成してくれ、一緒に書庫にまで入ってくれた。ぼくは、このときほど吉本隆明に共感したことはなかった。

東大全共闘に研究室を荒らされた丸山眞男が大げさな身振りや思い入れでなげいたあげく、ナチスや軍国主義者もしなかった暴挙と、学生たちを非難したことが新聞に載った。当時、『文芸』誌上で、〈情況〉論を連載していた吉本は、それに噛みついた。


「じぶんの個人的な研究室をそれ自体としては不作為な類災として荒らされたくらいで、『文化の破壊』などとはふざけたせりふである。また、貴重な（三億にものぼる！　そしてその三億はだれから集めたのだ！）資料の損失を嘆いてみせたりするが、かつてその貴重な資料なるものは、かれら自身の口から、自由なる市民や在野の研究者たちに差別なく解放《ママ》される共有財産であると宣言されたことなどはないのだ」（『情況』河出書房新社、一九七〇年）。

ぼくは、いまでも、この吉本のタンカは見事でまっとうなものだと思っている。

ちょうど同じ頃、ぼくは、石井敦・前川恒雄『図書館の発見——市民の新しい権利——』（NHKブックス、一九七三年）に出会った。『中小都市における公共図書館の運営』＝中小レポートも日野市立図書館も『市民の図書館』も知らなかったぼくは感激した。著者の石井敦と前川恒雄は、中小レポート作成の中心的存在で、前川は日野市立図書館をつくった館長であるということもあとで知った。

「日本に近代公共図書館が誕生して百年たった現在、やっと言葉の本当の意味での公共図書館が日本に育ち始めた」という書き出しから、「図書館は結局、市民とオカミ・有識者の知識・情報水準を同じくするためにあるのである。だから、これは、坐っていて与えられるものではなく、静かなしかしねばりづよい闘いによって得られるものである」という情熱的な文章に魅了された。

大学院での体験と吉本のタンカと、この本は確かに響き合ったのだった。図書館も若く、ぼくもまだ若かった。

国家と図書館へのラディカルな批判

●——『出版ニュース』No.1611、一九九二年一〇月中旬号

一九七五年の春、ぼくは香川県の四国学院大学の図書館に就職した。司書を公募していると、司書課程の教授に教えられただけで、どんな大学か知らなかった。文学部だけの単科大学で教員は全員キリスト者、職員も半数はそうだった。ぼくの出た大学もキリスト教主義大学だったので、そんなに違和感はなかったが、それにしても、ずいぶんノンビリした大学だと思った。

図書館員は、ぼくを入れて六人。殆ど手作業で仕事をしていた。夏休みには、雑誌や紀要の製本も簡易製本機を使ってみんなでこなした。毎日書店から新しい本が入るのが楽しみだった。学生は素直でおとなしく、教員も概ねリベラルだった。都会から来た人間には、時間がゆっくり流れているように感じた。

ときには、市民も訪ねてきた。英字新聞やキリスト教関係の本を読むためで、教職員の家族や教会関係の知人が多かった。館内の閲覧は自由だった。登録料三〇〇円と写真を貼った貸出証を作れば、学生と同じ条件で貸出しも出来た。今ではそういうものもいらなくしたが、当時としては珍しいことだった。そんなに貴重な資料はなかったが、望めば、だれでも大学図書館の本を利用出来たのだ。ぼくは、次第にこのゆったりした雰囲気になじんでいった。

だから、年一、二回出る大学図書館の研修会にはあまり興味をもてなかった。整理事務の合理化が話題になり、市販の印刷カードを利用する問題や、雑誌や逐次刊行物の集中管理、研究室図書の取り扱いなど、もっともらし

いテーマがもっともらしく論じられたが、ぼくには、どうもしっくりこなかった。中・四国の私立大学の集りでは、まだコンピュータの話しは出なかったが、国立大学と一緒の研究会では、コンピュータ・システムという話題が出始めていた。

ちょうど、学術審議会の文部大臣への答申「今後における学術情報システムの在り方について」（一九八〇年）が出た頃で、コンピュータ・ネットワークを駆使して、国立大学を中心に学術情報流通体制を整備することを目指していた。図書館短期大学は筑波に移転し、四年制の図書館情報大学になった。中身も公共図書館職員養成所的機関から、高度な情報処理専門家の養成を目的にする大学に変った。

一方、公共図書館では、全国公共図書館協議会による「図書館全国計画・試案」（一九八一年）が発表された。同じ頃、国会に上程されようとした「図書館事業基本法」もコンピュータの発展を見据えた全図書館を網羅するネットワークが目的であった。

それはある意味では当然だった。時代は「情報化社会への対応」を要請していた。図書館の先進地域といわれる自治体では、「市民の図書館」が根付きはじめていた。まだまだ図書館は成長するだろう。業務の合理化や文献検索にコンピュータは不可欠だ。成長が止まった経済環境では地方財政の伸びはそれほど期待できない。情報産業育成や「臨調・行革」は国の至上命令だ。図書館関係者がかくして、財源を求めて、国家の図書館政策の登場を要請しても何の不思議もないのである。

とはいえ、このような路線は、戦後憲法＝図書館法の理念の枠組からは大きく逸脱するものであった。同じく戦後的図書館の理念を体現した「中小レポート」や『市民の図書館』が目指したものとも異なっていた。国家と図書館とが露骨に癒着する政策に対する批判、反対の声は館界内外から上がった。なかでも、もっともラディカルに批判し、反対運動の先頭に立ったのは、関東を中心とする図書館労働者交流会のメンバーであり、関西の私立大学図書館の数少ない職員たちだった。

彼らは、一九八一年の埼玉での全国図書館大会から翌年の福井、そして山口と、会場で図書館の国家管理批判のビラをまき、各分科会では日本図書館協会の幹部や文部省派遣の大学図書館管理者に鋭くせまっていた。

じつをいえばぼくは、このような運動が図書館関係者にあるのを、まだ知らなかった。ノンビリした職場の環境は、図書館の国家的支配や学術情報システムなどとはあまりにもかけ離れていた。地域の図書館も、「中小レポート」や『市民の図書館』のずっと以前の状態だった。

だから、今はなき『季刊としょかん批評』の創刊号（一九八二年）が「『図基法』状況を考える」という特集を組んであらわれたときびっくりした。図書館界にも元気な人たちがいるものだと思った。

戦後の図書館理念を問う'84年の集会

●——『出版ニュース』No.1614、一九九二年一一月中旬号

一九八〇年代前半、この国の図書館界は大きく揺れた。文部省主導の学術情報システム、超党派の図書議員連盟に答申された「図書館事業基本法（案）」、出版界と連動した日本図書コード問題等。そのいずれにも、日本図書館協会は深く関与していた。

日図協のこのような動きに、しかし、疑問を抱き、危惧を感じていた人びとがいなかったわけではない。「中

小レポート」、『市民の図書館』という戦後的図書館の理念を地道に歩むことを目指す図書館問題研究会やその大学版ともいえる大学図書館問題研究会は、機関誌『みんなの図書館』や『大学の図書館』でこれらの問題を取り上げた。

なかでも『大学の図書館』を舞台とした学術情報システム論争は、大学の「自治」、図書館の「自由」、情報の格差、臨時職員問題、健康障害など、さまざまなテーマをはらみながら、激しく闘わされた。やがて論争は、『図書館雑誌』での不明瞭な取り扱いをめぐって、舞台は本誌をはじめ、『技術と人間』、『季刊クライシス』、『図書新聞』、『週刊読書人』等にも拡がっていった。そんななかで一九八三年、「学術情報システムを考える会」も生まれた。

「学情」の会、その少し前生まれた「図書館労働者交流会」、「図書館事業基本法に反対する会」のメンバーは、戦後図書館運動の理念を踏まえつつも、その延長線上にバラ色の図書館を夢見てはいなかった。国家と図書館がまたしても露骨に癒着しようとするいま、その理念をも含めたトータルな批判こそが、必要だと感じていた。

その意味でぼくは、今はなき『季刊としょかん批評』を忘れることが出来ない。一九八二年から八四年まで、わずか五号で消え去った『季刊としょかん批評』は、しかし、図書館現場から図書館を問い返すという自覚的な視座をもったはじめての雑誌であった。少なくともぼくにはそう感じた。各号の特集テーマを見るとそのことがよくわかる。

第一号「『図基法』状況を考える」、第二号「現代史の中の図書館」、第三号「『読書の自由』は?――出版流通と図書館ネットワーク」、第四号「図書館職業病の記録」、第五号「自主講座としての図書館」。

いま目次を眺めていると、何人もの執筆者の顔が蘇る。集会で機関銃のようにしゃべり続けた彼。とつとつと言葉を探しながら、小さな声で語っていた彼女。いつも黙って座っていた彼。彼(女)たちの何人かはすでに図書館現場にいない。その現場は、この特集テーマの何ひとつも解決していない。

一九八四年大阪で開かれた第七〇回全国図書館大会は、この国の図書館史からみるとき、極めて重要な大会であった。それは、「資料提供」という戦後的図書館の理念が根底的に問われたからである。大会のテーマは「情報新時代の図書館づくり」。記念講演の小松左京は、徹頭徹尾ニューメディアを駆使した図書館情報網をぶち上げ、図書館有料論まで提唱した。

他方、図書館の自由の分科会では、その年明るみに出た広島県立図書館の図書破棄事件が報告された。一九七七年以降、部落問題関係を中心に、二〇〇冊近くの図書が閲覧用から別置または破棄されていた。そしてそれを行ったのは司書歴二〇年以上のベテラン図書館員だった。その背後には、県教委の「問題図書」の取り扱いに関する「通達」があり、図書館は、この「通達」に没主体的に迎合したのであった。

同じ時期、同じ大阪でこの図書館大会に対抗する二つの集会が開かれた。一つは「学術情報システムに反対する集会」。もう一つは「いま、図書館に何が問われているのか？――現場からの反撃・集会'84――」。夜に開かれたこの二つの集会は、昼間の図書館大会が見落し、回避した問題に鋭くせまった。

学術情報システムが進展するなかで、その先進校の大阪大学図書館での臨職女性解雇事件。それに十分に対応出来ない組合。コンピュータを駆使した貸出業務の増大による職業病。出版の自由が問われるＩＳＢＮの強制化。そして広島県立図書館問題。

「情報新時代の図書館づくり」という図書館のはなやかな発展の背後に隠された暗部を、この集会は鮮やかに照らし出した。「自由宣言」とは何か。「市民の図書館」とは何か。まさに、戦後図書館の理念そのものが問われたのであった。

二つの集会でぼくはまた、多くの元気な人びとに出会った。そしてもう少し図書館にこだわっていこうと思い始めていた。

図書館への見果てぬ夢――日図協100周年に思う

●――『出版ニュース』No.1617、一九九二年一二月中旬号

日本図書館協会は、今年創立一〇〇周年を迎えた。ぼくの会員歴も二〇年近くなる。少し意識してかかわるようになってからでも、一〇年が過ぎた。戦後最初の理事長衛藤利夫流にいうなら、「アノ協会は」といわずに、「オレの協会は」といわねばならないのかもしれない（「協会は誰のものか」『図書館雑誌』第四一年第二号、一九四七年）。だがぼくには、「オレの協会は」といい切る自信はない。だからといって、「アノ協会は」といい放つ勇気もない。このような思いは、しかし、ぼくだけの事情によるものではあるまい。むしろ日図協、さらにこの国の図書館のあり方そのものに深く根差しているのだと思う。

今年五月末、東京で日図協一〇〇周年記念式典が開かれた。当日配られた『日本図書館協会の百年』と題された小冊子は、日図協一〇〇年を五期に分けている。第一期「草創期から組織的活動の展開」、第二期「全国的図書館運動から戦争の時代へ」、第三期「民主主義社会の建設と図書館再興」、第四期「図書館運動をより利用する人々に近く」、第五期「新しい課題の発見と挑戦をとおして」。

写真中心のこの小冊子は、現在の日図協の姿勢を表していて興味をそそられる。その基調は、「わが国の社会

と文化、特に政府の教育政策に影響を受けながらも自主性を重んじ、図書館事業の発展・振興のために専門的努力を積み重ねて」きたというものである。

だから当然にも、戦後が強調される。小川剛は「ドキュメント図書館法」を、黒田一之は「中小レポート」を、それぞれ肯定的に捉えた一文を寄せている。小川は、図書館法を近代公共図書館理念の法的結実だといい、黒田は、「中小レポート」を図書館変革の起爆剤の書だという。

そのことに間違いはないであろう。ぼくもまた、「中小レポート」の延長線上に書かれた『図書館の発見——市民の新しい権利』（NHKブックス）に感激した一人だった。じっさい、いま「中小レポート」を読み返してみると、当時の若い図書館員たちの図書館変革にかける情熱がその行間に溢れている。図書館法の理念を住民への「資料提供」に求め、それを担う「中小公共図書館こそ、公共図書館の全てである」という主張は、従来の図書館像を覆すものであった。

そしてこの主張は、高度成長の波に乗り、公共図書館の発展をもたらした。日図協がこの「発展」の栄光を自賛するのもわからないわけではない。けれどもいま、この国の図書館をめぐる状況は、図書館法＝「中小レポート」の理念を大きく越えている。状況に理念を対置し、理念の実現を目標に進むことがそのまま図書館の発展に連なることはない。

おそらく日図協はそのことに気づいたはずだ。情報化社会という時代の雰囲気にいまさら理念でもあるまい。だからこの小冊子のむすび「多様化する時代に二一世紀にむけて」に、何のてらいもなく次のように書く。

「技術革新によってもたらされた環境に、主体性をもって適応し、自らの個性を保ちながらも自己革新を果たしてゆかなければならないだろう」。

全国図書館大会が今年もまた、二千人以上の図書館関係者を集めて愛知で開かれた。テーマは「新しい図書館の世紀をひらこう――日本図書館協会一〇〇周年を迎えて」。「大会要綱」の「国際化」、「ネットワーク」、「情報活動」、「新たな出発」、「新しい時代」、「新たな展開」等々といった言葉のはなやかさを、ある種のはにかみをもって、ぼくは眺める。

二〇年前ぼくは、『図書館の発見』にたしかに感激した。ひょっとして、図書館は、知のヒエラルキーを撃つ武器となるのかもしれないと思った。けれどもそれは、図書館が歴史の舞台に大きく登場してくるというものではなかった。同じ頃読んだ中野重治の短篇「司書の死」に出てくる図書館員のイメージにどこかで共感していた、と今にして思う。

日図協は、その一〇〇年を「自主性を重んじ」という記述で総括しようとしている。ほんとうにそうなら、図書館はこんなに「発展」しなかったという思いが、ぼくにはある。

図書館とは畢竟《ひっきょう》、国家や地方団体の意志の伝導、伝達機関であるという思いと、にもかかわらず、もしくは逆に、だからこそ、民衆の自由の広場でありたいという願いが、ぼくのなかで交差する。ぼくは、図書館の見果てぬ夢を追い続けているのかもしれない。

◆附記

現在も続いている『出版ニュース』の「ブック・ストリート図書館」に四回連載した。

何を書いてもよい、ということだったので、私的な思いを交じえて書いた。当時は、長く続いたバブル期が崩壊しはじめた頃だったが、いまだその余波はじゅうぶんにあり、自治体財政も大学財政も現在よりよほど潤沢だった。

各地の自治体では臨調・行革が推進されてはいたが、公共図書館の利用は増え、新しい図書館が次々と建設されていた。大学では、大学審議会の大幅な大学設置基準の改正、大綱化が実施され、自由競争の時代に入ったが、どこの大学でも学生は増え続けていた。最新設備を備えた立派な大学図書館がきれいなキャンパスでその威容を誇っていた。ちょうど、戦後新設された新制大学の図書館の建て替えの時期でもあった。殺風景な閲覧室と本が溢れかえっている書庫、手狭な事務室、そんな大学図書館が見違えるように明るい図書館にかわっていった。

日本図書館協会は、このように図書館が発展している時期に、創立百周年を迎えた。その少し前から、協会創立百周年に相応しい新会館の建設も計画されていた。バブル崩壊や評議員会での激論など紆余曲折を経て、新会館の完成は一九九八年に延びたが、図書館は依然右肩上がりで成長するものと、だれもが考えていた。日本図書館協会もまた同様に、新たな事業等、拡大路線を取っていた。

私は、このような図書館の発展に違和感を持ってはいたが、だからといって、図書館が発展することに異議があるわけではない。

発展の方向性が情報化や機械化ばかりが強調されることにある種の危機感を覚えていたが、それも仕方のないことかもしれない。

公共図書館が住民の要求に沿い、大学図書館が研究者や学生の要求に沿うなら当然、情報化や機械化は推進される。ただ、その課程が急速に、かつ強権的に施行されるならば、当然現場は混乱し、反発も出る。結局、それぞれの現場で解決しなければならないのだが、私の勤務する大学では、その圧力はまったくといっていいほどなかった。東京や大阪での反対集会や研究会に参加はしていたが、現場で大した問題がない以上、私はたんなる助っ人でしかない。もともと理念的要素の多い運動なので、勝利はのぞめない。圧倒的な既成事実の積み重ねのなかで、反対運動の当初の熱気は失われつつあった。

具体的な運動ではしょせん助っ人でしかない私は、図書館を勉強し直すしかない。というより、ここにも書いたが、図書館を知らなかった。まず手始めに、勤務先の大学図書館にある復刻版の『図書館雑誌』を創刊号から読みはじめた。ノートのつもりで、『図書館を考える会通信』に第六三号（一九九一年一〇月）から「日図協一〇〇年を読む」を書き始めた。この会報は、一九九四年六月の第七五号で休刊し、私の連載も一一回目「植民地での図書館大会と日図協（三）」で中断した。

その連載を元にして、『図書館の近代――私論・図書館はこうして大きくなった――』（ポット出版、一九九九年）を書いた。この本は、私がかかわった図書館運動のひとまずの総括のつもりで書いたが、その骨子は、この連載でほぼ固まっていた。

あとがき

今年（二〇〇九年）の三月末で、私の図書館員としての仕事は終わる。一九七五年四月、だれも知り合いのいない香川県善通寺市に来て三四年が経った。いまでは、たくさんの友人、知人ができた。本書と同じように、図書館との「つきあい」のおかげである。

図書館で働きたいとは思ったが、どうしても、というわけではなかった。というより、働くことにそれほど前向きになれなかった。「二十ニシテ心已に朽チタリ」（李賀）を気取るつもりはないけれど、「日暮聊《いささ》カ酒ヲ飲めればよい。本に触れることが仕事になるなら、それにこしたことはない。「図書館の自由」が問題になると、私は、「図書館はたし算の世界で、ひき算の世界ではない」と、よくいうのだが、私自身の生き方としては、「する」よりも「しない」ほうを選びたいと思っていたし、今も、そう思う。

その意味では、地方の小さな大学図書館でずっと働けたことをしあわせに感じている。図書館との「つきあい」から生まれた友人・知人のみんなに感謝したい。とくに、私の定年まで職場でいっしょに働いた仲間（根本博愛さん、木村佳敬さん、斎藤明美さん、曽根利治さん、香川敏子さん、中村証二さん、藤尾豊さん、濱野則彦さん、喜田玲子さん、嶋田貴子さん）にはありがとう、といいたい。

それから六〇歳になったら、「しない」という選択を心良く許してくれた妻、鈴代に感謝する。最後に、編集の労をとってくれたポット出版の那須ゆかりさんと沢辺均さんにお礼を申し上げる。

二〇〇九年三月一日

●初出一覧

●いま、いかなる図書館員が必要なのか──わが国図書館職員の現状と将来▼『現代の図書館』第20巻第3・4号（日本図書館協会、一九八二年）
●大学図書館長異論▼『季刊としょかん批評』3（せきた書房、一九八三年）
●大学図書館はどうなるか──「学術情報システム」が投げかけるもの▼『社会評論』第50号（活動家集団 思想運動、一九八四年）
●臨教審第二次答申と図書館▼『本は自由だ！ いまこそ、「反対図書館」を！』（本は自由だ！ いまこそ、「反対図書館」を！ 集会実行委員会、一九八六年）
●自覚なき特権の行方──あるキリスト教大学の場合▼『変貌する大学1 不思議の国の「大学改革」』（社会評論社、一九九四年）
●大学図書館の開放を考える──四国学院大学図書館での経験を通して▼『ず・ぼん』4号（ポット出版、一九九七年）
●情報化と大学図書館──大学図書館員座談会▼『変貌する大学5 グローバル化のなかの大学』（社会評論社、二〇〇〇年）
●四国学院短期大学の試み──お年寄りとともに▼『短期大学図書館研究』第22号（私立短期大学図書館協議会、二〇〇二年）
●図書館の自由とは何か──「自由宣言」三十年の歴史▼「大学図書館、ここが問題だ!! 学術情報システムを考える会研究合宿（'85・1・5〜6）報告」（学術情報システムを考える会、一九八五年）
●国㊙で図書館もおかしくなる▼『月刊地域闘争』（ロシナンテ社、一九八七年）
●沈黙は孤立を深める▼『ず・ぼん』1号（ポット出版、一九九四年）
●少年法騒動と図書館▼『ず・ぼん』5号（ポット出版、一九九八年）
●「羽仁問題」の真相▼『ず・ぼん』6号（ポット出版、一九九九年）
●岐阜図書館と利用者の購入要求を巡るもめごと その後──［図書館大会分科会レポート］業界の「垢」がたまる一方だ▼『ず・ぼん』8号（ポット出版、二〇〇二年）

◉不可解な事件――船橋市西図書館の蔵書廃棄事件を考える▼『ず・ぼん』11号（ポット出版、二〇〇五年）
◉植民地での全国図書館大会▼『ず・ぼん』3号（ポット出版、一九九六年）
◉図書館人の戦争責任意識――「満洲」に渡った三人の場合▼『ず・ぼん』3号（ポット出版、一九九六年）
◉鶴見俊輔覚え書き――自覚したマッセとは何か▼『四国学院大学　論集』40号（四国学院大学文化学会、一九七八年）
◉実践家としての中井正一▼『四国学院大学　論集』44号（四国学院大学文化学会、一九七九年）
◉松田道雄論のための走り書▼『風跡』第5号（『風跡』編集室、一九八一年）
◉上野英信論のための走り書▼『風跡』第13号（『風跡』編集室、一九八七年）
◉菊池寛と図書館と佐野文夫▼『香川県図書館学会会報』No.19.20合併号（香川県図書館学会、一九九五年）
◉土着「思想」の陥穽――伊藤貞彦『どこに生きる根をおくか』によせて▼『風跡』第3号（『風跡』編集室、一九八〇年）
◉図書館と自由――『図書館の自由と検閲―あなたはどう考えるか―』（A・J・アンダーソン著、藤野幸雄監訳）に寄せて▼『同志社大学図書館学年報』第7号（同志社大学図書館司書課程、一九八一年）
◉「変貌する大学」を読む本――谷沢永一『あぶくだま遊戯』（文藝春秋、一九八二年）より▼『変貌する大学2　国際化と「大学立国」』（社会評論社、一九九五年）
◉「変貌する大学」を読む本――白井厚編『大学とアジア太平洋戦争』（日本経済評論社、一九九六年）▼『変貌する大学4　〈知〉の植民地支配』（社会評論社、一九九八年）
◉響き合った吉本のタンカと『図書館の発見』▼『出版ニュース』No.1608（出版ニュース社、一九九二年）
◉国家と図書館へのラディカルな批判▼『出版ニュース』No.1611（出版ニュース社、一九九二年）
◉戦後の図書館理念を問う'84年の集会▼『出版ニュース』No.1614（出版ニュース社、一九九二年）
◉図書館への見果てぬ夢――日図協100周年に思う▼『出版ニュース』No.1617（出版ニュース社、一九九二年）

東條文規
とうじょう・ふみのり

1948年大阪府生まれ。1971年3月同志社大学商学部卒業。

1975年3月同志社大学大学院経済学研究科修士課程修了。

1975年4月より2009年3月まで四国学院大学図書館勤務。

この間、日本図書館協会評議員、日本図書館研究会評議員、
私立大学図書館協会協会賞審査委員歴任。

現香川県図書館学会会長。

『ず・ぼん』編集委員。著書に『図書館の政治学』(青弓社、2006年)、

『図書館の近代―私論・図書館はこうして大きくなった』(ポット出版、1999年)。

共著に『日本の植民地図書館―アジアにおける日本近代図書館史』

(社会評論社、2005年)など。

書名 ———— 図書館という軌跡
著者 ———— 東條文規
編集 ———— 那須ゆかり
ブックデザイン — 山田信也
カバーデザイン— 和田悠里
協力 ———— 杉山弘・永田典子
発行 ———— 2009年4月1日［第一版第一刷］
定価 ———— 3,500円+税
発行所 ——— ポット出版
150-0001 東京都渋谷区神宮前2-33-18#303
電話　03-3478-1774　ファックス　03-3402-5558
ウェブサイト　http://www.pot.co.jp/
電子メールアドレス　books@pot.co.jp
郵便振替口座　00110-7-21168　ポット出版
印刷・製本 —— シナノ印刷株式会社
ISBN978-4-7808-0123-1　C0000

Encounters of library
by TOJO Fuminori
Editor:NASU Yukari
Designer:YAMADA Shinya
WADA Yuri

First published in
Tokyo Japan, Apr. 1, 2009
by Pot Pub. Co., Ltd

#303 2-33-18 Jingumae Shibuya-ku
Tokyo, 150-0001 JAPAN
E-Mail: books@pot.co.jp
http://www.pot.co.jp/
Postal transfer: 00110-7-21168
ISBN978-4-7808-0123-1　C0000

【書誌情報】
書籍DB●刊行情報
1 データ区分——1
2 ISBN——978-4-7808-0123-1
3 分類コード——0000
4 書名——図書館という軌跡
5 書名ヨミ——トショカントイウキセキ
13 著者名1——東條　文規
14 種類1——著
15 著者名1読み——トウジョウ　フミノリ
22 出版年月——200904
23 書店発売日——20090403
24 判型——4-6
25 ページ数——400
27 本体価格——3500
33 出版者——ポット出版
39 取引コード——3795

本文●ラフクリーム琥珀N　四六判・Y・71.5kg（0.130）／スミ（マットインク）　見返し●NTラシャ・うすはなだ・四六判・Y・100kg
表紙●NTラシャ・グレー 70・四六判・Y・100kg／スミ
カバー●ファーストビンテージ・オリーブ・四六判・Y・103kg／スミ+オペーク白／マットニス挽き
帯●ミルトGA・ホワイト・四六判・Y・90kg／スミ（マットインク）
はなぎれ●82番（伊藤信男商店見本帳）　スピン●26番（伊藤信男商店見本帳）
使用書体●I-OTF明朝オールドPro M+PGaramond　游築見出し明朝　もじくみかなSH版　見出しゴ　中ゴ　PFrutiger
2009-0101-1.0

東條文規の本

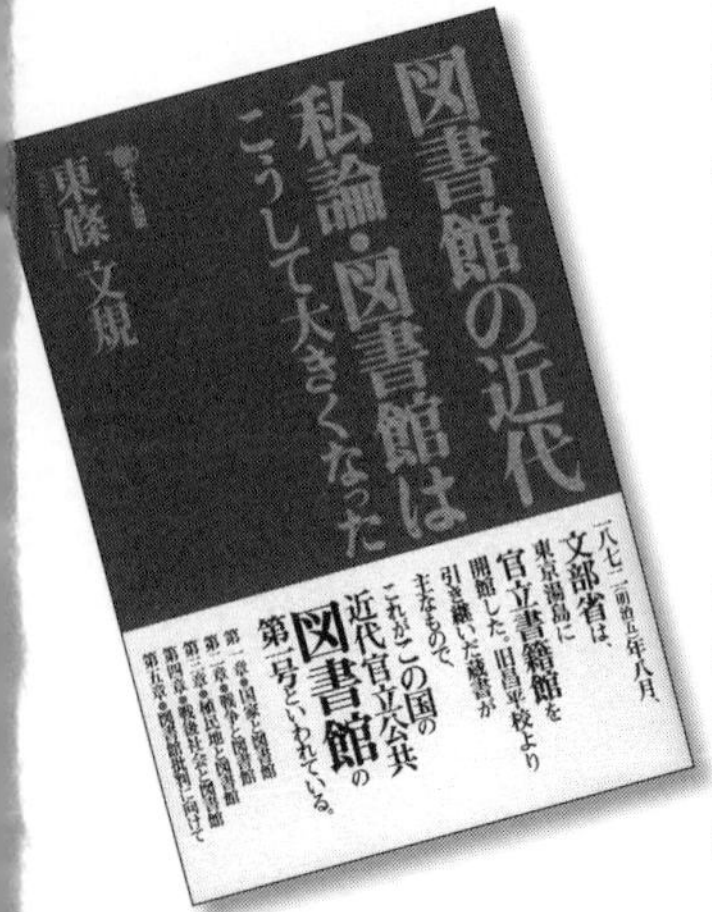

図書館の近代

私論・図書館はこうして大きくなった

著●東條文規　定価●2,900円+税

100年を越える図書館の歴史の中で、
図書館はどのような働きをしてきたのか。
近代日本史の中で、どのように位置づけられているのか。
国家との関係を軸に、
近代日本図書館史を綴った一冊。

第一章　国家と図書館
第二章　戦争と図書館
第三章　植民地と図書館
第四章　戦後社会と図書館
第五章　図書館批判に向けて

1999.03発行／ISBN978-4-939015-19-9 C0000
四六判・上製／304頁

図書館とメディアの本

ず・ぼん14

特集◉指定管理の現場

編●ず・ぼん編集委員会 定価●2,000円+税
◉千代田図書館記事への反論
◉国立国会図書館・長尾真館長インタビュー
◉出版流通を語る　星野渉（文化通信記者）
◉大学生の図書館就職事情
ほか

2008.09発行／ISBN978-4-7808-0118-7 C0000
B5判・並製／208頁

「ず・ぼん」バックナンバーも発売中　1号、3〜7号、9〜13号［※2号、8号は絶版］

●全国の書店、オンライン書店で購入・注文いただけます。
●以下のサイトでも購入いただけます。
ポット出版◎http://www.pot.co.jp　　版元ドットコム◎http://www.hanmoto.com